Python Coding

문제해결을 위한

파이썬 코딩의 기초

조연상 저

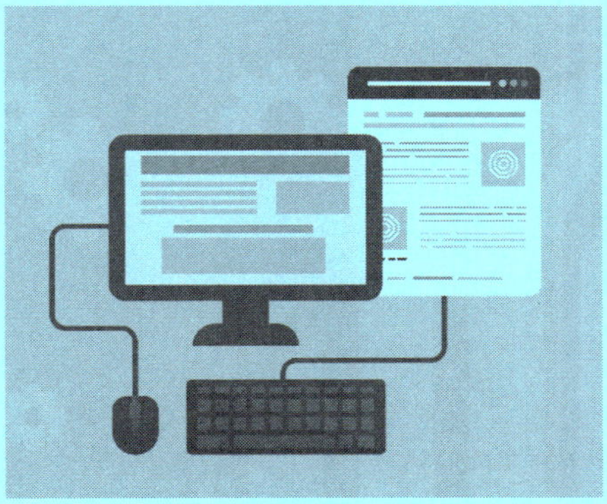

도서출판 상학당

머리말

최근 과학 및 공학 뿐만 아니라 여러 분야에서 컴퓨터의 활용은 필수적인 항목이 되었습니다. 특히 설계자동화와 수치해석 및 통계분석, 그리고 인공지능을 이용한 현장관리 및 분석 등 다양한 분야에서 컴퓨터 프로그래밍을 통한 코딩 기술이 더욱 요구되고 있는 실정입니다. 그러나 컴퓨터 또는 프로그래밍이 전공이 아닌 다른 전공자에게 컴퓨터 프로그래밍은 여전히 매우 생소하고 어렵기 때문에 코딩 공부를 부담스럽게 느낄 수 밖에 없습니다.

저자는 다년간 C/C++ 및 파이썬을 이용하여 다양한 소프트웨어를 개발하고, 코딩 교육을 하면서 쌓은 노하우를 가지고 초보자들이 쉽게 프로그래밍과 코딩에 접근하여 이를 여러 분야에서 응용할 수 있도록 하기 위하여 이 교재를 편찬하게 되었습니다.

이 교재에서는 파이썬을 이용한 코딩의 기초지식과 함께 초보자도 쉽게 할 수 있도록 다양한 수학적 문제를 다루면서 프로그래밍을 하는 방법을 설명하였고, 다양한 예제와 연습문제들을 통해 스스로 파이썬 프로그래밍으로 문제를 해결하도록 하였습니다.

따라서 컴퓨터 비전공인 분들이 파이썬에 입문하여 보다 쉽게 파이썬을 이해하고 기초 프로그래밍 과정을 빠르게 습득하는 데 도움이 되길 바랍니다.

끝으로 좋은 책이 될 수 있도록 애써주신 도서출판 상학당의 관계자 여러분들께 감사드립니다.

저자 조연상 올림

차 례

· 제 I 편 파이썬의 개요 ·

• 제 II 편 파이썬의 기본 사항 •

• 제 III 편 실력 향상을 위한 파이썬 심화학습 •

• 제IV편 주요 모듈을 통한 파이썬 활용하기 •

제10장 터틀(turtle) 그래픽 모듈 활용하기 / 313

제11장 수치해석(numpy) 모듈 활용하기 / 356

제 I 편

파이썬의 개요

제1장	파이썬 언어의 소개
제2장	파이썬 설치와 편집기
제3장	파이썬 프로그래밍 시작하기

1.1 컴퓨터 프로그래밍 언어

컴퓨터가 어떤 작업을 수행하기 위해서는 약정된 부호와 규칙으로 구성되어진 명령어의 집단이 필요하다. 프로그램이란 컴퓨터에 의해 특정 작업을 수행하기 위한 명령어의 집단을 말하며, 이러한 프로그램을 작성하는 것을 프로그래밍이라 하고, 여기서 컴퓨터가 이해할 수 있는 부호 및 규칙으로 구성된 명령어들을 프로그래밍 언어라고 한다.

기본적인 프로그래밍 언어는 컴퓨터의 구동원리에 따라 중앙처리장치(CPU)에 내장되어 있는 이진코드로 구성된 기계어가 있다. 그러나 이는 데이터 및 명령어가 모두 이진수의 형태로 되어 있기에 사람이 그 내용을 이해하는 것은 매우 어렵다. 이와 같이 기계가 이해하기 쉬운 형태의 언어를 저급언어라고 하는데 이를 이용하여 직접적으로 복잡한 형태의 프로그램을 작성하는 것은 매우 힘들다. 이러한 이유로 프로그래밍은 기계어를 직접 사용하지 않고 사람이 더 이해하기 쉬운 언어로 작성하여 이를 기계어로 다시 변환하는 형태로 발전해 왔다. 이처럼 사람이 이해하기 쉬운 형태의 언어를 고급언어라고 하며, 고급언어의 형태로 작성된 프로그램을 소스(source)라고 한다.

여기서 저급언어만을 사용하여 프로그램을 작성하면 시스템에서 바로 수행할 수 있고 처리속도가 매우 빠르다는 장점이 있다. 하지만 시스템 마다 명령체계가 다르기 때문에 호환성에서 문제가 있고, 프로그램 제작 및 관리가 매우 어렵기 때문에 최근에는 프로그램 제작의 편리성이 뛰어난 고급언어를 이용하여 프로그램을 개발하고 있다.

1.2 파이썬 프로그래밍 언어

컴퓨터의 활용 범위가 넓어지고 수행할 작업이 복잡해짐에 따라 점차 저급언어인 기계어보다는 사람이 이해하기 쉬운 형태인 고급언어가 발전하게 되었다. 고급언어를 사용한 프로그램은 반드시 저급언어인 기계어로 변환을 해야 컴퓨터에서 실행이 가능한데, 그 방식은 2가지 형태가 있다. 첫번째는 고급언어로 되어 있는 소스 프로그램을 번역기에서 한줄씩 바로 기계어로 변환을 하여 실행을 하는 인터프리터 언어가 있고, 다른 하나는 소스 프로그램 전체를 기계어로 바꾸어 실행 파일 형태로 만들어서 실행을 하는 컴파일러 언어가 있다.

인터프리터 언어는 아주 오랜 역사를 가진 베이직 언어부터 Lisp, JAVA, SQL, PHP 등등 웹상에서 활용하는 스크립터 언어까지 요즘 매우 많이 개발되어 있다. 물론 파이썬도 대표적인 인터프리터 언어로서 이러한 언어들은 따로 실행 파일을 만들지 않고 소스 파일을 바로 번역하여 실행을 한다. 그리고 소스 파일을 기계어인 실행 파일로 만들어서 실행하는 컴파일러 언어는 C/C++ 언어 계열 정도만 있다. 컴파일러 언어인 C/C++ 언어는 현재도 가장 많은 개발자들이 선택하여 사용하는 언어이고, 파이썬을 비롯한 수많은 인터프리터 언어도 C/C++ 언어로 만들어지고 있다. 또한 C/C++ 언어는 다양한 마이크로 컨트롤러의 기본 개발 툴로써 활용되고 있다.

C/C++ 언어는 함수라는 명령체계를 사용하여 여러 기능들을 사용자가 제한없이 다양하게 작성해서 사용할 수 있고 기계어 코드를 시스템에 따라 최적화할 수가 있어서 실행 속도가 매우 빠르다. 그리고 여러 다른 시스템에 맞춰 컴파일하기 때문에 이식성이 매우 뛰어난 특성을 가지고 있다. 또한 프로그램 배포를 기계어인 실행파일 형태로 하기 때문에 아무나 내용을 보거나 수정 편집을 할 수가 없어서 다른 사람들이 프로그램 내용을 가져다가 마음대로 활용하기가 어려운 보안상의 장점이 있다. 이러한 장점들 때문에 개발자들은 여전히 컴파일러 언어인 C/C++을 선호하고 있다. 그러나 C/C++은 고급언어라고 하더라도 기계어적 요소가 많아서 어느 정도 하드웨어에 대한 지식 없이는 프로그래밍을 하기가 어렵기 때문에 프로그래밍을 처음 시작하는 사람들이 금방 포기하는 경우가 많다. 그리고 꾸준히 공부해서 익힌다고 하더라도 오랜 시간 공부를 해야 하고, 모든 기능들을 개발자가 직접 다 만들어야 하는 경우가 많아 프로그램 개발 시간 또한 매우 길어진다는 것이 단점이다.

인터프리터 언어는 하드웨어적인 요소를 잘 몰라도 프로그래밍에 어려움이 없고 초보자도 쉽게 접근할 수가 있다. 그리고 번역기만 있으면 어느 시스템에서든 소스를 실행할 수가 있고, 한줄 한줄 실행하는 형태라 문제가 있으면 바로 수정할 수가 있어 프로그램 개발이 매우 빠르고 편하다는 장점이 있다. 그러나 실행속도가 매우 느리고 프로그램 배포를 소스로 하기 때문에 프로그램 내용을 다른 사람이 마음대로 활용할 수가 있어 보안상의 문제를 가지고 있다. 그리고 인터프리터 언어들은 대부분 번역기에서 정해놓은 명령어만 사용할 수 있도록 되어 있어서 다양한 기능을 하도록 개발하는 것이 매우 제한적이다.

파이썬도 인터프리터 언어이다 보니 실행속도가 매우 느리다. 필자가 아주 간단한 예로 0도 부터 360도 까지 1도씩 증가시키면서 sin값을 구하는 프로그램을 실행시킨 결과 C/C++ 언어에서는 0.01 초도 안걸리는 것이 파이썬에서는 1초 이상 걸릴 정도로 실행 속도가 매우 느렸다. 그럼에도 불구하고 최근 C. JAVA 다음으로 파이썬을 이용하는 개발자가 많아지고 선호하게 된 것은 파이썬에도 함수라는 명령체계를 기본적으로 이용하고 있기 때문이다. 즉, 하드웨어 시스템이나 자료구조 등등 어려운 개념을 잘 몰라도 다른 사람들이 파이썬의 함수라는 명령체계로 작성해 놓은 다양한 모듈을 이용하여 쉽게 윈도우 프로그래밍까지 할 수가 있고 여러 문제들을 간단하게 프로그래밍으로 해결할 수 있다.

즉, 파이썬은 인터프리터 언어의 장점을 그대로 가지고 있으면서 C/C++언어의 장점인 함수, 모듈, 클래스 체계를 사용하여 인터프리터 언어의 한계를 뛰어넘었다고 할 수 있다. 그래서 많은 사람들이 다양한 파이썬 모듈을 공개하였고, 이것을 또 많은 사람들이 활용하여 보다 쉽게 다양한 프로그램 개발이 가능해졌다. 따라서 계산 및 실행 속도가 매우 느리다는 단점에도 불구하고 다양한 분야에서 쉽게 프로그래밍이 가능하다는 장점 때문에 파이썬의 활용도가 높아지고 있다.

파이썬은 다음과 같은 특징을 가지고 있다.

① 공부하기 쉬움 : 컴퓨터 하드웨어 지식이 없어도 되고 매우 간단한 문법 구조라 누구나 프로그래밍을 공부하기가 쉽다.
② 범용 언어 : 특정 분야의 작업에만 적합한 언어가 아니라 모든 분야에서 사용할 수 있는 범용성을 가지고 있다. 다만 빠른 처리속도를 요구하는 분야에서는 아직 한계가 있다.
③ 이식성이 뛰어남 : 서로 다른 시스템에도 손쉽게 이식이 가능하다. 즉, 마이크로소프트의 window 시스템 뿐만아니라 리눅스, 애플, 안드로이드 시스템에서도 사용이 가능하다.
④ 구조적 언어 : C/C++언어와 같은 함수로, 모듈 및 클래스 체계가 있어서 모듈화가 가능하고 프로그램 개발 시 협력 작업 및 수정 편집이 매우 용이하다.
⑤ 프로그램 개발 용이성 : 기본적으로 제공해주는 모듈 뿐만 아니라 다른 사람

들이 작성해 놓은 모듈이 많아서 아주 복잡하고 어려운 기능도 누구나 손쉽게 프로그램 개발이 가능하다.

1.3 공학에서의 파이썬 활용

1) 설계 및 연구 분야

설계 및 연구 분야에서는 설계의 자동화를 위한 프로그램의 개발이 요구되고 있다. 따라서 파이썬은 설계 자동화, 수치해석 및 통계분석을 위한 프로그램의 개발에 활용할 수 있다. 특히 R&D 분야로 가고자하는 학생들에게는 기존 프로그램의 사용법을 익히는 것도 중요하지만 각종 연구소에서 자신의 연구를 발전시키기 위해서는 컴퓨터 프로그래밍 또한 필수적인 능력이라고 할 수 있다.

2) 기계 제어, 로봇 제어 및 시스템 제어 분야

최근 기계 분야에서는 컴퓨터를 이용한 자동화가 활발하게 이루어지고 있다. 일반 공작 기계뿐만 아니라 생활에 밀접한 자동차, 비행기 및 선박 등 다양한 기계에서 컴퓨터에 의한 자동 제어를 수행하고 있다. 여기서 자동 제어를 위해서는 구동 프로그램이 반드시 필요하다. 이러한 프로그램 개발 역시 파이썬을 이용할 수 있다.

① 모터와 같은 각종 액추에이터 제어 분야
② 거리, 진동, 압력, 온도 및 토크 측정 등 측정 분야
③ 기계 상태 진단 및 운전 모니터링 분야

3) 관리의 자동화

현재 기업에서는 생산 및 품질 관리의 효율성을 높이기 위하여 관리 분야에서도 컴퓨터의 활용은 필수가 되고 있다. 따라서 파이썬을 이용한 관리 프로그램 개발이 많이 진행되고 있다. 즉, IOT를 접목한 사물 자동화 또는 스마트 팩토리 뿐만 아니라 인공지능을 이용한 관리의 자동화 등에 파이썬이 매우 활발하게 이용되고 있다.

제1장	파이썬 언어의 소개
제2장	**파이썬 설치와 편집기**
제3장	파이썬 프로그래밍 시작하기

2.1 파이썬 설치하기

파이썬은 공식 홈페이지를 통해서 무료로 배포되고 있다. 따라서 누구나 부담없이 공식 홈페이지(https://www.python.org)에서 파이썬을 다운로드 및 설치하여 사용할 수 있다.

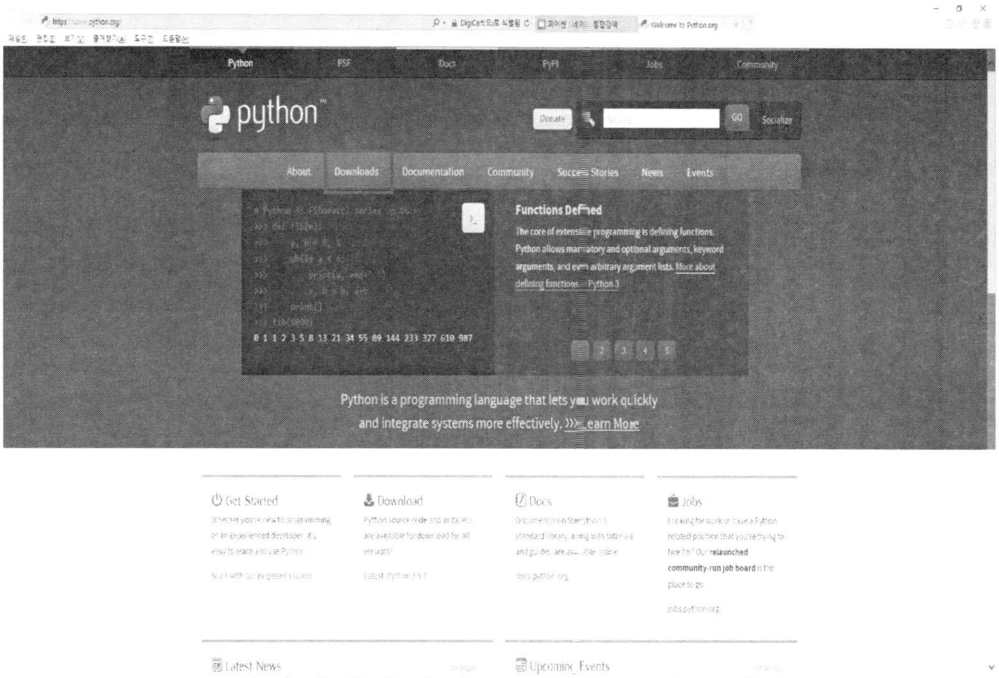

[그림 2-1] 파이썬 공식 홈페이지(https://www.python.org)

파이썬은 Window10 뿐만 아니라 Mac OS X, Linux/Unix 등 다양한 운영체제에서 모두 사용이 가능하다. 심지어 안드로이드 및 IOS를 기반으로 하는 핸드폰 또는 테블릿PC 등에도 파이썬을 사용할 수 있다.

이 책은 프로그래밍 편의상 Window10을 기반으로 하여 파이썬을 설치하고 파이썬을 이용한 프로그래밍 방법을 설명한다. 그러나 다른 운영체제를 사용하더라도 설치 이후에 프로그래밍 방법은 동일하므로 현재 가지고 있는 컴퓨터 시스템을 그대로 활용하면 된다.

파이썬을 설치하기 위하여 먼저 파이썬 공식 홈페이지로 들어간다. 구글 또는 네이버 등 검색창에서 '파이썬'으로 검색하거나 웹브라우저의 주소창에 공식 홈페이지 주소인 'https://www.python.org'를 직접 입력하여 들어간다. 홈페이지의 첫 화면에 [Downloads] 항목을 클릭하면 [그림 2-2]와 같은 파이썬을 다운로드할 수 있는 페이지로 갈 수 있고, 여기서 노란색으로 되어 있는 [Download Python3.9.x] 버튼을 클릭하여 파이썬 설치파일을 PC로 내려받는다.

그리고 Python3.9.x 이전의 다른 버전이나 Window가 아닌 다른 운영체제를 사용하는 경우에는 페이지를 아래로 내리면 이전의 버전 또는 운영체제에 맞는 설치프로그램을 내려받을 수 있다.

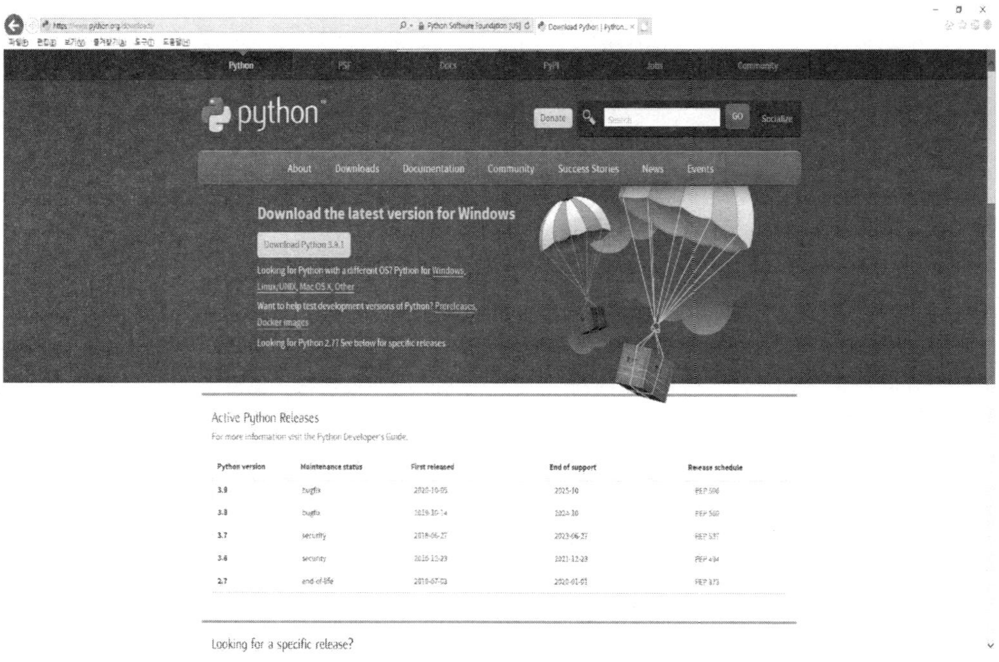

[그림 2-2] 파이썬 다운로드 페이지

▌참고 : 필자가 교재를 편찬하는 시점에 파이썬은 최신 버전이 3.9.1이라 이 책은 Python3.9.1을 대상으로 설명을 하였다. 그러나 3.8.x 버전을 사용해도 되고 차후에 업데이트된 3.9.x 버전을 사용해도 된다. 또한 다른 운영체제의 경우에도 3.8 또는 3.9 버전을 사용하면 된다.

파이썬 공식 홈페이지에서 파이썬 설치 파일을 내려받은 후 실행을 하면 [그림 2-3]과 같이 설치 프로그램을 진행하여 파이썬을 설치할 수 있다. 여기서 가장 첫 화면의 [Install Now]를 선택하여 바로 설치해도 되지만, 기본적으로 설정이 되어 있는 파이썬 설치 폴더가 일반적으로 프로그램들이 설치되는 폴더가 아니고 매우 복잡한 공간에 설치가 되도록 되어있다.

따라서 편의상 [Customize installation]을 선택하여 Advanced Options 화면에서 설치 폴더를 'c:\python39' 로 지정하여 설치를 한다. 그리고 설치 첫 화면에서 반드시 [Add Python 3.9 to Path] 항목을 체크하여야 한다. 이는 나중에 콘솔창의 명령프롬프트 상에서 언제든지 파이썬을 실행하기 위한 것으로 차후에 파이썬을 좀더 다양하게 활용하고자 할 때 필요한 설정이다.

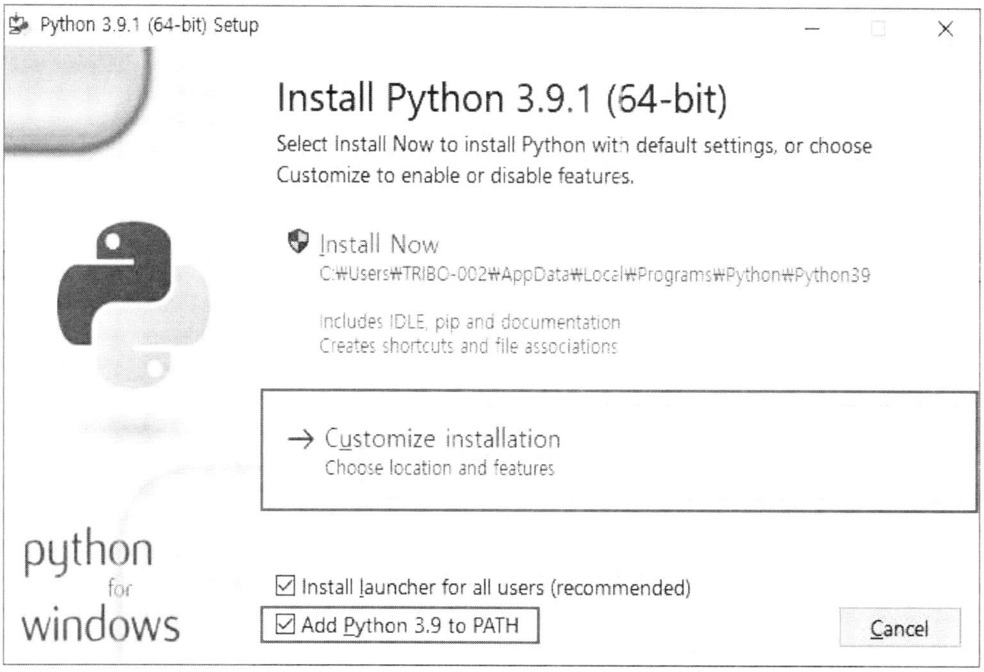

Python 3.9.1 (64-bit) Setup
Optional Features
Documentation
Installs the Python documentation file.
pip
Installs pip, which can download and install other Python packages.
tcl/tk and IDLE
Installs tkinter and the IDLE development environment.
Python test suite
Installs the standard library test suite.
py launcher
for all users (requires elevation)
Upgrades the global 'py' launcher from the previous version.
python
for
windows
Back
Next
Cancel

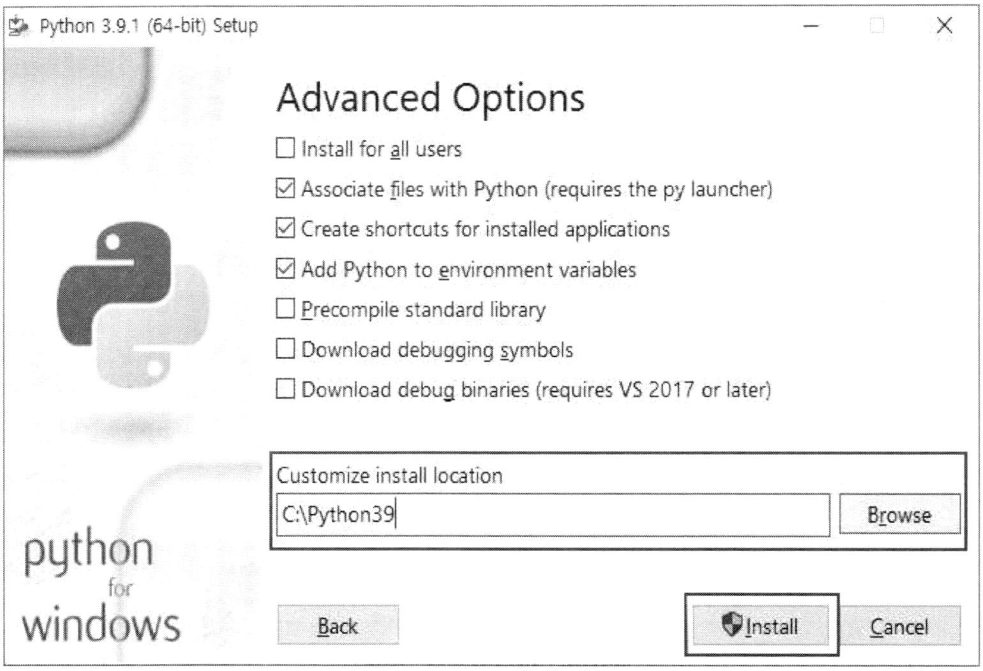
Python 3.9.1 (64-bit) Setup
Advanced Options
Install for all users
Associate files with Python (requires the py launcher)
Create shortcuts for installed applications
Add Python to environment variables
Precompile standard library
Download debugging symbols
Download debug binaries (requires VS 2017 or later)
Customize install location
C:\Python39
Browse
python
for
windows
Back
Install
Cancel

[그림 2-3] 파이썬 설치 과정

특히 이 교재 뿐만아니라 다른 여러 가지 파이썬 관련 서적이나 자료 등을 통해 다양한 프로그램을 작성하고자 하는 경우에는 [Add Python 3.9 to Path] 항목을 체크한 상태에서 설치해야 파이썬을 제대로 활용할 수 있다. 이 항목을 체크하지 않고 설치한 경우에는 설치 후에 윈도우 환경변수 설정에서 'PATH' 항목에 파이썬을 설치한 폴더를 등록하면 된다. 그러나 대부분의 사용자가 오히려 이를 잘 모르거나 어려워하기 때문에 아예 파이썬을 설치할 때 미리 설치 프로그램을 통해서 환경변수에 등록하는 것이 좋다.

[그림 2-3]과 같이 파이썬을 설치한 후 마지막에 'Setup was successful' 화면이 나타나면 설치가 완료되었으며 'Close' 버튼을 눌러 설치를 종료한다. 이제 파이썬을 이용한 프로그래밍을 하기 위한 준비가 모두 되었다.

설치를 완료한 후에 파이썬을 실행하기 위해서는 [그림 2-4]의 윈도우 시작메뉴에 등록되어 있는 파이썬 IDLE(Integrated DeveLopment Environment, 통합개발환경)을 클릭하여 파이썬 쉘(shell)을 실행한다. 이를 통해 파이썬 프로그램을 제작 및 편집하고 파이썬으로 제작된 프로그램을 실행할 수 있다.

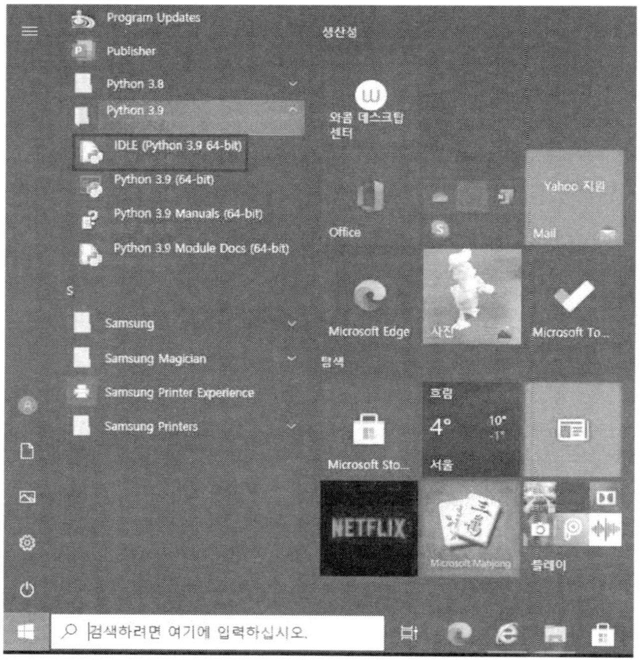

[그림 2-4] Window10 시작메뉴

2.2 파이썬 IDLE 편집기 사용방법

파이썬은 'IDLE'이라는 통합개발환경을 통해서 프로그램 제작 및 편집, 그리고 프로그램 실행을 할 수 있다. [그림 2-4]의 윈도우 시작메뉴에서 [시작/Python3.9/IDLE(Python3.9 64bit)]를 클릭하여 파이썬 IDLE를 실행하면 [그림 2-5]와 같은 파이썬 IDLE 쉘(Shell) 창이 뜨는 것을 확인할 수 있다. IDLE 쉘(또는 파이썬 쉘)은 윈도우창을 기반으로 하는 파이썬 명령어 번역기로 이를 통해 여러 파이썬 명령을 수행하고 데이터를 입력하거나 상수 또는 변수의 내용을 출력한다. 그리고 파이썬 명령어로 구성된 프로그램을 작성 및 편집하고 프로그램을 실행하여 그 결과를 IDLE 쉘에서 볼 수 있다. 파이썬은 인터프리터(interpreter) 언어이기 때문에 따로 실행파일을 만들지 않고 파이썬으로 제작된 소스 프로그램을 IDLE를 통해 수행한다.

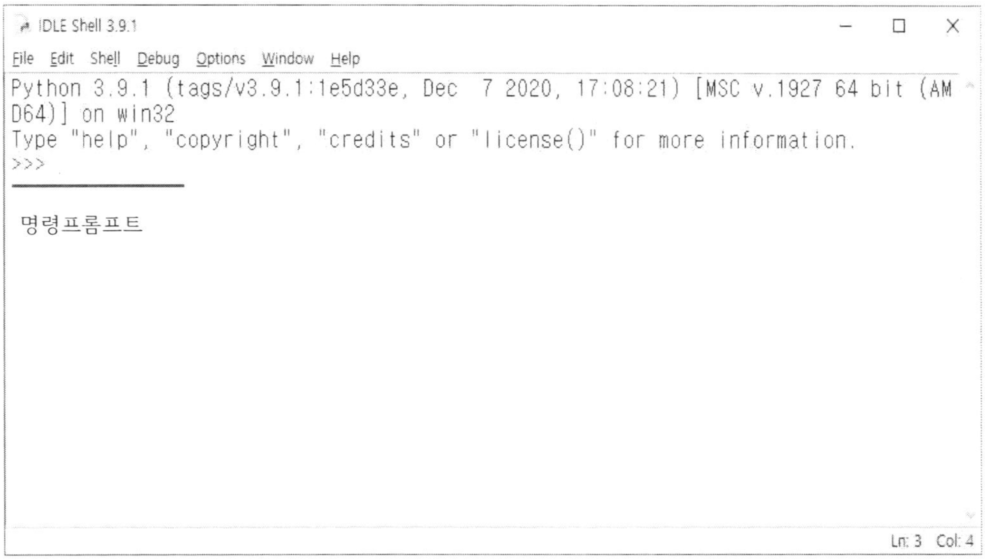

[그림 2-5] IDLE Shell 화면

IDLE를 실행하면 [그림 2-5]와 같이 IDLE 쉘 창이 보여진다. 여기서 명령 프롬프트가 나타나고 이곳에 파이썬 명령어를 입력하여 여러 가지 명령 수행 결과를 볼 수가 있다. 명령 프롬프트는 번역할 명령어를 키보드로 입력할 때까지 대기하는 곳으로 좌측에 '>>>' 기호로 표시가 되며, 뒤에 커서가 깜빡이며 명령어 입력을 기다린다. 명령 수행 결과를 표시할 때는 명령 프롬프트 기호 없이 파란색 글자로 그 결과를 나타내며, 명령에 오류가 있어 명령을 수행할 수 없거나 주의를 요구할 때 붉은색 글자로 오류 또는 경고 문구를 표시한다.

[그림 2-6]은 명령 프롬프트에 여러 가지 명령을 입력하여 명령 수행 예를 나타낸 것으로 명령프롬프트 상태에서 '3+4'를 입력하여 enter 키를 누르면 그 결과 '7'을 다음 줄에 파란색으로 보여준다. 그리고 변수 a 에 10을 저장하고 변수 b에 20을 저장하라는 명령을 차례로 입력 한 후 a+b 명령을 입력하면 그 결과인 30을 파란색으로 출력한다. 또한 명령 프롬프트 상태에서 print('hello')라고 입력하면 'hello'라는 문자열을 파란색으로 출력한다. 그러나 prin('hello')라고 print 명령을 잘못 입력하면 붉은색으로 오류를 표시해준다.

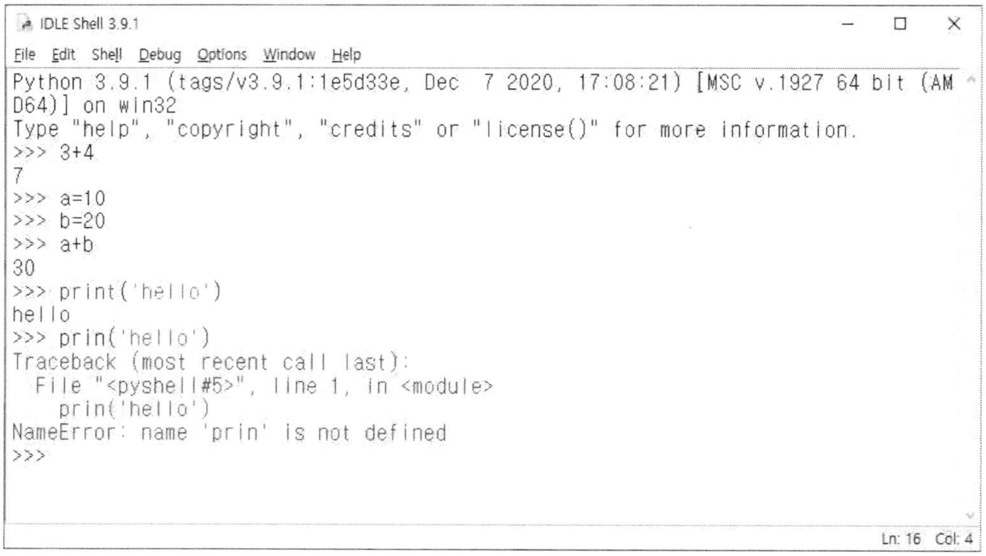

[그림 2-6] IDLE 쉘 내에서 명령 수행 예

이와 같이 IDLE 쉘 창의 명령 프롬프트에서 파이썬 명령어를 직접 하나하나 입력하여 명령을 수행할 수도 있지만, 이는 일회성으로 아주 단순한 계산 등을 할 때 이용할 수 있다. 그러나 좀 더 다양하고 복잡한 처리를 하거나 어떤 데이터 처리를 자주 해야할 경우에 매번 일일이 일회성으로 명령어를 입력하는 방법은 매우 비효율적이다.

이러한 경우, 수행할 명령어들을 미리 모아서 저장해 놓고 필요할 때 불러와서 순차적으로 수행을 시키는 것이 효율적이다. 여기서 수행할 명령어들을 미리 모아 놓은 것을 소스 프로그램이라고 하며, IDLE 쉘을 통해 파이썬 소스 프로그램을 작성하고 이를 저장, 편집, 수정 및 실행을 할 수 있다. 물론 파이썬 소스 프로그램은 메모장 또는 여러 문서 편집기 등을 통해서도 작성할 수 있다. 하지만 파이썬 IDLE 편집기에 식별자에 따른 색상 구분이나 자동 들여쓰기 등의 편의 기능이 있어 다른 편집기를 이용하는 것 보다 소스 프로그램을 쉽게 작성할 수 있다. 또한 작성된 프로그램을 바로 실행해 볼 수 있기 때문에 소스 프로그램 개발이 편리하다.

IDLE 쉘에서 소스 프로그램 편집기로 들어가기 위해서는 [그림 2-7]에 나타낸 바와 같이 IDLE 쉘의 [FILE] 메뉴를 마우스로 클릭한다. [File] 메뉴에는 파이썬 소스 프로그램 파일을 생성, 저장, 열기 및 인쇄하기 위한 IDLE 명령이 있다. 여기서 파일 관련 주요 명령을 살펴보면 다음과 같다.

① New File : 새로운 소스 프로그램 파일 작성
② Open : 저장된 소스 프로그램 파일 열기
③ Save : 소스 프로그램 파일 저장하기
④ Save As... : 다른 이름으로 소스 프로그램 저장하기

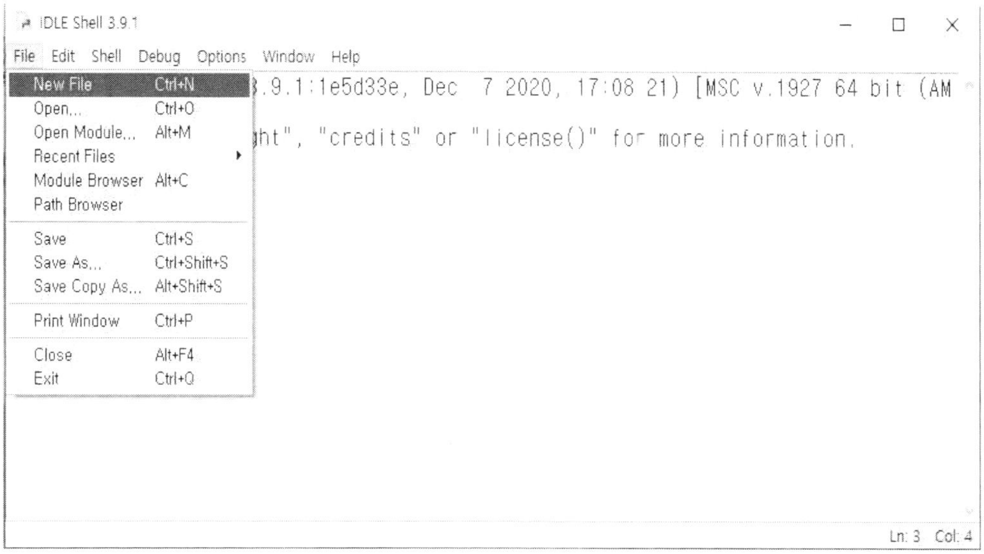

[그림 2-7] IDLE 쉘의 File 메뉴

IDLE를 통한 파이썬 소스 프로그램을 작성하는 과정은 다음과 같다.

① 새로운 소스 프로그램 작성하기 : 쉘의 [File - New File] 선택

- IDLE 쉘에서 새로운 파이썬 소스 프로그램을 작성하기 위하여 File 메뉴에 New File 항목을 선택하면 [그림 2-8]과 같은 ICLE 소스 프로그램 편집기 창이 나타난다. 프로그램 편집기가 IDLE 쉘 창과 다른 점은 쉘에 있는 '>>>' 명령프롬프트가 없이 커서가 깜빡이면서 키보드 입력을 기다린다. 그리고 좌측 상부의 창 이름 부분에 'untitled'라고 표시되며 쉘과는 메뉴의 구성이 약간 다르다. 특히 [Run] 이라는 메뉴가 있어 이를 통해 프로그램을 실행시킬 수 있다.
- 편집기 좌측 상부의 창 이름 부분은 소스 프로그럼의 파일명이 표시되는 곳으로 현재 새로운 소스 프로그램을 작성하기 때문에 'untitled'라고 표시되어 있다. 앞으로 모든 소스 프로그램은 [그림 2-8]의 IDLE 소스 프로그램 편집기를 이용하여 작성되며, 프로그램 실행도 역시 편집기를 통해 수행한다.

[그림 2-8] IDLE 소스 프로그램 편집기

② 소스 프로그램 저장 : 편집기의 [File - Save] 선택

- IDLE 편집기에서 작성된 소스 프로그램을 실행하기 위해서는 먼저 소스 파일이 저장이 되어 있어야한다. 따라서 소스 프로그램이 저장되어 있지 않은

상태에서 프로그램을 실행하면 소스 프로그램을 저장하기 위한 창이 나타난다. 그렇기 때문에 프로그램을 새로 작성할 때 굳이 소스를 미리 저장하지 않아도 되지만, 파일 이름이 프로그램 이름이고 차후에 체계적인 프로그램을 작성하거나 복잡한 프로그램들을 작성할 때에 꼭 필요한 사항이므로 되도록 소스 프로그램 파일을 미리 저장하는 습관을 들이는 것이 좋다.

[그림 2-9] 소스 프로그램 파일 저장 대화상자

- 따라서 편집기의 File 메뉴에 Save를 선택하면 [그림 2-9]와 같은 소스 프로그램을 저장하기 위한 대화상자가 나타난다.

▌참고 : 'untitled'인 새로운 소스 문서의 경우에는 아직 파일 이름이 정해지지 않았기 때문에 [Save]는 [Save As..]와 동일하게 파일저장 대화상자가 나타난다. 그러나 이미 특정 파일 이름으로 저장이 되어 있는 소스의 경우에는 [Save] 선택시 대화상자가 뜨지 않고 바로 저장이 된다.
여기서 처음 나타나는 기본 폴더 경로는 파이썬이 설치되어 있는 폴더로 처음 파이썬 설치시 정해준 'C:\Python39'이다. 앞으로 연습하기 위해 작성된 소스 프로그램을 모아서 저장하기 위하여 적당한 위치에 '프로그램연습' 폴더를 생성한다.
여기서는 파이썬이 설치된 곳에 '프로그램연습' 폴더를 생성하였다.

- 그런 다음 '프로그램연습' 폴더로 들어가서 파일 이름을 정한 후 저장을 한다. 여기서는 'ex2_1' 이라고 파일 이름을 적고 저장하였다. 이 때 파일 형식은 Python files(*.py)로 저장이 되며, 저장이 정상적으로 되고나면 [그림 2-10]과 같이 편집기 좌측 상단에 파일 이름이 나타난다.

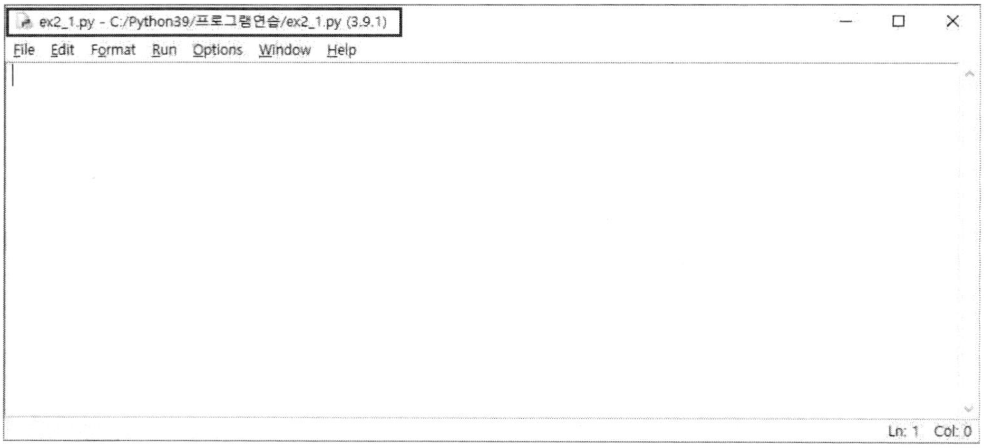

[그림 2-10] 소스 프로그램 저장 후 편집기 화면

▌참고 : 파이썬 소스 파일은 파일 형식이 '파일이름.py'로 파일 이름 뒤에 '.py'라고 하는 파일 확장자가 붙는다. 윈도우 탐색기에서 [그림 2-11]과 같이 파일 이름만 나타나고 확장자인 '.py'가 나타나지 않는다면 [보기 - 파일 확장명]을 체크하면 확장자까지 모두 나타난다. 컴퓨터에서는 기본적으로 파일을 다룰 때 확장자까지 모두

써야하는 경우가 많다. 따라서 되도록 파일표시를 할 때 확장자까지 모두 표시하도록 하자.

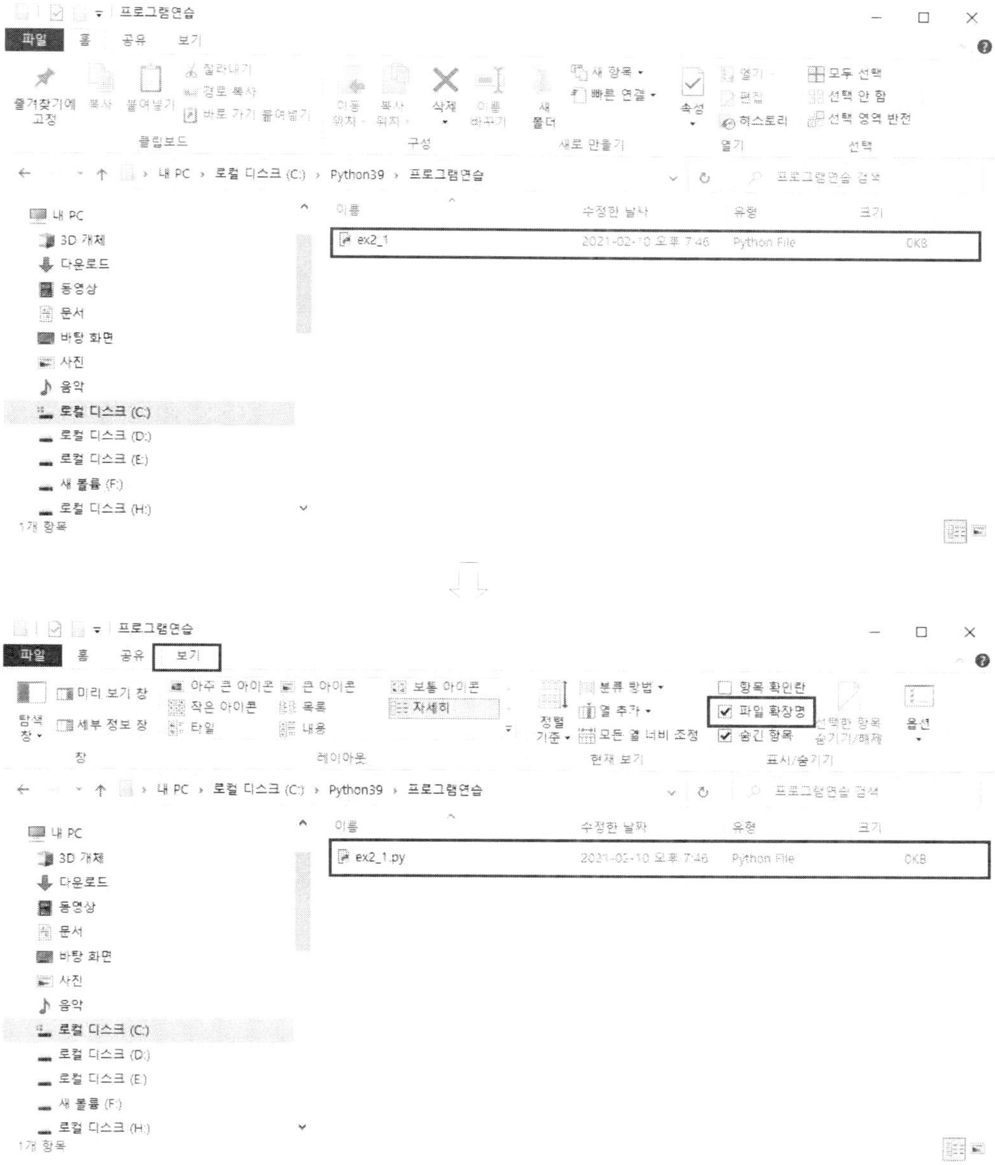

[그림 2-11] 윈도우 탐색기에서의 파이썬 소스 파일

③ 소스 프로그램 작성

- [그림 2-10]과 같이 소스 프로그램의 저장이 끝났으면 프로그램을 작성할 준비가 모두 끝났다. 그럼 키보드 입력을 기다리며 커서가 깜빡이고 있는 편집기의 작업 공간상에 소스 프로그램을 작성하면 된다.
- [그림 2-12]의 예와 같이 간단한 프로그램을 작성을 해보자.

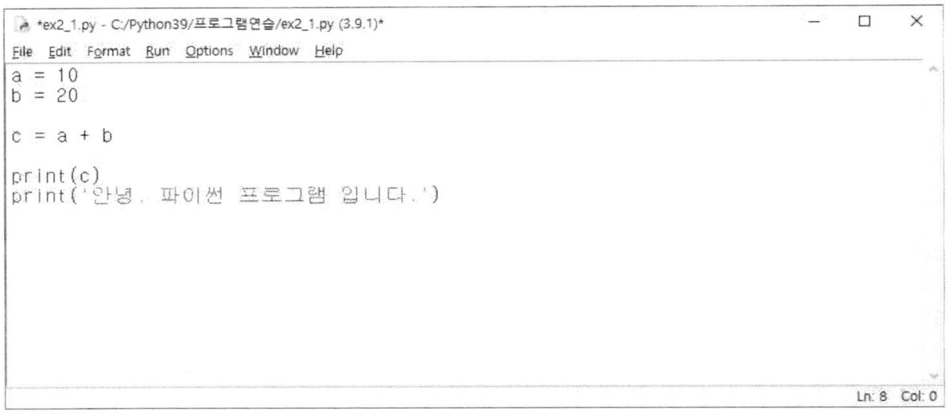

[그림 2-12] 파이썬 프로그램 작성 예 : ex2_1.py

④ 소스 프로그램 실행 : 편집기의 [Run - Run Module F5]

- [그림 2-12]와 같이 프로그램 작성이 끝난 후 [그림 2-13]과 같이 편집기의 [Run] 메뉴에 [Run Module F5] 항목을 선택하여 새로 작성된 프로그램을 저장하고 프로그램을 실행시킬 수 있다. 여기서 파이썬 프로그램은 따로 실행파일을 만들지 않고 [그림 2-13]과 같이 IDLE 쉘에서 소스 프로그램의 첫 행부터 순차적으로 수행이 되어 그 결과를 보여준다.

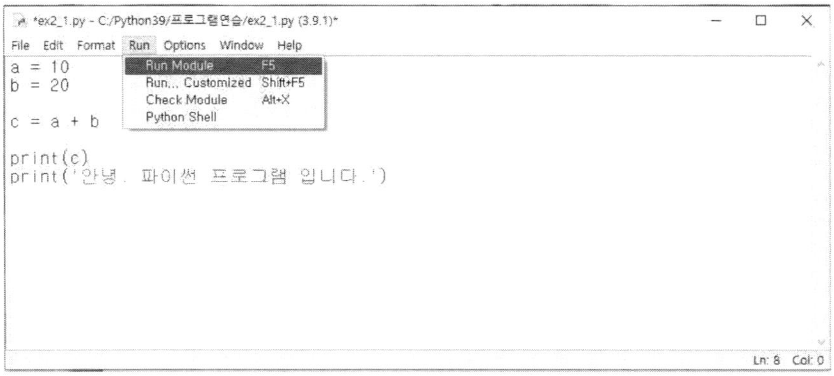

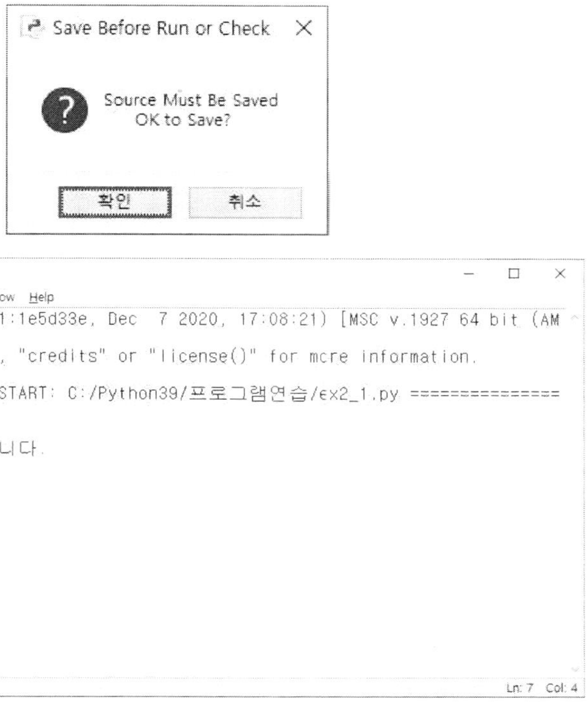

[그림 2-13] 예제 ex2_1.py 실행 결과

▮참고 : 메뉴에서 매번 찾아서 프로그램 실행 명령을 내리는 것은 귀찮다. 따라서 기능키 F5 번을 기억하자. 즉, 프로그램 작성이 끝나면 실행은 F5번을 누르면 된다.

제3장 파이썬 프로그래밍 시작하기

3.1 파이썬 언어의 명령체계

예제 3-1

```
from math import *                        #외부함수 불러오기

x = 0.0                                   #변수선언
y1 = 0.0
y2 = 0.0

x = float(input("x(deg) = ? "))           # x값 입력

y1 = sin(x * 3.141592 / 180)              # sin(x), cos(x) 계산
y2 = cos(x * 3.141592 / 180)

print()                                   # 결과 출력
print("** 결과 **")
print("sin(%f) = " %x, y1)
print("cos(%f) = " %x, y2)
```

예제 3-1은 sin(x), cos(x) 값을 계산하는 간단한 프로그램이다. 프로그램 자체에 대한 설명은 앞으로 차차 해가도록 하고 우선 예제 3-1을 IDLE 편집기에서 입력하여 실행하면 "x(deg) = ? "가 쉘 화면에 나타나고 커서가 깜빡인다. 이 때 "30"을 입력하고 [enter]키를 누르면 sin(30)값과 cos(30)값이 화면에 나타난다. 파이썬에서는 이와 같이 어떤 수학적 계산 또는 어떤 작업을 수행시키기 위하여 <표 3-1>과 같은 명령체계를 가지고 소스 프로그램을 작성 한다.

〈표 3-1〉 파이썬 명령체계

구분		내용
데이터 취급		상수, 변수, 리스트, 튜플 및 딕셔너리
예약어 (명령어)		제어문, 함수생성 및 모듈관리
연산자		수식을 위한 연산자, 조건식을 위한 연산자
함수	내장함수	기본 연산 및 입출력과 관련된 함수
	외장함수	수학함수, 터틀그래픽 및 윈도우프로그래밍 함수 수치해석, 그래프, 데이터베이스, 인터넷 관련 함수
	사용자정의형함수	사용자가 직접 만들어 사용하는 함수

1) 데이터 취급

파이썬의 명령체계는 크게 데이터 취급, 예약어, 연산자 및 함수로 구성되어 있다. 여기서 데이터 취급 체계는 상수, 변수, 리스트, 튜플 및 딕셔너리 등이 있으며, 이를 통해 여러 종류의 데이터(상수)를 저장하고 프로그램 내에서 사용할 수 있다.

예제 3-1에서는 0.0, 3.141592, 180, "x(deg) = ", "** 결과 **" 등을 상수라고 하며, 프로그램에서 다루는 데이터 그 자체를 말한다. 그리고 x, y1, y2는 변수라고 하는 것으로 상수를 저장하기 위한 공간을 나타낸다. 이러한 상수와 변수에 대해서는 4장에서 자세히 다루고 리스트와 튜플 및 딕셔너리는 6장에서 자세히 다루도록 하겠다.

2) 예약어

예약어는 미리 약속되어 있는 명령어로 파이썬 쉘에서 가장 기본적으로 번역하여 수행하는 명령어를 말한다. 명령어라고 하는 것은 컴퓨터가 처리해야할 가장 기본적인 작업을 나타내는데, 파이썬은 C/C++과 마찬가지로 명령어는 최소한으로 두고 있으며 입출력과 같은 어떤 기능에 해당하는 작업은 대부분 함수라고 하는 명령체계를 사용하고 있다. 큰 범위에서 예약어는 데이터를 다루는 것과 연산자 등도 사실상 예약어에 속한다고 볼 수 있지만 파이썬에서 취급하는 방식에 따라 조건문과 반복문 같은 제어문, 함수를 생성하기 위한 명령, 모듈을 관리하기 위한 명령만 예약어로 구분한다.

이러한 예약어가 함수와 다른 점은 파이썬에서 제공해 주는 명령어만 사용이 가능하며, 사용자가 원하는대로 임의로 만들거나 다른 식별자로 대체해서 사용할 수가 없다는 것이다. 만약에 파이썬이 베이직과 같은 다른 고급 프로그래밍 언어들과 같이 모든 명령체계를 사용자가 임의로 바꿀 수 없는 명령어로만 구성하였다면 아마도 지금과 같이 발전이 되지 못하였을 것이다. 왜냐하면 예약어라는 명령어는 제공해주는 것만 사용할 수 있기 때문에 사용자가 좀더 기능을 추가하거나 원하는 형태로 작성을 할 수가 없어 프로그래밍에 한계가 발생하기 때문이다. 예를 들면 화면에 글자를 출력해주는 기능의 경우에 이는 사용자에 따라 글꼴, 색상, 위치, 크기 등등 원하는 형태가 매우 다양하기 때문에 모든 사용자의 취향에 맞도록 명령어로 제공하기가 매우 어렵다. 그래도 명령어의 형태로 제공한다면 아마 사용법이 매우 복잡하고 어려운 형태가 되어 프로그래밍을 처음 시작하는 사람들이 따라하기 힘든 형태가 될 것이다. 따라서 이를 예약어로 제공하는 다른 프로그래밍 언어에서는 가장 단순한 형태로 사용을 할 수 있도록 제공을 하고 있다. 이는 다른 기능들도 모두 마찬가지이다. 이 때문에 C/C++ 언어에서는 가장 기본적인 작업들만 예약어라는 명령어로 두고 다양한 기능들은 모두 사용자가 바꾸거나 만들어 사용할 수 있는 함수라는 명령체계를 두었다. 이러한 명령체제 덕분에 프로그래밍의 한계를 넘어 다양한 형태의 프로그램을 개발할 수 있게 되어 C/C++ 언어가 프로그래머들에게 오랫동안 개발 툴로 이용되어 왔다. 파이썬은 이러한 C/C++언어의 장점을 그대로 가지고 와서 예약어는 최소한으로 두고 대부분의 기능은 함수의 형태로 제공을 하고 있기 때문에 현재 사용자들에게 인기를 끌며 많이 발전되고 있다.

<표 3-2>는 파이썬에서 사용하는 예약어를 나타낸 것으로 여기서 꼭 알아야하는 예약어는 조건제어, 반복제어 명령과 함수 생성, 모듈 불러오기 명령이다. 조건제어 및 반복제어는 5장에서 자세히 알아보도록 하고 함수 생성은 8장에서 사용자 정의형 함수를 만들면서 공부하도록 하자.

〈표 3-2〉 파이썬 예약어 리스트

```
>>> import keyword
>>> print(keyword.kwlist)
['False', 'None', 'True', '__peg_parser__', 'and', 'as', 'assert',
'async', 'await', 'break', 'class', 'continue', 'def', 'del', 'elif', 'else',
'except', 'finally', 'for', 'from', 'global', 'if', 'import', 'in', 'is',
'lambda', 'nonlocal', 'not', 'or', 'pass', 'raise', 'return', 'try',
'while', 'with', 'yield']
```

3) 연산자

파이썬에서 다루는 연산자는 크게 수식을 위한 연산자, 조건식을 위한 연산자 그리고 비트 연산자가 있다. 수식을 위한 연산자는 산술 계산을 위한 사칙연산자와 계산 결과를 저장하기 위한 대입연산자가 있고, 이에 대한 내용은 4장에서 자세히 다룬다. 그리고 조건식을 위한 연산자는 관계연산과 논리연산이 있으며, 이는 5장에서 자세히 알아보자.

4) 함 수

함수는 전술한 바와 같이 파이썬 언어의 특징 중에 하나로 예약어와는 다른 형태의 명령체계이다. 즉, 여러 기능을 예약어처럼 일정한 형태의 명령어로 두지 않고 사용자가 언제든지 원하는 형태로 제작하여 사용할 수 있도록 하여 이를 함수라고 정의하고 있다. 즉, 예약어를 명령어라고 한다면 함수는 기능을 나타내며, 기본적으로 제공해주는 함수 대신 다른 사람이 제작한 함수 또는 사용자가 직접 제작한 함수를 사용할 수 있다. 또한 함수는 예약어와 구분하기 위하여 식별자 뒤에 반드시 ()를 붙여서 나타낸다.

파이썬에서 함수는 크게 내장함수, 외장함수 그리고 사용자 정의형 함수로 구분한다. 내장함수는 예약어와 비슷하게 기본적으로 제공되는 함수로 파이썬 쉘에서 바로 번역하여 실행할 수 있는 함수이다. 예제 3-1에서 float(), input(), print() 등이 내장함수로 가장 기본적인 연산 및 데이터 처리와 관련된 함수, 기본 화면 입출력 및 파일 입출력 함수가 있다. 내장함수는 프로그래밍에 필요한 가장 기본적인 기능으로 마치 예약어와 유사하다고 할 수 있다. 하지만 내장함수의 기능이 부족하거나 마음에 들지 않는 경우에는 기능이 더 나은 다른 외장함수를 사용하거나 사용자가 원하는 기능을 할 수 있도록 함수를 만들어서 사용할 수 있다는 점에서 예약어와는 차이가 있다.

외장함수는 파이썬 쉘에서 바로 번역하여 실행하지 못하고 모듈(module)의 형태로 여러 다양한 기능을 import 명령으로 불러서 사용할 수 있는 함수이다. 프로그램 내에서 사용할 외장함수는 일반적으로 프로그램의 가장 앞부분에 import 또는 from ~ import 명령을 이용하여 가지고 온 다음에 사용할 수 있다. 파이썬에서는 서로 관련성이 있는 여러 외장함수를 모듈의 형태로 묶어서 사용할 수 있도록 되어 있으며 기본적으로 수학함수 모듈, 터틀그래픽함수 모듈, 윈도우프로그래밍함수 모듈 등을 제공하고 있다. 이외에도 많은 사람들이 제작해 놓은 다양한 모듈을 이용해서 여러 가지 프로그램을 손쉽게 제작할 수도 있다. 예를 들면 수치해석함수 모듈, 그래프함수 모듈, 인터넷함수 모듈 및 인공지능함수 모듈 등은 기본 제공되지는 않지만 모듈 제작자의 홈페이지에서 다운로드하여 모듈을 설치한 후에 사용할 수 있다.

사용자 정의형 함수는 사용자가 어떤 특정한 작업이나 기능을 함수 또는 모듈의 형태로 직접 제작한 함수이다. 사용자 정의형 함수는 프로그램 내에서 작성하여 프로그램을 좀 더 체계적이고 보기 좋게 만들 때 활용할 수 있으며 외장함수의 형태로 모듈화해서 다른 프로그램을 제작할 때도 활용할 수 있다. 처음 프로그래밍을 할 때에는 예약어와 내장함수 그리고 기본적으로 제공되는 외장함수를 이용해서 프로그래밍 연습을 하지만 점차 프로그래밍 실력이 높아지면 사용자 정의형 함수를 만들어서 사용하게 된다. 이 교재에서는 9장에서 사용자 정의형 함수에 대해 자세히 다루도록 하겠다.

3.2 파이썬 프로그램의 구조

예제 3-2는 파이썬 프로그램의 가장 간단한 구조를 나타낸 것이다.

파이썬 프로그램은 행 단위로 하나의 실행문을 구분하여 첫 행부터 순차적으로 행을 바꾸면서 내용을 수행한다. 프로그램 가장 처음에는 보통 import 또는 from-import 명령을 사용하여 프로그램 내에서 사용할 모듈 및 외장함수 불러오기를 한다. 그런 다음 프로그램 내에서 사용할 변수들을 생성하여 정의하고, 실제 프로그램 내용을 작성한다.

예제 3-2

```
#외장함수 불러오기
import 모듈
from 모듈 import *

#변수생성 및 초기화
변수명 = 상수
변수명 = 상수

#프로그램 내용
실행문1
실행문2
.
.
```

예제 3-3 각도 0도 ~ 365도 까지 sin, cos 값 구하기

```
#외장함수불러오기
from math import *

#변수생성 및 초기화
i = 0
x = 0.0
y = 0.0

#프로그램 내용
print("*** sin, cos 값 구하기 ***")

for i in range(0,360,5):
    x = sin(i * 3.141592 / 180)
    y = cos(i * 3.141592 / 180)
```

```
        print(i,":",x,y)

    print("*** 완료 ***")
    #끝
```

예제 3-3은 위의 프로그램 구조에 맞춰 작성한 프로그램으로 각도 0도 부터 355도까지 각도를 5도씩 증가시키면서 sin 값과 cos 값을 구하도록 한 프로그램이다.

1) 파이썬으로 작성한 프로그램의 구조(예제 3-3)

(1) 주석문(설명문) 달기

파이썬에서는 샵(#) 기호를 이용하여 주석문을 작성한다. 예제 프로그램에서 샵(#) 뒤에 쓰여진 문장은 프로그램 실행시 번역을 하지 않는 부분으로 보통 어떤 작업이나 기능 등을 설명할 때 사용한다. 주석문은 여러 사람이 공동으로 프로그래밍 작업을 할 경우 또는 복잡한 프로그램 등을 작성할 경우에 프로그램 내용을 알기 쉽게 하기 위하여 작성하는 것으로 처음 프로그래밍을 연습할 때부터 작성하는 습관을 가지는 것이 좋다. 주석문은 샵(#) 기호 외에 따옴표 3개 (''')를 이용하여 여러 행을 모두 주석문으로 만들 수 있다.

예제 3-4와 같이 샵(#) 기호는 샵(#) 뒤에 문장 한 행만 주석문으로 처리를 하지만 따옴표 주석은 따옴표 3개 (''')로 시작해서 따옴표 3개 (''')로 끝나는 범위 안에 모든 행과 문장을 주석문으로 처리하여 프로그램 실행시 실행하지 않는다.

주석문 달기는 어떤 작업이나 기능을 설명하는 것 외에 실행문을 비활성화시키는 방법으로도 사용할 수 있다. 샵(#) 기호 뒤에 문장은 프로그램 실행시에 실행을 하지 않기 때문에 프로그램 작성 또는 디버깅 중에 잠시 어떤 실행문을 비활성화 하고자 할때도 유용하게 사용된다. 예를 들어 어떤 실행문이 있어야 할지 없어도 될지를 체크할 경우에 실행문을 작성했다가 지웠다가 하면서 결과를 살펴보는 것 보다는 예제 3-5와 같이 실행문 앞에 샵(#) 기호를 붙이면 그 행이 주석문이 되어 프로그램 실행시 실행을 하지 않는 비활성화된 실행문이 된다.

예제 3-4 주석문 예제

```
# 주석문 1 입니다..
# 주석문 2 입니다..
# 주석문 3 입니다..

'''     주석문 시작
주석문 4 입니다..
주석문 5 입니다..
주석문 6 입니다...
'''     주석문 끝
```

예제 3-5 실행문 비활성화

```
print("프로그램 예제..")        ''' 활성화된 실행문 '''

#print("프로그램 예제..")       ''' 비활성화된 실행문 '''
```

(2) 외장함수 불러오기

예제 3-3 프로그램의 가장 앞부분에는 'from math import *'를 이용하여 외장함수 불러오기를 하고 있다. 이것은 수학함수 모듈 안에 있는 모든 함수를 불러오라는 명령으로 프로그램 내에서 삼각함수 및 지수로그 함수들을 사용할 수 있도록 해준다.

예제 3-3 프로그램은 프로그램 내에서 sin(), cos() 함수를 사용하기 위하여 가장 먼저 외장함수인 수함함수를 모두 불러 오드록 한 것이다. 만약 프로그램내에서 수학함수를 사용하지 않는다면 외장함수 불러오기를 하지 않아도 된다. 하지만 공학적 프로그램 작성시에는 언제든지 수학함수를 사용할 수 있도록 가장 앞에 항상 'from math import *'를 습관적으로 써 놓는 것이 좋다.

프로그램에서 외장함수를 불러오는 방법은 다음과 같다.

① import 모듈

```
import 모듈
모듈.함수()
```

예제 3-6 math 모듈 불러오기

```
#math 모듈 불러오기
import math

# 모듈내의 함수는 모듈.함수()로 사용한다.
x = 30 * 3.141592 / 180
y = math.sin(x)
y = math.cos(x)
```

import는 특정 모듈(module)을 불러오는 명령으로 import 뒤에 모듈이름을 붙인다. 예를 들어 수학함수를 사용하기 위해 수학함수를 모아 놓은 math 모듈을 'import math'를 통해 불러온다. 여기에서 모듈(module)은 관련 함수들을 모아 놓은 것으로 math 모듈 안에는 수학과 관련된 함수인 삼각함수 및 지수로그 함수들이 정의되어 있다. 이와 같이 import 명령으로 모듈을 불러들인 경우 모듈 내에 있는 함수는 '모듈.함수()'의 형태로 프로그램에서 사용할 수 있다. 즉, math 모듈안에 있는 sin()함수 또는 cos()함수를 사용할 경우 math.sin() 또는 math.cos()이라고 써야한다.

이는 여러 사람들이 제작해 놓은 다양한 모듈을 불러와서 사용할 때 여러 모듈 안에 같은 이름의 함수가 존재할 경우 서로 중복되지 않게 하기 위한 것으로 어떤 모듈 안에 있는 함수라는 것을 명확히 해준다. 따라서 다른 여러 모듈을 사용할 때에는 일반적으로 'import 모듈'로 불러와서 '모듈.함수()'로 외장함수를 사용하는 것이 바람직하다.

그러나 수학함수의 경우 다른 모듈안에서 같은 이름으로 잘 두지 않고, 기본적으로 내장함수처럼 사용 빈도수가 많은 경우에는 일일이 함수 앞에 모듈이름을 쓰는 것이 상당히 귀찮을 수 있다. 이러한 경우에 모듈이름을 쓰지 않고 함수를 바로 쓸 수 있도록 하는 명령이 'from 모듈 import 함수'이다.

② from 모듈 import 함수

```
#모듈 안의 함수1, 함수2 불러오기
from 모듈 import 함수1, 함수2

함수1()
함수2()
```

또는

```
#모듈 안의 모든 함수 불러오기
from 모듈 import *

함수1()
함수2()
```

예제 3-7 모듈안의 함수 불러오기

```
#math 모듈 안의 모든 함수 불러오기
from math import *

# 모듈내의 함수는 모듈명을 생략하고 함수()로 사용한다.
x = 30 * 3.141592 / 180
y = sin(x)
y = cos(x)
```

'from 모듈 import 함수'는 표현 그대로 모듈안에 있는 외장함수를 불러오는 명령으로 'import 모듈'과는 달리 프로그램 작성시 모듈이름을 생략하고 바로 외장함수를 사용한다. 이때 'from 모듈 import' 뒤에 프로그램에서 사용할 외장함수를 콤마(,)로 구분하여 불러오던지, 아스트릭(*) 문자로 모듈안에 있는 모든 외장함수를 불러와서 '모듈.함수()'가 아닌 '함수()'의 형태로 바로 사용할 수 있다.

예제 3-7과 같이 math 모듈 안의 모든 함수를 'from math import *'로 불

러오면 sin(), cos() 함수를 예제 3-5처럼 함수 앞에 모듈이름인 'math.'을 붙이지 않고 바로 사용할 수 있다. 그러나 이는 다른 여러 모듈을 불러와서 사용할 경우 모듈 안에 같은 이름의 함수가 존재하면 함수가 중복되어 오류를 발생시킬 수 있으니 조심해서 사용하도록 하자.

③ 변수 생성 및 초기화

필요한 외장함수 불러오기가 끝나면 그 다음 변수 생성 및 초기화 작업으로 이에 대한 설명은 4장에서 데이터 형과 변수에 대한 설명과 함께 자세히 다룬다. 파이썬은 C/C++ 과는 달리 모든 변수를 자동으로 생성하기 때문에 반드시 변수 생성이라는 과정을 할 필요는 없다. 그러나 변수 생성 과정은 프로그램 내에서 사용할 변수를 미리 정리해 놓는 것으로 방대하고 복잡한 프로그램 작성을 하거나 여러 사람이 협업으로 프로그램을 작성할 때 어떤 변수를 어떤 형태로 사용하는지 서로 명확히 해두어야 프로그램 분석도 쉽고 제대로 프로그램을 작성할 수 있다. 그리고 변수를 생성하지 않고 변수에서 값을 꺼내서 사용하게 되면 오류가 발생하기 때문에 변수 생성 과정이 자동으로 된다고 생략하지 말고 프로그램에서 사용할 변수들을 먼저 작성해서 정리하는 습관을 가지도록 하자.

예제 3-3의 sin, cos 값 구하는 프로그램에서는 프로그램 내에서 i, x, y 변수가 각각 순서대로 정수형, 실수형, 실수형으로 사용되기 때문에 초기값을 각각 0, 0.0, 0.0을 대입문(=)을 이용하여 저장하였다.

예제 3-8 변수 생성 및 초기화

```
i = 0
x = 0.0
y = 0.0
```

④ 프로그램 내용 작성

외장함수 불러오기와 변수생성이 완료되면 그 다음 프로그램 내용을 앞으로 공부할 여러 가지 예약어, 연산자, 함수 등을 이용하여 작성한다. 파이썬에서는 행 단위로 번역을 하여 순차적으로 실행을 하며, 이 때 한 행의 내용이 하나의 실행문이 되고 따로 실행문의 끝을 표시하지 않는다.

하나의 실행문이 너무 길어 한 행에 모두 표시하는 것이 보기에 불편한 경우에는 역슬래쉬(\)를 이용하여 다음 행을 앞의 실행문에 포함시킬 수 있다. 즉, 여러 행을 하나의 실행문으로 작성하고자 할 때에는 행의 마지막에 역슬래쉬(\)를 쓰고 다음 행을 동일 실행문 내용으로 작성한다.

예제 3-9 여러 행을 하나의 실행문으로 작성

```
print("여러행을 하나의 실행문으로 작성하는 예를\
보여주고 있습니다.. 이때는 역슬래쉬를 사용하여\
작성하면 됩니다.")

x = 1 + 2 + 3 + 4 + 5 + 6 + 7 + 8 + 9 \
    + 10 + 11 + 12 + 13 + 14 + 15
```

반대로 하나의 행 안에 여러개의 실행문을 작성할 경우에는 실행문의 끝에 세미콜론(;)을 붙여서 실행문을 구분해 준다.

예제 3-10 하나의 행 안에 여러개의 실행문 작성

```
x = 10.0; y = 20.0; z1 = 0.0; z2 = 0.0

z1 = x + y; z2 = x * y
```

실행문 작성은 반드시 첫 칸에 줄을 맞춰 작성하야하고 if 또는 for 명령등과 함께 여러 실행문을 한 그룹으로 묶을때는 반드시 들여쓰기를 해서 줄맞춤을 해야한다. 이 때 들여쓰기는 공백(' ') 4칸 정도 또는 탭키 간격 만큼 띄운다. 파이썬은 여러 실행문들의 줄맞춤과 들여쓰기가 매우 엄격하기 때문에 한칸이라도 줄맞춤 또는 들여쓰기를 잘못하면 오류를 발생시키므로 프로그램 작성시 조심하기 바란다.

그리고 프로그램 작성 시에 대문자와 소문자를 구별해서 사용한다. 파이썬은 C/C++언어와 마찬가지로 함수 체계로 프로그래밍을 하기 때문에 변수뿐만 아니라 함수도 매우 많이 만들어서 사용하게 된다. 그렇기 때문에 보다 많은 변수 및 함수 이름을 활용할 수 있도록 대문자와 소문자를 구별해서 사용하도록 되어있다. 즉, 변수 a와 변수 A는 서로 다른 변수이다. 함수 역시 print()를 Print() 라고 쓰면 오류가 발생한다. 따라서 예제 또는 여러 프로그램을 작성 할 때에 대문자와 소문자를 잘 체크할 필요가 있다.

파이썬 프로그램 구조의 주요 사항 정리

① 파이썬 프로그램은 행단위로 한 실행문을 구성하여 순차적으로 수행한다.

② 한 행 안에 여러 실행문 작성 시 반드시 세미콜론(;)으로 구분한다.

③ 실행문 작성 시 반드시 줄맞춤을 해야한다. (매우 중요)

④ if 또는 for 명령에서 여러 실행문을 한 그룹으로 묶을 때는 반드시 들여쓰기를 해야한다. (매우 중요)

⑤ 샵(#)은 설명문(주석)을 작성할 때 사용하고, #뒤의 내용은 실행되지 않는다.

⑥ 외장함수 불러오기는 프로그램 가장 앞부분에 작성한다.

⑦ 프로그램에서 사용할 변수를 생성 및 초기화하고 프로그램 내용을 작성한다.

⑧ 프로그램 작성시 대문자와 소문자를 구별해서 사용한다.

연 습 문 제

1. 화면에 자신의 이름을 출력하라.

2. 예제 3-1을 작성하고 실행 결과를 확인하라.

3. 예제 3-2을 작성하고 실행 결과를 확인하라.

4. 파이썬의 명령체계인 예약어와 함수를 설명하라.

5. 'import 모듈'과 'from 모듈 import 함수' 명령에 대하여 설명하라.

6. 파이썬 프로그램 구조의 주요 사항들을 정리하여 적어라.

제 II 편

파이썬의 기본 사항

제4장	파이썬의 표현식
제5장	프로그램 제어문
제6장	리스트

4.1 상 수

상수는 프로그래밍 언어에서 다루는 데이터(자료)이다. 컴퓨터는 여러 가지 형태의 데이터를 처리하도록 설계되어 있는데 내부에서는 기본적으로 전부 2진수의 형태로서 다루게 된다. 즉, 사람이 다루는 수나 문자의 개념은 실제 컴퓨터 내부에서는 모두 0과 1로 조합된 이진수의 형태로 사용이 된다. 그러나 사람이 2진수의 형태로 된 수나 문자를 직접 다루는 것은 매우 불편하고 어렵기 때문에 프로그래밍 언어에서는 사람이 이해하기 쉬운 형태로 데이터를 다루도록 하였으며, 이를 상수라고 지칭한다. 그리고 이러한 상수는 프로그램 수행 중에는 변하지 않고 고정된 값으로 정수 상수, 실수 상수, 문자 및 문자열 상수가 있다.

▌참고 : 수학에서의 상수라 함은 변하지 않고 고정된 수로 보통 정해진 정수 또는 실수 값을 말하거나 당장 정해지지 않았지만, 고정된 수로 사용할 것이라는 임의의 상수가 모두 포함된다. 그러나 프로그래밍 언어에서는 임의의 상수는 상수가 아니고 변수로 취급한다.

수 학	:	정수 상수, 실수 상수, 임의의 상수
프로그래밍	:	정수 상수, 실수 상수, 문자 또는 문자열 상수

파이썬에서는 사용자가 다양한 형태의 상수를 다룰 수 있도록 하였으며, 이러한 상수는 파이썬 쉘에서 번역할 때 컴퓨터가 이해하는 이진 형태의 데이터로 자

동으로 변환되어 취급된다.

▌주 : 모든 데이터는 컴퓨터 내부에서는 2진수의 형태로 취급된다.

1) 정수 상수

정수 상수는 소수부나 지수부가 없는 수로 파이썬은 10진수, 16진수, 8진수의 형태로 사용할 수 있다. 정수는 컴퓨터에서 사용되는 가장 기본적인 데이터로 실수와는 구분해서 사용한다. 정수는 2진수의 형태로 모든 데이터를 취급하는 컴퓨터의 가장 기본적인 수의 체계이기 때문에 처리속도가 실수보다 매우 빠르다. 따라서 일반적으로 여러 가지 시스템 데이터 처리, 영상처리, 그래픽, 반복횟수의 처리 등과 같이 대부분의 데이터 처리는 정수를 이용한다.

(1) 10진 정수

10진 정수는 사람이 일반적으로 사용하는 정수의 형태이다.

① 0 ~ 9 사이의 숫자와 부호(+, -)로 구성한다.
② 소수부 또는 지수부가 없고 소수점이 없다.
③ 정수의 가장 앞자리에는 0을 제외한 나머지 숫자로 시작한다.
　㉔ 10, 12, 20, 123

(2) 16진 정수

① 16진 정수는 2진 형태의 데이터를 쉽게 사용하기 위한 것으로 컴퓨터 내부 데이터 상태나 하드웨어와 직접적인 관련이 있는 데이터를 입출력 하고자 할 때에 사용한다. 보통 수학적 문제를 다룰 때에는 거의 사용하지 않지만 그 외 시스템 프로그래밍, 제어용 프로그래밍 또는 각종 어플리케이션 프로그래밍을 할 때에는 엄청 많이 사용하게 되며 매우 중요한 상수이다.
그 이유는 하드웨어 내부 상태나 다른 주변기기와의 제어에 있어서 모든 데이터는 2진수의 형태로 취급되기 때문에 2진수 형태를 직접 사용하는 것이 효과적인 경우가 많다. 그러나 2진수를 직접 다루는 것은 매우 어렵고 불편하기 때문에 2진수를 대신하여 바로 대응이 되는 16진수를 사용하게 된다.
② 0 ~ 9, a(A), b(B), c(C), d(D), e(E), f(F)로 구성한다.
③ 숫자 앞에 0x를 붙여 16진수임을 나타낸다.

④ 이진수 4자리가 16진수 한자리에 그대로 대응한다.
㉨ 0x10, 0x0A, 0x82, 0xBD, 0x16A2, 0xFFFF

〈표 4-1〉 10진수, 2진수, 16진수 대응 표

10진수	2진수	16진수	10진수	2진수	16진수
0	0b0000	0x0	8	0b1000	0x8
1	0b0001	0x1	9	0b1001	0x9
2	0b0010	0x2	10	0b1010	0xA
3	0b0011	0x3	11	0b1011	0xB
4	0b0100	0x4	12	0b1100	0xC
5	0b0101	0x5	13	0b1101	0xD
6	0b0110	0x6	14	0b1110	0xE
7	0b0111	0x7	15	0b1111	0xF

⑤ 파이썬에서는 0b**** 와 같이 2진수는 0b를 앞에 붙여서 바로 사용할 수 있다. 그러나 전술한 바와 같이 2진수를 직접 사용하는 것은 불편하기 때문에 2진수는 보통 16진수를 가지고 표현을 한다.
⑥ 16진수는 16진수 그대로 사용하고 10진수로 바꿔서 생각하지 않는다.
⑦ 16진수는 2진수 대신 사용하기 때문에 2진수의 상태를 알아야 할 경우가 많다. 따라서 시스템 프로그램 또는 게임이나 제어용 프로그램 등을 개발하고자 하는 사용자는 2진수를 16진수로 16진수를 2진수로 변환하는 방법을 꼭 알아둘 필요가 있다.
⑧ 2진수(16진수 변환 방법) : 2진수 4비트(4자리)가 16진수 한 자리에 대응된다. 따라서 2진수를 4비트씩 끊어서 각각 16진수 한 자리로 나타낸다. 그리고 2진수 4비트의 각 비트를 8, 4, 2, 1 자리 수로 표시한다.
이때 2진수 4비트에서 1인 자리의 수를 더한다. 이때 10보다 큰 수이면 각각 A (10), B (11), C (12), D (13), E (14), F (15)로 표시하고, 변환된 값 앞에 '0x'를 쓴다. 따라서 위의 0b11000110은 16진수로 변환하면 0xC6이 된다.

자리 수	8 2^3	4 2^2	2 2^1	1 2^0	8 2^3	4 2^2	2 2^1	1 2^0
2 진수 (0b)	1	1	0	0	0	1	1	0
	8 + 4 = 12				4 + 2 = 6			
16 진수 (0x)	C				6			

⑨ 16진수(2진수 변환 방법) : 16진수는 한 자리가 2진수 4비트에 해당된다. 따라서 16진수 한 자리씩 끊어서 각각 2진수 4비트로 표현하고 각 비트를 8, 4, 2, 1 자리 수로 나타내고 16진수 값을 2진수 가장 상위 자리부터 자리 수 값을 빼가는 방법을 이용한다. 즉, 16진수 값이 자리 수 8 보다 크거나 같으면 (즉, ≧ 0) 그 자리에 1 셋팅하고 뺀 값을 다음 자리 수와 비교한다.

이 때 16진수 값이 자리 수 보다 작으면 그 자리에 0을 셋팅하고 다음 자리 수와 비교한다. 다음 자리 수도 마찬가지로 1 또는 0을 셋팅하여 1의 자리까지 완료한다.

이와 같은 방법으로 16진수인 0xB5를 2진수로 바꾸면 0b10110101이 된다. 이 방법은 <표 4-1> 대응표와 함께 이용하면 매우 쉽고 빠르게 16진수를 2진수로 또는 2진수를 16진수로 바꿀 수 있기 때문에 알아두면 매우 유용하게 사용할 수 있다.

㉹ 16진수 - 2진수 변환 및 2진수 - 16진수 변환
0x10, 0x0A, 0x82, 0xBD, 0x16A2, 0xFFFF 2진수로 변환하기
0b0110101, 0b101011010101, 0b111001101100 16진수로 변환하기

16 진수 (0x)	B				5			
자리 수	8 2^3	4 2^2	2 2^1	1 2^0	8 2^3	4 2^2	2 2^1	1 2^0
	11-8 = 3	3-4	3-2 = 1	1-1 = 0	5-8	5-4 = 1	1-2	1-1 = 0
	≧ 0	< 0	≧ 0	≧ 0	< 0	≧ 0	< 0	≧ 0
2 진수 (0b)	1	0	1	1	0	1	0	1

(3) 8진 정수

① 8진 정수는 16진 정수와 마찬가지로 이진 데이터를 쉽게 사용하기 위한 것이다. 파이썬에서는 이진 데이터를 쉽게 사용하기 위하여 8진 정수를 두기는 하였으나, 사실상 이러한 경우는 거의 16진 정수를 이용하기 때문에 8진 정수는 거의 사용되지 않는다.

② 0 ~ 7 로 구성되며, 숫자 가장 앞자리에 0o(zero o)를 붙여 나타낸다.
㉠ 0o1, 0o3, 0o10. 0o14, 0o72

2) 실수 상수

실수 상수는 소수점을 찍어 소수부나 지수부가 있는 상수로 고정 소수점형 실수 상수와 부동 소수점형 실수 상수가 있다.

① 고정 소수점형 실수 상수

- 정수부와 소수부로 구성되는 실수이다.
- 0 ~ 9 사이의 수와 소수점(.) 그리고 부호(+, -)로 구성된다.
- 쉘에서 번역시에 컴퓨터 내에서는 부동 소수점형으로 취급된다.
  ㉠ 0.12, 5.6, 10.25, 235.42

② 부동 소수점형 실수 상수

- 가수부와 지수부로 구성되는 실수이다.
- 컴퓨터는 데이터를 이진수의 형태로 처리하기 때문에 실수 또한 이진수의 형태로 다루게 된다. 여기서 매우 큰 수나 매우 작은 수를 다루게 되면 처리할 수 있는 비트수가 정해진 컴퓨터 내부에서 고정 소수점의 형태로는 그 수를 다룰 수가 없게 된다. 따라서 매우 큰 수 또는 매우 작은 수를 다룰 수 있도록 하기 위하여 컴퓨터는 실수를 기본적으로 부동 소수점 형태로 취급하도록 설계되어 있다. 보통 사람도 매우 크거나 매우 작은 수는 단위 변환을 하거나 부동 소수점형 실수로 사용한다. 파이썬에서는 지수부인 $\times 10^6$을 e 또는 E를 사용하여 e06 또는 E06이라고 표기하여 부동소수점 실수 상수를 표현할 수 있다.
  ㉠ 1.5e02, 5.4E05

▮주의 : 보통 프로그래밍을 하다보면 부동소수점형 실수 상수를 수식으로 작성하는 경우가 많다. 물론 수식으로 작성해도 계산 결과에는 차이가 없지만 전반적인 데이

터를 처리하는 속도면에서 수식보다는 상수의 형태로 표현해서 저장하는 것이 훨씬 빠르고 보기에도 편하다. 따라서 프로그래밍 시에 부동소수점형 실수 상수는 되도록 수식보다 상수 표현식을 사용하는 습관을 가지도록 하자.

3) 문자열 상수

문자 데이터는 기본적으로 문자코드 값이다. 이 말은 문자도 이진수로 되어 있는 정수 값이라는 것이다. 컴퓨터에서는 문자마다 이진수 값으로 대응하여 약속한 ASCII(아스키)코드에 따라 문자를 다루고 있다. 예를 들면 문자 A는 0x41 (65)이고, 문자 a는 0x61 (97)이다. 이처럼 각 문자 데이터를 코드로 직접 작성하는 것은 매우 어렵고, 나중에 무슨 데이터를 입력했는지 사용자는 알기가 쉽지 않다. 따라서 파이썬에서는 작은 따옴표(' ') 또는 큰 따옴표(" ")를 이용하여 문자는 모두 문자열의 형태로 다루고 있다. 다른 프로그래밍 언어에서는 문자와 문자열을 구분해서 문자열은 좀 특별하게 다루고 있지만, 파이썬은 이를 구분하지 않고 모두 문자열로 취급하여 사용자가 문자열을 쉽게 사용할 수 있도록 하였다.

문자열 상수는 문자들의 모임으로 인용 부호 ' ' 또는 " " 안에 문자들을 나열하여 나타낸다.

㉮ "A", "abc", "조연상", "123", 'D', 'def', '기계공학과'

4) 불(Bool)형 상수

그 외 Bool형 상수는 참과 거짓을 나타낸다. 또한 조건식 등에서 주로 사용하는 상수로 참은 True, 거짓은 False로 나타낸다.

연 습 문 제

1. 프로그래밍에서 16진수 또는 8진수가 사용되는 이유를 설명하라.

2. 다음 이진수를 16진수로 고쳐라.

   0b1100111010101011, 0b001101011011, 0b1011111100110111

3. 다음 16진수를 이진수로 고쳐라.

   0x34, 0xD7, 0xA93C, 0x25F3

4. 다음 고정 소수점형 실수를 부동 소수점형 실수로 나타내라.

   1.54, 152.67, 0.00056, 0.0345

5. 다음 부동 소수점형 실수를 고정 소수점형 실수로 나타내라.

   2.5e03, 4.2E02, 8.23e-02, 5.0E-01

6. 컴퓨터에서 내부적으로 실수를 부동소수점형으로 다루는 이유를 설명하라.

4.2 데이터의 형태와 변수

1) 변수의 개요 및 종류

일반적으로 수학에서 변수는 변하는 수라는 의미를 가지고 있다. 그러나 프로그래밍에서의 변수는 데이터를 저장하기 위한 메모리 공간을 말한다. 이는 프로그램 수행 중에 데이터가 저장되면서 그 안에 내용이 변할 수 있기 때문에 변수라는 명칭으로 사용하고 있다. 따라서 개념적으로 수학에서는 변수도 일종의 어떤 값으로 대신할 수 있는 수이지만, 프로그래밍에서는 데이터(상수) 저장 공간이라는 점에 유의하자.

〈표 4-2〉 수학과 프로그래밍에서의 변수 차이

수 학	프로그래밍
변수 의미 : 변하는 수	변수 의미 : 데이터 저장 공간
x = 3 # x는 3과 같다.	x = 3 # x에 3을 대입(저장) 하라.
x = x + 3 # x는 x+3과 같다. (불가)	x = x + 3 # x에 x+3 결과를 저장하라.

파이썬에서는 취급하는 상수의 종류에 따라 변수도 다양하게 두고 있다. 즉, 취급하는 데이터의 형태에 따라 변수의 속성을 다르게 두고 있는 것이다.

파이썬은 상수와 마찬가지로 <표 4-3>에 나타낸 바와 같이 정수형 변수, 실수형 변수, 문자열 변수 및 불형 변수가 있다. 여러 형태의 변수가 있다는 것은 어떻게 보면 불편하게 느낄 수도 있지만 사용자가 데이터의 형태에 따라 그에 맞는 변수의 속성을 사용함으로써 가장 효율적이고 최적의 프로그램이 가능하다는 점에서는 매우 합리적이라고 할 수 있다.

정수형 변수는 정수 상수를 저장하기 위한 변수로 'int' 형으로 표시하며, 파이썬에서는 그 크기와 수의 범위가 무제한이다. 즉, 매우 큰 정수 또는 매우 작은 정수를 사용자가 제한없이 사용할 수 있다.

〈표 4-3〉 기본 데이터 형태 및 변수의 종류

변 수	데이터 형	크 기	수의 범위	용 도
정수형 변수	'int'	무제한	무제한	정수계산, 시스템, 카운팅(계수)
실수형 변수	'float'	8 byte	약 $\pm 10^{\pm 308}$	배정도 실수 계산 수학, 과학, 공학 문제 계산
문자열 변수	'str'	variable	-	문자열 취급시 사용
불형 변수	'bool'	-	-	True, False 저장 조건식에서 사용

실수형 변수는 실수 상수를 저장하기 위한 변수로 파이썬에서는 'float' 형으로 표시하며 배정도 실수만 취급을 한다. 이는 C/C++ 등에서 'double 형' 배정도 실수(64bit 실수)에 해당하는 것으로 파이썬에서는 더 이상 단정도 실수(32bit 실수)를 취급하지 않는다. 따라서 파이썬에서는 실수형을 'float' 형이라고 하며 배정도 부동소수점형 실수로써 소수점 이하 15자리까지 약 $\pm 10^{\pm 308}$의 실수를 취급할 수 있다.

문자열 변수는 문자열 상수를 저장하기 위한 변수로 'str' 형이라고 나타낸다. 'str'은 'string'의 약자로 파이썬에서는 하나의 문자만 취급하는 'character' 형은 없으며 문자는 모두 문자열 형태로 다루고 있다. 문자열은 문자 리스트의 일종으로 데이터가 하나가 아닌 여러 개의 문자가 집합을 이루고 있는 형태이다. 따라서 문자열 변수를 통해 다루는 데이터는 정수 또는 실수와는 약간 다르게 취급이 된다. C/C++ 등에서는 문자열 변수를 통해 문자열을 다루는 것이 처음 시작하는 사용자에게 매우 특별하고 어려웠지만 파이썬에서는 이를 쉽게 다룰 수 있도록 하였다. 그리고 문자열 변수안의 데이터도 리스트와 문자열 함수 등을 공부하고 나면 더욱 쉽게 다룰 수 있다.

불형 변수는 True와 False 두가지 상수만 저장하고 취급하는 변수로 파이썬에서는 'bool' 형으로 나타낸다. 조건식의 결과로 나타나는 참과 거짓을 다룰 때 사용하는 변수이다.

그 외에도 리스트, 튜플, 딕셔너리 및 복소수 등등 여러 가지 형태의 데이터를 취급하기 위한 변수가 있지만, 이들은 뒤에서 다시 특별히 다루도록 하고 여기서는 먼저 가장 기본적인 형태만 알아두도록 하자.

2) 변수 생성 및 초기화

```
변수이름 = 상수값
```

파이썬은 변수이름을 쓰고 거기에 특정 상수값을 대입문(=)을 이용하여 저장하면 변수는 상수의 데이터 형태에 따라 같은 속성의 데이터 형태로 자동 생성이 된다. 그리고 상수값을 변수에 저장하여 초기화를 한다.

▮주의 : 이와 같이 변수에 어떤 상수 값을 저장하여 변수를 생성하지 않고, 변수의 내용을 읽어 오는 작업을 수행하면 변수가 정의되지 않았다는 에러가 발생한다. 따라서 변수를 사용하기 전에 반드시 변수를 생성하고 초기화를 해야한다.

㉮

```
a = 10          # 변수 a를 정수형 변수로 생성하고 10 을 저장
b = 2.0         # 변수 b를 실수형 변수로 생성하고 2.0을 저장
c = "ABC"       # 변수 c를 문자열 변수로 생성하고 "ABC"를 저장
d = True        # 변수 d를 불형 변수로 생성하고 True 를 저장
```

'a = 10'은 '변수 a 가 10이다.'는 의미가 아니고, '변수 a를 정수형 변수로 생성하고 10을 대입(저장)하라.'는 것을 의미한다. 여기서 중요한 점은 대입문 (=)은 컴퓨터에서는 양쪽 항이 같다는 것이 아니고 우측의 값을 좌측의 변수에 대입(저장)하라는 명령임을 꼭 기억해야한다. 위의 예에서 나머지 변수 b, c, d 역시 대입문(=) 우측의 상수에 따라 각각 실수형, 문자열형, 불형 변수로 생성하고 우측의 상수값으로 초기화가 된다.

[그림 4-1]은 예와 같이 변수 a, b, c, d를 생성하고 type() 함수를 사용하여 각 변수의 데이터 형태를 살펴본 것이다. 각각 저장한 상수 값에 따라 데이터의 형태가 자동으로 설정되어 있음을 알 수 있다. 여기서 'int'는 정수형, 'float'는 실수형, 'str'은 문자열형, 'bool'은 불형을 뜻한다.

```
IDLE Shell 3.9.1
File Edit Shell Debug Options Window Help
Python 3.9.1 (tags/v3.9.1:1e5d33e, Dec  7 2020, 17:08:21) [MSC v.1927 64 bit (AM
D64)] on win32
Type "help", "copyright", "credits" or "license()" for more information.
>>>
>>> a = 10
>>> type(a)
<class 'int'>
>>> print(a)
10
>>>
>>> b = 2.0
>>> type(b)
<class 'float'>
>>> print(b)
2.0
>>>
>>> c = "abc"
>>> type(c)
<class 'str'>
>>> print(c)
abc
>>>
>>> d = True
>>> type(d)
<class 'bool'>
>>> print(d)
True
>>>
>>> |
Ln: 28 Col: 4
```

[그림 4-1] 변수 생성 및 변수의 데이터 형태

```
변수이름, 변수이름, ... = 상수값, 상수값, . .

변수이름 = 변수이름 = 변수이름 = 상수값
```

[그림 4-2]와 같이 대입문(=) 좌측에 여러 개의 변수를 콤마(,)로 구분하고 대입문 우측에는 각 변수에 저장할 상수를 역시 콤마(,)로 구분하여 한 행(실행문)안에서 여러개의 변수를 생성하여 초기화를 할 수 있다. 이 때 앞에서 부터 순서대로 변수가 생성되고 순서대로 상수가 저장되며 변수의 데이터 형태는 저장되는 상수에 따라 결정된다. 그리고 반드시 변수의 개수와 상수의 개수가 같아야 한다.

[그림 4-2]의 변수 생성 예와 같이

```
a, b, c, d = 10, 2.0, "abc", True
```

라고 변수와 상수를 콤마(,)로 구분하여 입력을 하면, 대입문(=) 좌측에 변수 a, b, c, d를 우측의 상수값 순서에 따라 변수 a는 정수형, 변수 b는 실수형, 변수 c는 문자열형 그리고 변수 d는 불형으로 생성하고 상수 값을 순서대로 저장을 한다. 따라서 변수 a에는 정수 10이 저장이 되고, 변수 b에는 실수 2.0이 저장이 된다. 그리고 변수 c에는 문자열 "abc"가 저장이 되며, 변수 d에는 True가 저장이 된다.

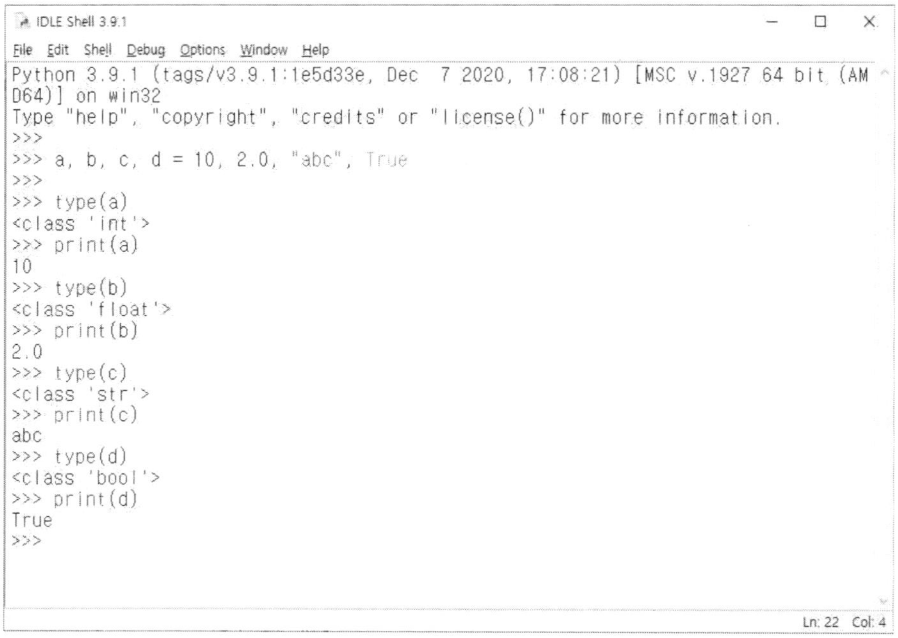

[그림 4-2] 변수 생성 예

또한 [그림 4-3]과 같이 여러 변수를 같은 데이터형으로 같은 상수값을 저장하고자 할때에는 각 변수를 대입문(=)으로 연결하여 '변수이름 = 변수이름 = 변수이름 = 상수값'의 형태로 나타낼 수도 있다.

[그림 4-3]의 변수 생성의 예와 같이

```
x = y = z = 0.0
```

이라고 변수와 상수를 대입문(=)으로 연결하여 입력하면, 상수 앞에 있는 변수들은 모두 상수값과 같은 데이터 형태로 생성이 되며, 변수에는 모두 같은 상수값이 저장이 된다. 따라서 위의 예는 변수 x, y, z는 실수형 변수로 생성이 되며, 모두 0.0 이 저장되어 초기화 된다. 이와 같이 변수와 상수를 대입문으로 연결하여 변수에 모두 같은 상수값으로 저장할 경우에 상수값은 우측 가장 마지막에 입력을 한다.

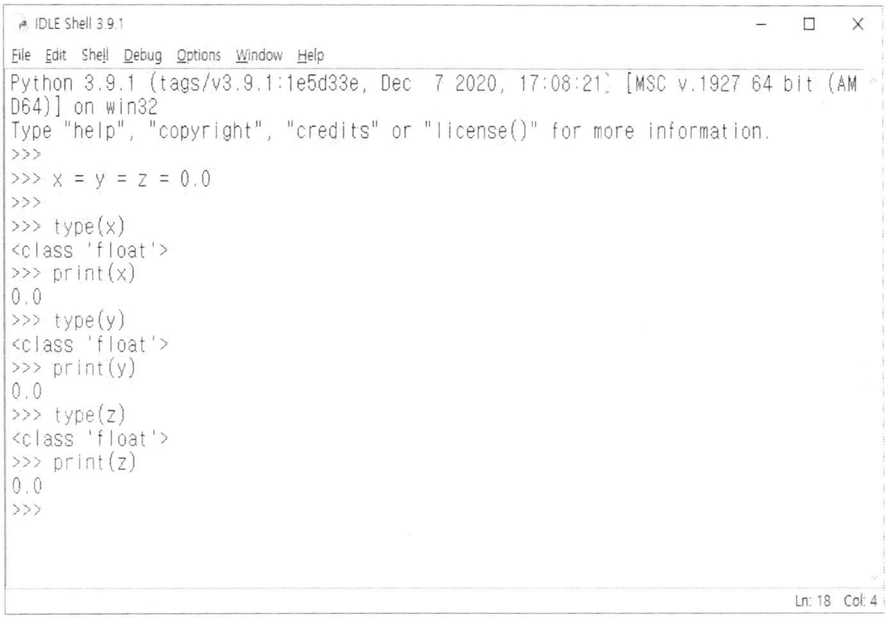

```
IDLE Shell 3.9.1
File Edit Shell Debug Options Window Help
Python 3.9.1 (tags/v3.9.1:1e5d33e, Dec  7 2020, 17:08:21) [MSC v.1927 64 bit (AMD64)] on win32
Type "help", "copyright", "credits" or "license()" for more information.
>>>
>>> x = y = z = 0.0
>>>
>>> type(x)
<class 'float'>
>>> print(x)
0.0
>>> type(y)
<class 'float'>
>>> print(y)
0.0
>>> type(z)
<class 'float'>
>>> print(z)
0.0
>>>
Ln: 18 Col: 4
```

[그림 4-3] 변수 생성의 예

변수를 생성할 때 변수이름으로 사용하는 규칙은 다음과 같다.

① 첫 글자는 반드시 영문자(단 밑줄 '_' 은 사용 가능)를 사용하고, 변수이름으로 사용할 수 있는 문자는 영문자(대문자, 소문자), 숫자, 밑줄 '_' 이다.
② 변수이름 중간에 공백은 사용할 수 없다. 밑줄 '_' 로 대체 사용한다.
③ 대문자와 소문자는 구별되어 인식한다. 즉, 서로 다르다.
④ 예약어는 변수이름으로 사용할 수 없다.
⑤ 변수이름의 글자 수는 특별한 제한이 없다.

변수이름 사용규칙에 따라 올바른 예와 잘못된 예를 살펴보면 다음과 같다.

■ 변수이름 올바른 예

```
a    xy    A1    K123    m_Img_X    in_data    _stress    k_
```

■ 변수이름 잘못된 예

```
2a    xy$    A!1    K 123    mImg X    for    from    in
```

■ 위의 변수이름이 왜 잘못된 예 인가를 적어 보아라.

▌주의 : 파이썬에서는 내장함수 또는 외장함수로 사용되고 있는 이름은 예약어와는 달리 변수이름으로 둘 수가 있다. 문제는 내장함수 또는 외장함수의 이름으로 사용되고 있는 것을 변수이름으로 다시 두게 되면 그 프로그램 내에서는 더 이상 내장함수 또는 외장함수로써 사용하지 못하고 변수로 사용하게 된다. 따라서 프로그램 작성시에 변수이름을 내장함수 또는 외장함수로 사용되고 있는 이름으로 두지 않도록 주의해야한다.

이것은 파이썬에서 변수 생성의 한 특징 때문인데 C/C++ 등의 언어에서는 한 번 변수를 생성하면 같은 이름으로 다시 변수를 생성하지 못하게 되어 있는 반면에 파이썬에서는 같은 이름으로 변수를 몇 번이고 다시 생성할 수 있는 특징 때문이다. 파이썬은 사실상 대입문(=)에 저장기능만 있는 것이 아니라 변수 생성 명령이 포함되어 변수에 어떤 상수값을 저장할 때 기존 변수는 제거하고 상수값의 데이터 형태에 따라 변수를 다시 자동으로 생성하도록 되어 있다.

```
Python 3.9.1 (tags/v3.9.1:1e5d33e, Dec  7 2020, 17:08:21) [MSC v.1927 64 bit (AM
D64)] on win32
Type "help", "copyright", "credits" or "license()" for more information.
>>>
>>>
>>> a = 10
>>>
>>> type(a)
<class 'int'>
>>> print(a)
10
>>>
>>> a = 2.5
>>>
>>> type(a)
<class 'float'>
>>> print(a)
2.5
>>>
>>>
```

```
Python 3.9.1 (tags/v3.9.1:1e5d33e, Dec  7 2020, 17:08:21) [MSC v.1927 64 bit (AM
D64)] on win32
Type "help", "copyright", "credits" or "license()" for more information.
>>>
>>> b = 12.5
>>>
>>> type(b)
<class 'float'>
>>>
>>> b = "abc"
>>>
>>> type(b)
<class 'str'>
>>>
>>> b = 10
>>>
>>> type(b)
<class 'int'>
>>>
>>>
```

[그림 4-4] 변수의 자동 재생성 예

즉, [그림 4-4]의 예와 같이 a = 10이라고 입력하여 변수 a를 정수형 변수로 생성하여 10을 저장해 놓았다고 하더라도 다시 a = 2.5라고 입력을 하여 실수 상수값을 저장을 하면, 변수 a는 계속 정수형 변수로 있는 것이 아니라 자동으로 실수형 변수로 바뀌고 변수 a안에는 2.5를 저장한다.

마찬가지로 b = 12.5라고 입력하여 변수 b를 실수형 변수로 생성하고 12.5를 저장하더라도 다시 b = "abc"라고 입력하여 문자열을 저장하면 변수 b는 자동으로 문자열형 변수로 바뀌어 "abc"를 저장한다. 여기에 b = 10 이라고 입력하면 변수 b는 정수형 변수로 자동으로 바뀌고 변수 b에는 10이 저장된다.

이와 같이 파이썬의 변수는 프로그램 내에서 한번 성성된 변수가 프로그램 끝날 때 까지 계속 고정되어 사용되는 것이 아니라, 대입문(=)에 의해 저장되는 상수에 따라 변수는 계속 자동으로 생성되어 변한다.

이것이 처음 프로그래밍을 하는 사용자들 입장에서는 데이터 형태에 대해 잘 몰라도 각종 데이터의 형태를 갖는 변수들을 쉽게 사용할 수 있다는 장점일 수도 있다. 하지만 대입문(=)에 저장기능 뿐만 아니라 변수제거 및 생성기능이 추가되어 있다는 점에서 프로그램 진행을 느리게 하고, 되도록 변수를 데이터의 형태에 따라 구분해서 사용하는 고급 사용자들에게는 매우 큰 단점이 될 수도 있다.

▮ 참고 : 필자는 나중에 여러분이 파이썬 이외에 C/C++ 또는 C# 등 다른 컴퓨터 언어를 공부할 때 데이터의 형태를 잘 이해하기 바라는 마음으로 이 교재에서는 항상 데이터 형태에 따라 변수를 구분해서 사용하길 바란다. 따라서 예제 등에서도 반드시 변수 생성시 데이터 형태를 구분하여 상수값을 초기화하도록 하였다.

3) 프로그램 내에서 변수 생성 위치

파이썬 프로그램을 작성할 때 변수를 생성하는 위치는 원래 특별하게 정해진 것이 없다. 다만 변수 내용을 가지고 오는 작업을 하기 전에만 변수에 적당한 상수 값을 저장하여 생성하면 된다. 변수를 생성하지 않고 어떤 변수의 값을 가지고 오는 작업을 하게 되면, (예를 들어 z 변수 생성없이 print(z)로 z 변수안의 값을 출력하면) 다음과 같은 에러가 발생한다.

```
NameError: name '변수이름' is not defined
```

```
>>> print(z)
Traceback (most recent call last):
  File "<pyshell#13>", line 1, in <module>
    print(z)
NameError: name 'z' is not defined
```

```
#외장함수 불러오기
import 모듈
from 모듈 import *

#변수생성 및 초기화
변수명 = 상수
변수명 = 상수

#프로그램 내용
실행문1
실행문2
.
.
```

[그림 4-5] 파이썬 프로그램 구조

따라서 [그림 4-5]의 파이썬 프로그램 구조에서 나타낸 바와 같이 되도록 외장 함수 불러오기를 한 다음에 실제 프로그램 내용을 작성하기 전에 프로그램에서 사용할 변수를 미리 생성하고 초기화를 해두는 것이 좋다.

이와 같이 변수생성을 미리 하지 않더라도 프로그램 내용 중에 대입문(=)에 의해 변수가 자동 생성이 되기 때문에 대부분은 미리 변수를 생성하고 초기화를 하지 않더라도 크게 문제가 되지 않는다. 하지만 간혹 위에 설명한 바와 같이 생성을 하지 않고 변수의 값을 가지고 오는 작업을 하게되어 에러가 발생할 수도 있고, 여러 사람이 공동 작업을 한다던지 방대한 프로그램을 제작할 경우 프로그램 내에서 어떤 변수가 어떤 용도로 사용되고 있는지를 빨리 파악하여 프로그램 작성을 보다 쉽게 하기 위하여 실제 프로그램 내용을 작성하기 전에 사용할 변수를 미리 생성하는 것이 바람직하다.

예제 4-1은 정수형 상수를 정수형 변수 x 와 y에 저장하여 x + y를 한 결과를 출력하는 프로그램이다. 여기서 변수 생성시 정수 상수 값을 저장하면 변수도 정수형으로 생성이 되어 상수 값이 저장된다. 이 때 더한 결과도 정수형으로 변수 z 역시 정수형으로 생성이 되어 결과를 저장한다.

예제 4-1 정수형 상수 및 정수형 변수 사용 예

■ 프로그램 작성 예 1)

```
#외장함수 불러오기
from math import *

#변수 생성 및 초기화
x = 200
y = 50


#프로그램 내용
z = x + y

print("x = ", x)
print("y = ", y)
print("x+y = ", z)
```

■ 프로그램 작성 예 2)

```
#외장함수 불러오기
from math import *

#변수 생성 및 초기화
x = 200
y = 50
z = 0

#프로그램 내용
z = x + y

print("x = ", x)
print("y = ", y)
print("x+y = ", z)
```

첫번째 프로그램은 변수 z를 변수 생성부에서 미리 생성하지는 않았지만 프로그램 내용 중에 실행문 z = x + y 에서 대입문(=)에 의해 변수 z도 자동으로 생성 된다. 이와 같이 프로그램 내용 전에 변수를 반드시 미리 생성할 필요는 없다. 그러나 되도록 두번째 프로그램처럼 프로그럼 내용에서 사용할 변수를 변수 생성 및 초기화 부분에서 모두 미리 생성해 놓는 것이 바람직하다.

▮참고 : 예제 4-1에서는 삼각함수 또는 지수로그 함수와 같은 수학 관련 함수를 사용하지 않기 때문에 외장함수 불러오기 부분을 생략해도 된다. 그러나 앞으로 공학적 문제를 다루다보면 여러 수학함수를 사용해야할 경우가 많기 때문에 사용을 하지 않더라도 습관적으로 수학 외장함수를 불러으도록 하자.

예제 4-2 / 실수형 상수 및 실수형 변수 사용 예

```
ex4_2.py - C:/Python39/프로그램연습/ex4_2.py (3.9.1)
File Edit Format Run Options Window Help
#외장함수 불러오기
from math import *

#변수 생성 및 초기화
x = 20.5
y = 15.0
z = 0.0

#프로그램 내용
z = x + y

print("x = ", x)
print("y = ", y)
print("x+y = ", z)
                                                    Ln: 7 Col: 7
```

예제 4-2는 예제 4-1에서 변수 생성시 상수 값을 실수로 저장을 한 것이다. 이를 작성하여 실행 하였을 때 예제 4-1과는 어떻게 다르게 출력되는지 살펴본다.

예제 4-3 / 문자열 상수 및 문자열 변수 사용 예

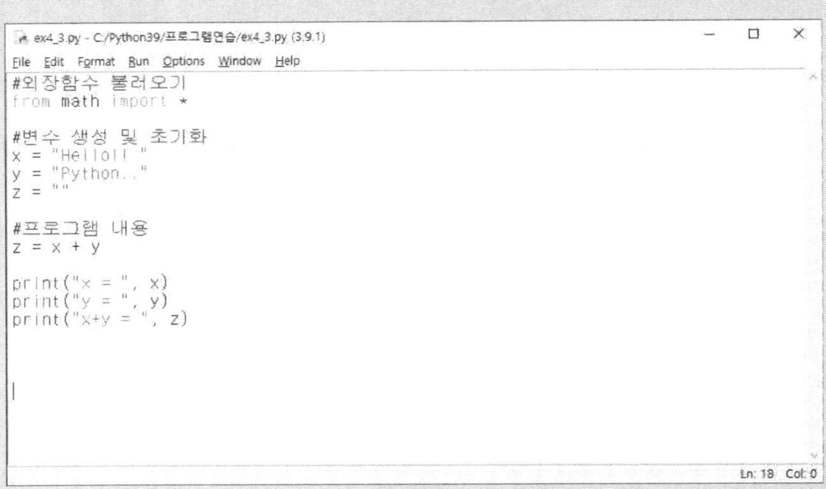

예제 4-3은 상수 값을 문자열로 준 경우로 앞의 예제와 결과가 어떻게 다른가 살펴 본다.

연 습 문 제

1. 다음 변수생성 실행문의 의미는 무엇인가?

```
a = 10
T = K = 1.0
A, B, C = 1.0, 2.0, 3.0
data = '동아대학교'
R = False
```

2. 다음은 변수이름으로 사용할 수 있는지 없는지 판단하라.

   F001 !mark m_Str 2am in_data _data don’t

3. 예제 4-1을 작성하고 실행 결과를 확인하라.

4. 예제 4-2를 작성하고 실행 결과를 확인하라.

5. 예제 4-3을 작성하고 실행 결과를 확인하라.

4.3 기본 입출력

1) 데이터 입출력의 기본 개념

화면에 문자 또는 문자열, 변수 내용, 계산 결과 등을 출력하고자 하는 경우나 여러 형태의 데이터를 키보드로 입력하고자 할 경우 꼭 알아두어야 할 사항이 입출력의 기본 개념이다.

변수 안에 10진 정수 100이 저장되어 있다고 하자. 앞장에서 설명한 바와 같이 변수는 데이터를 저장하기 위한 컴퓨터 내의 메모리 공간이다. 따라서 실제 변수 안에는 십진수로 저장되어 있는 것이 아니라 이진수의 형태로 [01100100]이 저장되어 있다. 즉, 컴퓨터 내부에서는 사람이 이해하기 쉬운 형태가 아닌 컴퓨터가 이해하기 쉬운 형태로 데이터가 존재한다. 따라서 그 내용을 화면에 출력을 하기 위해서는 사람이 이해할 수 있는 형태로 데이터를 바꿔주어야 한다.

키보드 입력	변환	메모리 내용	변환	화면 출력
"100"	→	01100100	→	"100"

그래서 일반적인 문자열의 경우는 바로 출력을 할 수 있지만 이진수의 형태로 저장되어 있는 정수 또는 실수 값은 우리가 이해할 수 있는 형태의 문자열로 바꿔서 화면에 표시하는 것이다. 즉, 화면상에서 출력되어진 십진수 100은 실제로 숫자 100을 문자열 "100"으로 우리가 보기 쉽게 나타내 준 것이다. 입력 또한 마찬가지로 십진수 100을 키보드로 입력을 한 것처럼 보이지만 실제로는 문자 '1', '0', '0'을 누른 것이고 Enter키를 눌러서 메모리(변수)로 저장할 때에 문자열 "100"을 이진수 [011000100]으로 변환되어 저장되는 것이다.

따라서 데이터를 화면에 출력 할 때에는 이진수를 사람이 이해하기 쉬운 문자열 형태로 변환해서 출력하고, 입력 할 때에는 마찬가지로 사람이 키보드로 입력하여 문자열의 형태로 되어 있는 값을 이진수로 변환하여 메모리에 저장하게 된다. 이처럼 정수 또는 실수의 입출력 시에는 반드시 입력 또는 출력할 수 있는 형태로 변환하는 과정이 필요하다.

> 수의 입력 : 문자열을 수로 변환해서 입력
> 수의 출력 : 수를 문자열로 변환해서 출력
> 수의 입력은 반드시 문자열을 수로 변환을 해야함
> 원칙적으로 수의 출력은 변환 과정이 필요
(수의 출력시 파이썬은 자동으로 변환을 해주기도 한다.)

2) print() 함수 - 기본 화면 출력 함수

다양한 형태의 데이터를 화면에 출력할 수 있는 문자열로 변환해서 화면상에 출력해주는 함수이다.

(1) 사용법 1

```
print(상수)          # 상수값을 화면에 출력
print(변수)          # 변수 안의 값을 화면에 출력
print(수식)          # 수식의 결과 값을 화면에 출력
```

print()함수는 기본적으로 괄호안에 화면에 출력하고자 하는 상수, 변수 또는 수식을 넣으면 그 값을 자동으로 사람이 볼 수 있는 형태의 문자열로 변환하여 화면에 출력한다. 그 예를 예제 4-4에 나타내었다.

예제 4-4 print()함수 사용법 1 예제

여기서 print()함수는 실행문 하나가 한 줄을 출력하고 다음 줄 처음으로 출력 위치가 바뀐다. 이때 괄호 안에 아무것도 넣지않고 print() 함수만 실행하면 예제 결과에서 볼 수 있듯이 한 줄 띄우기를 한다.

■ 프로그램 예

ex4_4.py - C:/Python39/프로그램연습/ex4_4.py (3.9.1)

File Edit Format Run Options Window Help

```
a = 10
b = 1.5
c = "파이썬"

print(100)
print(10.25)
print()
print("출력 예제")
print()
print(a)
print(b)
print(c)
print()
print(a+b)
```

Ln: 15 Col: 0

■ 실행 결과

IDLE Shell 3.9.1

File Edit Shell Debug Options Window Help

```
Python 3.9.1 (tags/v3.9.1:1e5d33e, Dec  7 2020, 17:08:21) [MSC v
.1927 64 bit (AMD64)] on win32
Type "help", "copyright", "credits" or "license()" for more info
rmation.
>>>
==================== RESTART: C:/Python39/프로그램연습/ex4_4.py
====================
100
10.25

출력 예제

10
1.5
파이썬

11.5
>>>
```

Ln: 15 Col: 4

(2) 사용법 2

print(상수, 변수, 수식, ...)

예제 4-5 / print() 함수 사용법 2 예제

■ 프로그램 예

```
ex4_5.py - C:/Python39/프로그램연습/ex4_5.py (3.9.1)
File Edit Format Run Options Window Help
a = 10
b = 1.5

print("a =", a)
print("b =", b)
print()
print(a,'+',b,'=',a+b)

Ln: 8 Col: 0
```

■ 실행 결과

```
IDLE Shell 3.9.1
File Edit Shell Debug Options Window Help
Python 3.9.1 (tags/v3.9.1:1e5d33e, Dec  7 2020, 17:08:21) [MSC v.
1927 64 bit (AMD64)] on win32
Type "help", "copyright", "credits" or "license()" for more infor
mation.
>>>
==================== RESTART: C:/Python39/프로그램연습/ex4_5.py
=====================
a = 10
b = 1.5

10 + 1.5 = 11.5
>>>

Ln: 9 Col: 4
```

두번째 사용 방법은 괄호 안에 상수, 변수 또는 수식을 콤마(,)로 구분하여 넣는 방법이다. 이와 같이 print()함수 안에 콤마(,)로 구분하여 상수, 변수 또는 수식을 넣으면 화면에 상수 값, 변수 안의 값 또는 수식의 결과 값을 순서대로 같은 줄에 출력을 한다.

이 때 콤마(,)로 구분되는 각 항목은 출력시 기본 공백(' ')으로 띄워서 출력한다. 그리고 내용을 출력한 후에 자동으로 다음 줄 처음으로 출력 위치가 바뀌다.

(3) 사용법 3

```
print(상수, 변수, 수식, ... , sep = ' ', end = '\n')
```

print() 함수 내에서 sep 옵션과 end 옵션을 사용할 수 있다. sep 옵션은 상수, 변수, 수식 등을 콤마(,)로 구분하여 한 줄에 같이 출력을 할 때 콤마(,)로 구분되는 부분을 화면에서 기본 공백 대신에 다른 문자로 바꾸고자할 때에 사용한다. 그리고 end 옵션은 내용 출력이 끝나고 기본적으로 다음 줄 처음으로 출력 위치를 자동으로 바꾸는 기능을 다른 기능으로 바꾸고자할 때 사용한다.

① sep = ' ' : sep는 'seperate, 분리' 옵션으로 기본 값은 공백(' ')이다. print() 함수 안에서 콤마(,)로 구분되는 부분이 화면에 출력될 때 sep 옵션으로 지정한 문자로 출력이 된다.

② end = '\n' : end 옵션은 기본 값이 '\n'으로 이는 출력 위치를 다음줄 처음으로 보내는 특수 문자이다. 이 옵션이 기본적으로 내장이 되어 있어서 print()함수를 실행하면 내용 출력 후 다음 출력은 자동으로 줄바꿈을 하여 출력이 된다.
이 때 print() 함수로 내용 출력 후에 줄바꿈을 하지 않고 계속 이어서 출력을 하고자 할 경우 end 옵션 값을 공백 또는 다른 문자열로 바꾸면 된다.

예제 4-6 sep 옵션

예제 4-6 프로그램의 예에서 print()함수 내에 sep = ':' 으로 sep옵션을 주면 출력 시에 print()함수에서 콤마(,)로 구분이 되어 있는 부분이 ':' 문자로 출력이 되어 있다. sep 옵션을 따로 주지 않으면 기본은 공백(' ')이다.

■ 프로그램 예

ex4_6.py - C:/Python39/프로그램연습/ex4_6.py (3.9.1)

```
a = 10
b = 1.5

print("a", a, sep = ':')
print("b", b, sep = ':')
print()
print(a,'+',b,'=',a+b)
```

■ 실행 결과

IDLE Shell 3.9.1

```
Python 3.9.1 (tags/v3.9.1:1e5d33e, Dec  7 2020, 17:08:21) [MSC v
.1927 64 bit (AMD64)] on win32
Type "help", "copyright", "credits" or "license()" for more info
rmation.
>>>
==================== RESTART: C:/Python39/프로그램연습/ex4_6.py
====================
a:10
b:1.5

10 + 1.5 = 11.5
>>>
```

예제 4-7 end 옵션

■ 프로그램 예

```
ex4_7.py - C:/Python39/프로그램연습/ex4_7.py (3.9.1)
File Edit Format Run Options Window Help
a = 10
b = 1.5

print("a =", a, end = ' ')
print("b =", b)
print()
print(a,'+',b,'=',a+b)
                                                  Ln: 11  Col: 0
```

■ 실행 결과

```
IDLE Shell 3.9.1
File Edit Shell Debug Options Window Help
Python 3.9.1 (tags/v3.9.1:1e5d33e, Dec  7 2020, 17:08:21) [MSC v
.1927 64 bit (AMD64)] on win32
Type "help", "copyright", "credits" or "license()" for more info
rmation.
>>>
==================== RESTART: C:/Python39/프로그램연습/ex4_7.py
====================
a = 10 b = 1.5

10 + 1.5 = 11.5
>>>
                                                  Ln: 8  Col: 4
```

예제 4-7 프로그램 예에서 print()함수 내에서 end = ' '으로 end 옵션을 주면, 다음 print()함수 실행문에서 다음 줄로 줄바꿈을 하지 않고 한 칸 공백 띄우기를 한 후 같은 줄에 계속 출력이 된다.

(4) 사용법 4 : 서식문자열 출력

```
print("변환기호" %변수)
```

다양한 상수, 변수를 다른 문자열과 함께 혼합하여 출력하고자 할 때 사용법 2의 콤마로 구분하여 출력하는 방법은 의외로 불편한 부분이 많이 있다. 이 때 이를 좀더 편리하게 출력하는 방법이 서식문자열 출력방법이다.

서식문자열이란 출력 문자열 안에 변환기호를 포함하여 화면에 출력할 형태를 정의해 놓은 문자열이다. 여기서 변환기호는 서식문자열 뒤에 % 다음의 변수 안의 값(또는 상수, 수식 결과 값)을 사람이 볼 수 있는 문자열의 형태로 바꾸는 식별자로 %를 사용하여 데이터의 형태에 따라 다음과 같은 변환기호가 준비되어 있다.

```
%d : 정수 또는 실수를 십진정수 문자열로 변환
     (실수의 경우 소수부를 제외한 정수부관 변환)
%x : 정수를 16진정수 문자열로 변환
%f : 정수 또는 실수를 고정소수점형 실수 문자열로 변환
%e : 정수 또는 실수를 부동소수점형 실수 문자열로 변환
%c : 정수(문자코드)를 문자로 변환
%s : 문자열을 그 자리에 넣음
```

변환기호는 되도록 변수 또는 상수의 데이터의 형태와 같아야 한다. 하지만 파이썬에서는 [그림 4-6]과 같이 정수를 변환기호 %f 또는 %e로 출력하면 고정소수점형 또는 부동소수점형 실수의 형태로 화면에 출력하고, 실수를 변환기호 %d로 출력하면 소수부를 제외한 정수부만 십진정수로 출력한다.

▌주의 : C/C++ 언어에서는 변환기호와 변수 또는 상수의 데이터형이 반드시 일치해야한다. 즉, 정수형은 반드시 %d 또는 %x를 사용하고, 실수형은 반드시 %f 또는 %e를 사용해야 한다. 그러나 파이썬에서는 %x만 반드시 정수형과 사용해야하고 %d, %f, %e는 정수형과 실수형에 모두 사용할 수 있다.

```
>>> a = 100
>>>
>>> print("a = %d" %a)
a = 100
>>>
>>> print("a = %x" %a)
a = 64
>>>
>>> print("a = %c" %a)
a = d
>>>
>>> print("a = %f" %a)
a = 100.000000
>>>
```

```
>>> x = 10.5
>>> print("x = %d" %x)
x = 10
>>>
>>> print("x = %f" %x)
x = 10.500000
>>>
>>> print("x = %e" %x)
x = 1.050000e+01
>>>
```

[그림 4-6] 변환기호에 따른 출력 예

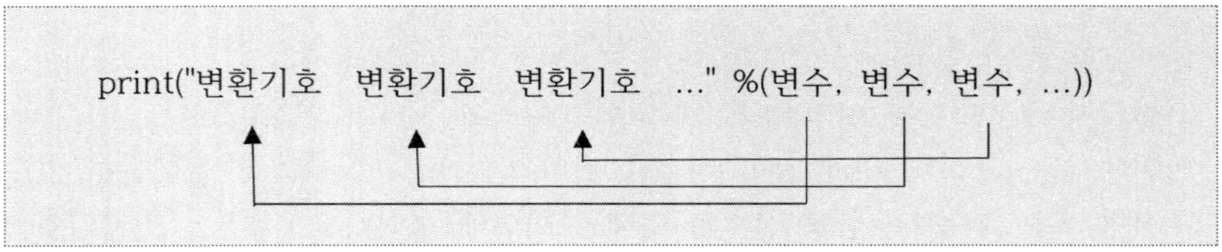

한 서식문자열 안에 출력할 변수 또는 상수의 값이 여러개인 경우에는 서식문자열 안에 변수 또는 상수의 개수만큼 변환기호를 넣고 서식문자열 뒤에 %(변수, 변수, ...)의 형식으로 출력하고자 하는 변수 또는 상수를 콤마로 구분하여 나열한다. 이와 같이 하면 변수 또는 상수의 값이 앞에서부터 순서대로 서식문자열 안의 변환기호 자리에 변환기호에 따라 출력할 형태로 변환이 되어 화면에 출력을 한다.

```
>>> a = 10
>>> b = 20
>>> c = a + b
>>> print("%d + %d = %d" %(a,b,c))
10 + 20 = 30
>>>
```

[그림 4-7] 한 서식문자열 안에 여러 변수 값 출력

[그림 4-7]과 같이 print() 함수 안에 서식문자열을 "%d + %d = %d"로 정의하고 출력할 변수를 서식문자열 뒤에 %(a, b, c)라고 지정해 놓으면 변수 a, b, c의 값이 순서대로 변환기호 %d 자리에 십진 정수 형태로 변환이 되어 출력된다.

예제 4-8 서식문자열 출력 예

■ **프로그램 예**

```
a = 10
b = 5.25

c = a + b

#콤마 구분 출력 예
print(a,"+",b,"=",c)

#서식문자열 출력 예
print("%f + %f = %f"%(a,b,c))
```

■ 실행 결과

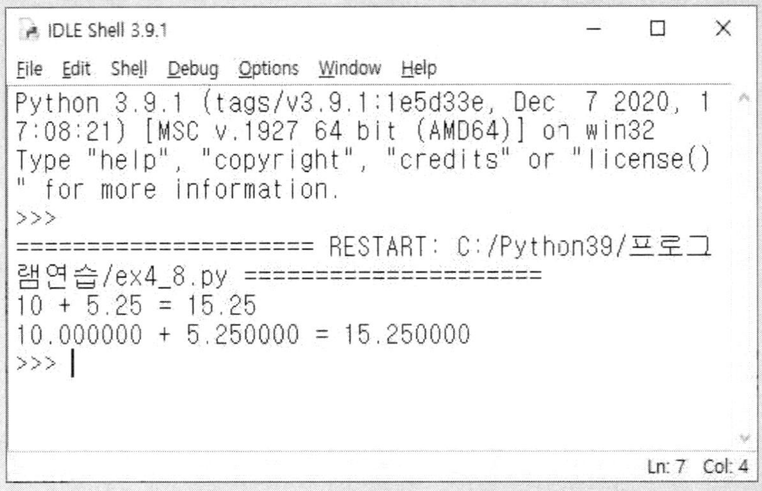

여러 변수 또는 상수 값을 사용법 2의 콤마로 구분하여 출력을 할 수도 있다. 하지만 예제 4-8과 예제 4-9와 같이 콤마로 구분을 하여 출력을 한 경우 print() 함수의 내용을 보고 화면에 어떻게 출력이 될지 예상하기가 힘들고, 출력할 변수와 출력할 문자열을 일일이 콤마로 구분해 가면서 작성하는 것이 오히려 불편할 경우가 많다. 이러한 경우에 서식문자열 출력 방법을 사용하면 출력할 형태를 보기 쉽게 작성이 가능하고 화면에 어떻게 출력이 될 것인지를 예상하기가 쉬운 경우가 많다. 따라서 필자는 여러분에게 되도록 서식문자열 출력방법을 권장하고 싶다. 그리고 약간 다르긴 해도 C/C++ 언어의 기본 출력 함수에서는 서식문자열 출력만 지원하기 때문에 차후에 C/C++ 언어를 공부 할 사람은 서식문자열 출력 방법을 잘 알아둘 필요가 있다.

▌참고 : 서식문자열 출력에서 변환기호 %f로 출력 시 예제 4-8과 예제 4-9의 예에서 볼 수 있듯이 기본적으로 소수점 6째 자리까지 출력이 되는 것을 볼 수 있다. 사용법 1, 사용법 2와 같이 변수의 값을 자동으로 변환하여 출력할 때에는 변수에 실수 값을 저장한 상태 그대로 출력하는 반면에 서식문자열 출력에서는 %f로 실수값을 출력할 때에 소수점 이하 유효소수점 자리수 지정 출력을 하기 때문이다. %f는 기본적으로 소수점 이하 유효소수점 자리수가 6째 자리로 지정이 되어 있다.

▌중요 : 변환기호를 사용하여 서식문자열 출력을 할 경우에는 출력할 전체 자리수 및 유효소수점 자리수를 지정할 수 있다.

예제 4-9 / 서식문자열 출력 예

■ 프로그램 예

```
from math import *

x = 30
y = 0.0


y = sin(x *3.141592/180)

#콤마 구분 출력 예
print("sin(",x,") =", y)

#서식문자열 출력 예
print("sin( %d ) = %f"%(x,y))
```

■ 실행 결과

```
Python 3.9.1 (tags/v3.9.1:1e5d33e, Dec  7 2
020, 17:08:21) [MSC v.1927 64 bit (AMD64)]
on win32
Type "help", "copyright", "credits" or "lic
ense()" for more information.
>>>
====================== RESTART: C:\Python39\
프로그램연습\ex4_9.py ======================
sin( 30 ) = 0.49999990566243624
sin( 30 ) = 0.500000
>>>
```

정수의 출력 자리수 지정은 다음과 같다.

① "%□d" : %와 d 사이에 출력할 자리수 지정한다. 이 때는 출력 시 지정한 자리수 만큼 공간을 확보하고, 그 안에 오른쪽 정렬을 하여 값을 출력한다. 그리고 앞에 남는 공간을 공백(' ')으로 채운다.

② "%0□d" : 자리수 지정 시 자리수 앞에 '0'을 넣으면 출력 시 오른쪽 정렬을 하여 값을 출력하고 앞에 남는 공간을 '0'으로 채운다.
③ 지정된 자리수 보다 출력할 자리수가 크면 자리수 지정은 무시하고 값을 그대로 출력한다.

예제 4-10 정수의 출력 자리수 지정 예

■ **프로그램 예**

ex4_10.py - C:/Python39/프로그램연습/ex4_10.py (3.9.1)

File Edit Format Run Options Window Help

```
x = 1250

print("%d" %x)
print("%6d" %x)
print("%06d" %x)
print("%3d" %x)
```

Ln: 7 Col: 0

■ **실행 결과**

IDLE Shell 3.9.1

File Edit Shell Debug Options Window Help

```
>>>
==================== RESTART: C:/Python39/프로그램연습/
ex4_10.py ====================
1250
  1250
001250
1250
>>>
```

Ln: 9 Col: 4

실수의 출력 자리수 및 유효소수점 자리수 지정은 다음과 같다.

① "%□.□f" : %와 f 사이에 출력할 전체 자리수와 유효소수점 자리수 지정한다. 이때 소수점(.) 앞에 소수점 포함 전체 자리수를 그리고 소수점 뒤에 유효소수점 자리수를 지정하고, 전체 자리수는 생략이 가능하다.
② 지정된 전체 자리수 보다 출력할 전체 자리수가 크면 자리수 지정은 무시하고

값을 그대로 출력한다. 그러나 유효소수점 자리수는 무시하지 않고 지정된 소수점 이하 자리수를 출력한다. 그리고 유효소수점 자리수 출력시 반올림을 한다.

예제 4-11 실수의 출력 자리수 및 유효소수점 자리수 지정 예

■ 프로그램 예

```
ex4_11.py - C:/Python39/프로그램연습/ex4_11.py (3.9.1)
File Edit Format Run Options Window Help
x = 120.23456

print("%f" %x)
print("%10.4f" %x)
print("%.4f" %x)
print("%.2f" %x)

Ln: 7 Col: 0
```

■ 실행 결과

```
IDLE Shell 3.9.1
File Edit Shell Debug Options Window Help
>>>
========= RESTART: C:/Python39/프로그램연습/ex4_11.py ==
======
120.234560
  120.2346
120.2346
120.23
>>>
Ln: 15 Col: 4
```

공학에서는 보기좋게 보통 유효소수점 자리수를 4째 자리까지 표시하는 경우가 많다. 따라서 앞으로 실수를 출력할 경우에는 그냥 "%f" 변환기호 보다는 되도록 "%.4f" 변환기호를 사용하여 출력하도록 하자.

그리고 이와 같이 실수 출력시 유효소수점 자리수를 지정하기 위해서는 반드시 서식문자열 출력 방법을 사용해야만 한다.

그 외에 {}와 .format()을 이용한 서식문자열 출력방법도 있지만, 이는 활용도가 매우 낮기 때문에 이 교재에서는 생략한다.

알아두면 유용한 특수 문자(이스케이프 문자 또는 제어 문자)는 다음과 같다.

① '\n' : LineFeed, 커서를 다음 줄 처음으로 보냄
② '\t' : Tab, 커서를 Tab 간격만큼 이동시킴
③ '\b' : backspace, 커서를 "←" 키를 누른 것과 같이 앞으로 보냄
④ '\\' : 역슬래쉬(\)문자를 화면에 출력
⑤ ' \' ' : 작은 따옴표(')문자를 화면에 출력
⑥ ' \" ' : 큰 따옴표(")문자를 화면에 출력

출력 커서의 위치를 바꾸거나 특별한 용도로 사용되는 문자를 화면에 출력하고자 할 때에 역슬래쉬(\)를 앞에 붙여서 사용하는 특수문자가 있다. 이는 이스케이프 문자 또는 제어문자라고 하며 출력 문자열 내부 또는 end = '__' 옵션에서 사용이 가능하다.

'\n'은 LineFeed 기능으로 커서의 위치를 다음 줄 처음으로 보내는 기능을 수행한다. print()함수는 기본적으로 end='\n' 옵션이 사용되고 있기 때문에 print() 함수로 출력 문자열을 출력한 후 자동으로 줄바꿈을 하고 있다. 여기서 출력 문자열 안에서 임의로 줄바꿈을 하고자 한다면, 출력 문자열 안에 줄바꿈을 하고자 하는 위치에 '\n'을 넣어주면 된다.

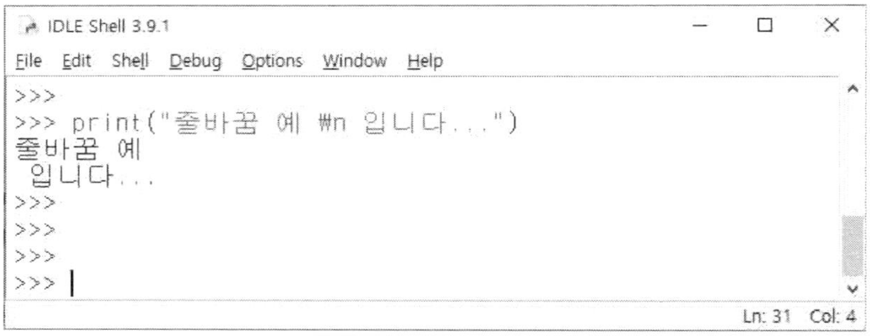

[그림 4-8] '₩n'에 의한 줄바꿈 예

▌주의 : 역슬래쉬(\)는 현재 사용 중인 글자 폰트에 따라 '₩' 문자로 화면에 나타날 수 있다. 영문 전용 폰트에서는 역슬래쉬가 '\' 모양이고 한글 폰트에서는 '₩' 모양으로 나타난다. 이는 둘다 같은 문자코드이므로 프로그램 작성시 같은 역슬래쉬로 알고 사용하면 된다. 즉, '₩' 문자도 역슬래쉬 문자이니 '\' 모양이 안 나타난다고 찾지 말고 '₩' 문자를 그냥 사용하면 된다.

'\t'는 화면 출력시 tab 간격(약 8칸)만큼 커서를 띄우는 기능을 하는 제어문자이다. 다음과 같이 출력문자열 중간에 '\t'를 넣으면 커서를 맨앞에서 8칸씩 일정하게 띄우면서 문자열을 출력한다. 보통 가로로 일정하게 띄워서 줄맞춤할 때 사용하는 기능으로 나중에 행렬 등을 출력할 때 유용하게 활용한다.

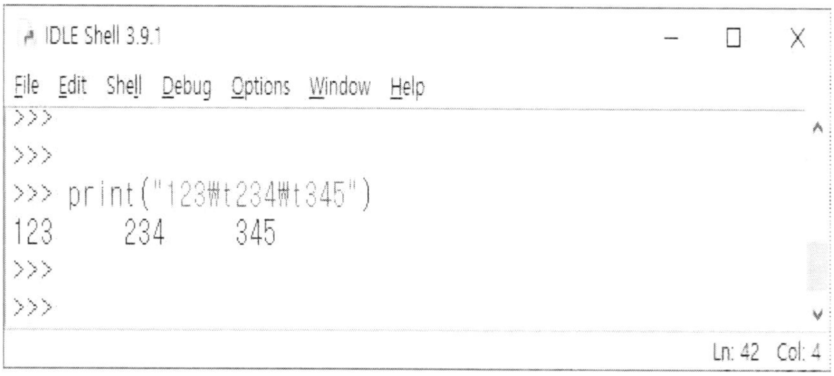

[그림 4-9] '₩t'에 의한 간격 띄우기

그 외에 백스페이스 키(←)를 누른 효과를 내는 '\b'와 문자열 상수를 나타내는 작은 따옴표(') 또는 큰 따옴표(")를 화면에 출력하고자 할 때 '\'' 또는 '\"' 사용한다. 작은 따옴표 또는 큰 따옴표는 화면에 출력하고자 할 때 역슬래쉬 없이 사용하면 문자열 상수를 표현하려고 하기 때문에 둔자열 상수 표현의 오류로 문법에러(Syntax Error)가 발생하게 된다.

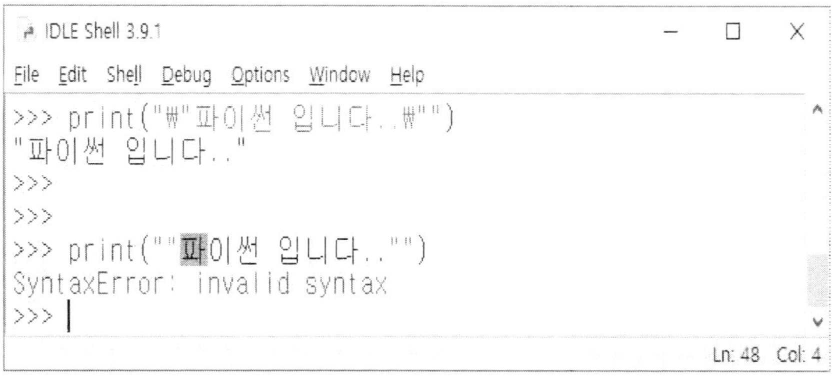

[그림 4-10] 큰 따옴표 출력하기

예제 4-12 특수문자 사용 예 : 실행 결과를 예상해 보기

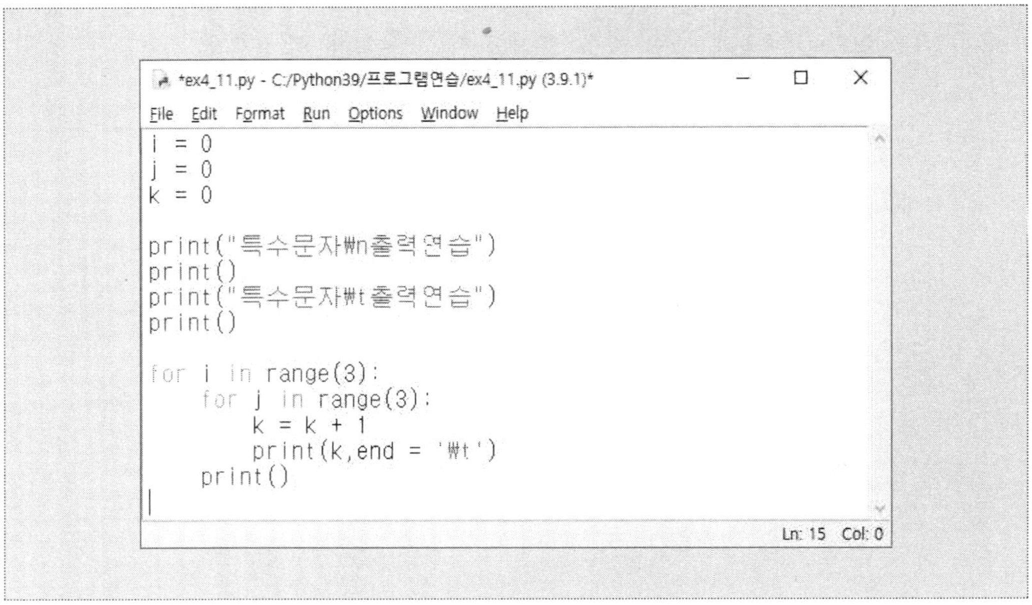

▌참고 : for 명령은 반복을 시키는 명령으로 j에 의해 3번 반복하는 것을 i에 의해 3번 반복을 시킨다. 즉, k값을 하나씩 증가시키는 k = k + 1 실행문과 print(k, end = '\t') 실행문은 총 9번 반복하고 마지막 print() 실행문은 j 반복이 끝날 때 마다 수행되어 총 3번 반복한다.

참고의 내용이 이해가 안되면 우선 프로그램을 작성해서 실행을 시켜보고 출력 결과를 본 후에 내용을 이해하기 바란다. for문에 대한 내용은 5장에서 자세히 다루도록 하겠다.

▌주의 : for 문 작성시 들여쓰기 매우 중요 for 에 의해 반복될 여러 개의 실행문 그룹을 들여쓰기로 정의하기 때문에 위의 프로그램 작성시 들여쓰기 줄맞춤을 반드시 지켜야 한다.

연 습 문 제

1. 변수 x에 1.52를 저장하고 변수 y에 4.84를 저장한 후, 콤마로 구분하여 출력하는 방법과 서식문자열을 출력하는 방법을 이용하여 x값과 y값을 다음과 같이 화면에 출력하는 프로그램을 작성하라.

〈프로그램 실행 결과 화면〉

```
(x, y) = (1.52, 4.84)
```

2. 예제 4-12 프로그램에서 print() 함수내에 사용된 '₩n'과 '₩t'에 의해 화면에 어떻게 출력이 될 것인지 예상하고 실제 실행했을 때 예상과 같이 출력이 되는지 확인하라.

3) input() 함수 - 기본문자열 입력 함수

키보드로부터 문자열을 입력받아 변수에 저장하기 위한 함수로 사용법은 다음과 같다.

```
변수 = input()              # 문자열을 입력 받아 변수에 저장한다.

변수 = int( input() )       # 십진정수 문자열을 입력받아 정수값으로 변환
                              후 변수에 저장한다.

변수 = float( input() )     # 실수 문자열을 입력 받아 실수값으로 변환 후
                              변수에 저장한다.
```

input() 함수는 키보드로부터 입력한 문자열, 정수값 또는 실수값을 변수에 저장하고자할 때 사용하는 함수로 input() 함수 자체는 키보드로부터 문자열을 입력 받는다. 따라서

```
변수 = input()
```

라고 실행문을 적게 되면 키보드로부터 문자열을 입력받아 변수안에 저장하는 기능을 수행한다. 이 때 변수는 문자열 형으로 자동 생성이 되고 변수 안에는 키보드로 입력한 문자열이 저장되어 있다.

input() 함수는 실행시 커서를 깜빡이면서 키보드 누름을 기다리며 대기를 한다. 이 때 문자 키들을 누르면 문자열의 형태로 입력을 받고 입력 완료시에는 [Enter] 키로 입력을 끝낸다. 이와 같이 입력이 끝나면 대입문(=) 앞에 있는 변수에 입력된 문자열을 저장한다.

(1) 키보드 입력 대기 - 실행시 커서만 깜빡임

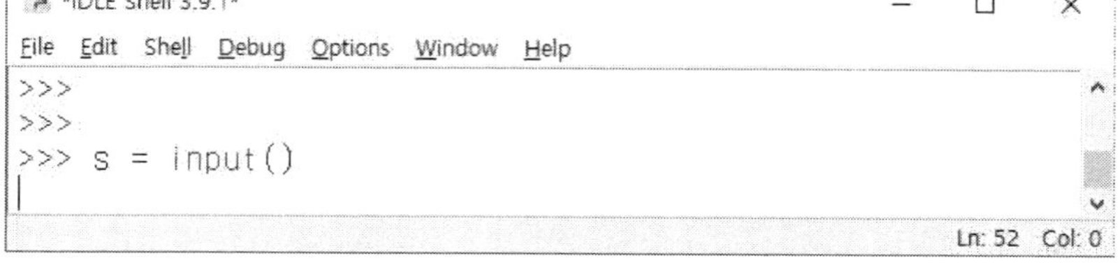

(2) 문자열 입력 및 변수 s에 저장 - [Enter]키로 문자열 입력 완료

```
IDLE Shell 3.9.1
File Edit Shell Debug Options Window Help
>>>
>>> s = input()
문자열 입력 합니다.
>>> |
                                        Ln: 53 Col: 4
```

(3) 변수 s에 저장된 문자열 확인

```
IDLE Shell 3.9.1
File Edit Shell Debug Options Window Help
문자열 입력 합니다.
>>> print(s)
문자열 입력 합니다.
>>>
                                        Ln: 55 Col: 4
```

▮주의 : input() 함수는 문자열을 자동으로 정수 또는 실수값으로 변환을 하는 기능이 없다. 따라서 input() 함수로 정수 또는 실수값를 입력할 때 위와 같이 input() 함수로 수를 입력받으면 변수안에는 정수 또는 실수값으로 저장이 되는 것이 아니라 정수 문자열 또는 실수 문자열로 저장이 된다.

```
IDLE Shell 3.9.1
File Edit Shell Debug Options Window Help
>>> a = input()
100
>>> b = input()
200
>>> c = a + b
>>> print(c)
100200
>>> |
                                        Ln: 66 Col: 4
```

[그림 4-10] input() 함수 주의 사항

따라서 [그림 4-10]과 같이 변수 a와 b에 input() 함수로 100과 200을 입력하면 더한 결과가 예상과 다르게 나타난다. 왜냐하면 변수 a와 b에는 정수값 100과 200이 저장된 것이 아니라 문자열 "100"과 "200"이 저장된 것이기 때문에 a

+ b는 문자열 "100"과 "200"을 더하여 변수 c에는 문자열 "100200"이 저장된 것이다.

(4) 키보드로부터 정수 또는 실수값 입력 받기

키보드로부터 정수 또는 실수값을 입력받아 변수에 저장하기 위해서는 input() 함수로 입력받은 문자열을 int() 함수 또는 float() 함수를 사용하여 정수값 또는 실수값으로 반드시 변환한 후 변수에 저장을 한다.

▌참고

```
int( "십진 정수 문자열" )  # 십진 정수 문자열을 정수값으로 변환
float( "실수 문자열" )     # 실수 문자열을 실수값으로 변환
```

㉾ int("100") → 100　　　float("1.25") → 1.25

여기서 int() 함수는 십진정수 문자열을 정수값으로 변환해주는 함수이고 float() 함수는 실수 문자열을 실수값으로 변환해주는 함수이다. 즉, 십진 정수 문자열인 "100"은 int("100")을 해주면 정수값 100으로 바뀐다. 그리고 실수 문자열인 "1.25"는 float("1.25")라고 해주면 실수값 1.25로 바뀐다.

따라서 키보드로 정수값 또는 실수값을 입력 받아서 변수에 저장하고자 한다면 다음과 같이 int() 함수와 float() 함수를 사용하여 input() 함수로 입력 받은 문자열을 정수값 또는 실수값으로 변환하여 저장을 해야한다.

```
변수 = int( input() )    # 키보드로부터 정수값을 입력 받아 변수에 저장

변수 = float( input() )  # 키보드로부터 실수값을 입력 받아 변수에 저장
```

㉾ 정수값 또는 실수값 입력 받기

```
x = int( input() )      #키보드로부터 정수값을 입력 받아 변수 x에 저장

y = float( input() )    #키보드로부터 실수값을 입력 받아 변수 y에 저장
```

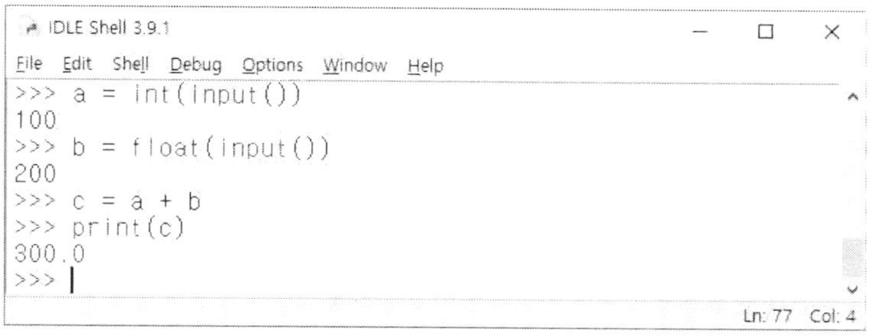

[그림 4-11] 키보드로부터 정수값 또는 실수값 입력 받기 예

[그림 4-11]은 정수값 100과 실수값 200을 키보드로 입력 받아서 두 값을 더한 결과를 나타낸 것으로 [그림 4-10]과는 다르게 더한 결과가 올바르게 나오는 것을 볼 수가 있다.

▮참고 : 대화식 입력방법

지금까지 input() 함수를 이용하여 문자열과 정수값 또는 실수값을 키보드로 입력 받는 방법을 알아보았다. 이 때 input() 함수를 이용하여 어떤 데이터를 입력 받도록 하면, 실행 중에 화면상에 커서만 가만히 깜빡이면서 입력을 대기하고 있다. 그러나 이 상태에서는 프로그램 내용을 모르는 사람이나 내용을 알더라도 무엇을 입력하라는 것인지 그 대상을 전혀 알 수가 없거나 명확하지가 않다.

따라서 input() 함수를 사용하여 어떤 데이터를 키보드로 입력 받고자 할때에는 무엇을 입력하라는 것인지 명확히 알려주는 것이 좋다. 이와 같이 input() 함수로 어떤 데이터를 입력받을 때에 입력 대상을 메시지로 화면에 출력하여 명확하게 알려주고 입력을 기다리도록 하는 것을 대화식 입력 방법이라고 한다.

```
input( "메시지" )
```

파이썬에서는 input() 함수에 메시지 출력 기능을 넣어 두었다. 따라서 input("메시지")라고 함수 안에 출력하고자 하는 "메시지"를 문자열로 넣으면 화면에 메시지 문자열을 출력하고 그 뒤에 커서가 깜빡이며 입력을 기다린다.

㉑ 대화식 입력 예

```
x = int( input( "x 값 입력 : ? " ) )
y = int( input( "y 값 입력 : ? " ) )
```

또는

```
a = float( input( "a = ? " ) )
b = float( input( "b = ? " ) )
```

예제 4-13 두 정수값 입력 예

■ 프로그램 예

```
ex4_13.py - C:/Python39/프로그램연습/ex4_13.py (3.9.1)
File Edit Format Run Options Window Help
x = 0
y = 0

x = int(input("x 값 입력 : ? "))
y = int(input("y 값 입력 : ? "))

print()
print("입력된 x 값은 %d 입니다."%x)
print("입력된 y 값은 %d 입니다."%y)

Ln: 10 Col: 0
```

■ 실행 결과

```
IDLE Shell 3.9.1
File Edit Shell Debug Options Window Help
===================== RESTART: C:/Python39/프로그램연습/ex4_13.py ====================
x 값 입력 : ? 50
y 값 입력 : ? 30

입력된 x 값은 50 입니다.
입력된 y 값은 30 입니다.
>>> 
Ln: 10 Col: 4
```

예제 4-14 / 두 실수값 입력 예

■ 프로그램 예

```
ex4_14.py - C:/Python39/프로그램연습/ex4_14.py (3.9.1)
File Edit Format Run Options Window Help
x = 0.0
y = 0.0

x = float(input("x = ? "))
y = float(input("y = ? "))

print()
print("입력된 x 값은 %.4f 입니다."%x)
print("입력된 y 값은 %.4f 입니다."%y)
                                                    Ln: 10  Col: 0
```

■ 실행 결과

```
IDLE Shell 3.9.1
File Edit Shell Debug Options Window Help
======== RESTART: C:/Python39/프로그램연습/ex4_14.py =
======
x = ? 1.5
y = ? 5.25

입력된 x 값은 1.5000 입니다.
입력된 y 값은 5.2500 입니다.
>>>
                                                    Ln: 17  Col: 4
```

예제 4-15 / 두 실수값을 키보드로 입력받아 더한 결과 출력

■ 프로그램 예

```
ex4_15.py - C:/Python39/프로그램연습/ex4_15.py (3.9.1)
File Edit Format Run Options Window Help
x1 = 0.0
x2 = 0.0
r  = 0.0

print("** 두 실수값을 입력 받아 더하기 예 **")
print()

x1 = float(input("x1 = ? "))
x2 = float(input("x2 = ? "))

r = x1 + x2

print()
print("%.4f + %.4f = %.4f" %(x1, x2, r))
                                                Ln: 15  Col: 0
```

■ 실행 결과

```
IDLE Shell 3.9.1
File Edit Shell Debug Options Window Help
======== RESTART: C:/Python39/프로그램연습/ex4_15.py =
======
** 두 실수값을 입력 받아 더하기 예 **

x1 = ? 15
x2 = ? 20

15.0000 + 20.0000 = 35.0000
>>> |
                                                Ln: 25  Col: 4
```

연 습 문 제

1. 두 정수값을 키보드로 입력받아 곱한 결과를 출력하라.

2. 세개의 실수 값을 키보드로 입력받아 모두 더한 결과와 모두 곱한 결과를 출력하라.

4.4 연산자

파이썬 언어에서 연산자는 수식을 위한 연산자, 조건식을 위한 연산자, 비트 연산을 위한 연산자가 있다.

수식을 위한 연산자	산술연산, 대입연산
조건식을 위한 연산자	관계연산, 상등연산, 논리연산
비트 연산을 위한 연산자	비트연산

1) 수식을 위한 연산자

수식은 연산자와 피연산자로 이루어진 것으로 우리가 흔히 사칙연산 등을 통해 어떤 계산을 할 수 있도록 식을 구성한 것이다.

수식을 작성하기 위한 연산자는 사칙연산, 대입연산이 있다. 이러한 연산자는 일반적으로 공학적 문제나 수학, 과학적 문제를 계산하는데 필요한 가장 기본적인 연산자로 프로그래밍 언어에서는 수학에서 다루는 수식 및 연산자와 약간 개념이 다른 부분이 있다. 따라서 파이썬에서의 연산자 개념을 명확히 이해하여 사용 상에 주의할 필요가 있다.

2) 산술연산

+ (더하기), - (빼기), * (곱하기), / (나누기),
** (지수 연산), // (몫 연산), % (나머지 연산)

가장 많이 사용하는 연산자로 특별히 설명하지 않아도 충분히 알 수 있을 것이라고 생각한다. 다만 '*' (곱하기) 연산을 할 때에는 일반 수학과 달리 반드시 '*' 연산자를 써야한다. 즉, 일반 수학처럼 생략이 불가하다. 그리고 파이썬에서의 '/' 나누기 연산은 다른 언어와 다르게 정수형 상수나 정수형 변수도 모두 실수형으로 취급하여 실수 계산을 하도록 되어있다.

혹시라도 C/C++ 언어를 공부할 경우에는 [정수/정수]의 결과는 정수[몫]이 나온다는 점에 주의해야 한다. 하지만 파이썬에서는 몫을 구하는 연산자(//)를 따로 두고 나누기 연산은 정수형과 실수형 상관없이 모두 실수로 결과를 내도록 되어 있다. 그리고 파이썬에는 x^y 형태의 지수 계산을 위하여 '**' 지수 연산자(또는 제곱 연산자)를 제공하고 있다. C/C++ 언어에서는 지수 연산은 연산자로 제공하지 않고 지수함수의 개념으로 pow() 라는 수학함수를 이용하여 지수 연산을 하도록 되어있다. 하지만 파이썬에서는 지수 연산을 위하여 산술연산자로 '**'를 제공할뿐만 아니라 pow() 함수도 내장 함수로써 기본적으로 사용할 수 있다.

x^y → x**y 또는 pow(x, y)

'//' 몫과 '%' 나머지 연산은 [정수%정수]와 같이 정수 연산에서 몫과 나머지를 구하기 위한 연산자로 [정수//정수]에서 몫을 구하고 [정수%정수]에서 나머지를 구할 수 있도록 하였다. 일반적으로 '%' 나더지 연산은 배수관계를 따지는데 유용하게 활용한다.

▌주 : 수식에서 '*' 연산자 생략하면 안된다.

3) 대입연산

= (대입), op= (+=, -=, *=, /=, %=, ...)

대입연산자는 변수에 값을 저장하기 위하여 사용되는 연산자이다.

프로그래밍 언어에서의 대입연산은 수학에서 '='과는 의미가 매우 다르다. 수학에서는 '='이 [같다]는 의미를 가지고 있지만 프로그래밍언어에서는 [같다]는 의미가 아니고 [대입하라] 또는 [저장하라]의 의미를 가지고 있다.

따라서 '=' 연산자는 우측 항의 상수, 변수 또는 수식의 값을 좌측 항에 있는 변수에 [저장하라] 또는 [대입하라]는 것으로 좌측 항에는 반드시 저장 공간인 변수가 와야만 한다. (프로그래밍에서 [같다]는 '=='를 사용한다.)

```
변수  =  상수          # 우항의 상수를 좌항의 변수에 저장(대입)
변수  =  변수          # 우항의 변수 내용을 좌항의 변수에 복사저장
변수  =  수식          # 우항의 수식 결과를 좌항의 변수에 저장

변수, 변수, ... = 상수, 상수, ... #우측 상수를 좌측 변수에 순서대로 저장
변수, 변수, ... = 변수, 변수, ... #우측 변수 내용을 좌측 변수에 순서대로 저장

㉾ x = 3
   y = x
   z = 2*x + y
   a, b, c, d = 1, 2, 3, 4
   a, b = b, a                    # a와 b의 내용을 서로 바꿈
```

그리고 대입문(=) 좌측에 콤마(,)로 변수를 나열하고 우측에 상수 또는 변수를 나열하여 여러개의 변수에 여러개의 상수 또는 변수의 값을 순서대로 저장할 수 있다.

```
x + 3 = y + 2   # 틀린 문법
```

수학에서는 [x + 3 = y + 2]라는 표현이 가능하지만, 프로그래밍 언어에서는 잘못된 표현이다.

```
x = x + 3      # 맞는 문법,      x + 3의 결과를 x에 저장하라.
```

반면에 수학에서는 [x = x + 3]이라는 표현은 잘못된 것이지만, 프로그래밍 언어에서는 [x + 3 의 결과를 x에 저장하라]는 것으로 맞는 표현이다. 이는 다시 말해 현재 x 값에 3을 더해서 다시 x에 저장하는 것으로 변수 x값을 3만큼 증가 시키는 결과를 수행한다.

이처럼 대입연산자는 수학에서 사용하는 '='의 개념과는 다르다는 것을 잘 이해한다면 프로그래밍에서 사용하는 수식을 작성하는 것은 그렇게 어렵지 않다.

그리고 파이썬에서는 유용하게 사용할 수 있는 특별한 대입연산자가 있다. 이는 'op='이라는 연산자로 '=' 앞에 다른 연산자를 붙여서 대입연산을 할 수 있다.

```
op=    :    +=    -=    *=    /=    %=    등등등
①  변수1  =  변수1  op  (상수 or 변수 or 수식)
②  변수1 op= (상수 or 변수 or 수식)      # ① 의 축약형
```

이는 특정 변수1 에 대하여 위와 같이 [변수1 = 변수1 op (상수 or 변수 or 수식)]의 형태를 축약하여 [변수1 op= (상수 or 변수 or 수식)]의 형태로 축약해서 나타낸 것으로 '+='을 예를 들면 다음과 같다.

```
①  x = x + 3
②  x += 3          # ① 의 축약형으로 x 값을 3증가 시킴
```

①번 수식은 현재 x에 3을 더해서 다시 x에 저장하라는 것으로 결국 ② 번 수식과 같이 x 값에 3을 더해서 저장하라는 결과와 같다. 물론 ① 또는 ②의 표현식은 결과는 같고 수행 속도 면에서도 크게 차이가 나는 것은 아니기 때문에 어느 방법을 사용해도 되지만, 기존 변수 안의 값에 더 더하거나 빼거나 곱하거나 나눌 때에 ②의 방법과 같이 'op=' 용법으로 사용하면 유용한 경우가 많다(5장에 나오는 급수 문제 등을 풀 때 다시 살펴볼 것임).

예제 4-16 / 두 정수를 입력 받아 산술연산 결과를 출력하라

```
*ex4_16.py - C:/Python39/프로그램연습/ex4_16.py (3.9.1)*
File Edit Format Run Options Window Help
x1 = x2 = 0
r1 = r2 = r3 = r4 = r5 = r6 = r7 = 0

print("** 두 정수값을 입력 받아 산술연산 하기 **")
print()

x1 = int(input("x1 = ? "))
x2 = int(input("x2 = ? "))

r1 = x1 + x2
r2 = x1 - x2
r3 = x1 * x2
r4 = x1 / x2
r5 = x1 ** x2
r6 = x1 // x2
r7 = x1 % x2


print()
print("%d + %d = %d" %(x1, x2, r1))
print("%d - %d = %d" %(x1, x2, r2))
print("%d * %d = %d" %(x1, x2, r3))
print("%d / %d = %.4f" %(x1, x2, r4))
print("%d ** %d = %d" %(x1, x2, r5))
print("%d // %d = %d" %(x1, x2, r6))
print("%d %% %d = %d" %(x1, x2, r7))
Ln: 27 Col: 0
```

```
IDLE Shell 3.9.1
File Edit Shell Debug Options Window Help
======== RESTART: C:/Python39/프로그램연습/ex4_16.py =
======
** 두 정수값을 입력 받아 산술연산 하기 **

x1 = ? 2
x2 = ? 3

2 + 3 = 5
2 - 3 = -1
2 * 3 = 6
2 / 3 = 0.6667
2 ** 3 = 8
2 // 3 = 0
2 % 3 = 2
>>> |
Ln: 60 Col: 4
```

▮화면에 '%' 문자를 출력하고자 할때는 반드시 '%%' 두번 써야한다.

연 습 문 제

1. 두 실수를 입력 받아 산술연산 결과를 출력하라.

■ 프로그램 작성
(주의 : 실수계산에서는 몫과 나머지 연산을 사용할 수 없다.)

4) 조건식을 위한 연산자

조건식은 연산 결과가 bool형인 참(1, True) 또는 거짓(0, False)으로 나오는 식으로 제어문에서 조건에 대한 판단 또는 비교를 위하여 사용되는 식이다.

이러한 조건식을 위한 연산자는 관계 연산, 상등 연산, 논리 연산이 있으며 조건에 대한 비교 또는 판단 결과를 참(True)과 거짓(False)으로 나타낸다. 따라서 조건식은 수식과 같이 어떤 계산의 결과를 요구하는 실행문에 사용되는 것이 아니라, 제어문과 함께 사용되어 조건의 비교 또는 판단 결과에 따른 실행문의 수행 여부를 결정하는데 매우 중요한 역할을 한다.

5) 관계연산

```
> ,  < ,  >= ,  <=
```

관계연산은 두 피연산자 사이에 크다(>), 작다(<), 크거나 같다(>=), 작거나 같다(<=)의 관계를 비교하는 연산자이다. 이는 수학에서 사용하는 관계연산과 크게 차이가 없기에 특별히 설명을 하지 않아도 알 수 있을 것이다. 다만 크거나 같다(>=)와 작거나 같다(<=)의 경우 '='은 반드시 '>' 또는 '<' 기호 뒤에 붙어야 한다.

연산자		기능(결과가 참(1)인 경우)
관계연산	a > b	a가 b보다 값이 크다.
	a < b	a가 b보다 값이 작다.
	a >= b	a가 b보다 값이 크거나 같다.
	a <= b	a가 b보다 값이 작거나 같다.
상등연산	a == b	a와 b의 값이 같다.
	a != b	a와 b의 값이 다르다.

6) 상등연산

```
== ,  !=
```

상등연산은 두 피연산자의 값이 같다(==), 다르다(!=)를 비교 판단하는 연산자이다. '=='은 두 피연산자의 값이 같을 때 참(True)이고, '!='는 두 피연산자의 값이 다를 때 참(True)이 된다.

▌주 : 프로그램을 작성할 때 초급자가 가장 많이 하는 실수가 '=' 대입연산과 '==' 상등연산의 착각이다. 이는 실력자도 종종 하는 실수이니 주의하도록 하자.
▌참고 : 관계 및 상등연산의 좌우 항은 모두 상수, 변수 또는 수식을 사용할 수 있다.

7) 논리연산

```
or ,  and ,  not
```

논리연산은 논리합(or), 논리곱(and), 논리부정(not)을 표현하는 연산자를 말한다. 논리연산은 어떤 조건에 대하여 논리합, 논리곱 그리고 논리부정의 결과를 나타내는 것으로 사용법은 다음과 같다.

논리 연산		기 능
논리합 (or)	조건1 or 조건2	조건1과 조건2 중에 하나라도 참이면 결과 참
논리곱 (and)	조건1 and 조건2	조건1과 조건2가 모두 참이면 결과 참
논리부정 (not)	not(조건)	조건이 참이면 결과는 거짓 조건이 거짓이면 결과는 참

논리합(or)은 두 조건식 중에 하나라도 참이면 전체 결과가 참이 되는 논리를 말하며, 논리곱(and)은 두 조건식이 모두 참이면 전체 결과가 참이 되는 논리를 말한다. 논리부정(not)은 조건식 앞에 붙여 조건이 참일 때는 거짓 결과를, 조건이 거짓이면 참인 결과를 내어준다. 즉, 조건의 결과를 반대로 변경하는 기능을 한다.

이러한 논리 연산은 다른 조건을 위한 연산과 함께 혼용되어 수학에서의 값의 범위 지정 등을 위한 조건식을 세우는데 매우 유용하게 활용된다.

수 학	파이썬 조건식
3 < x < 10	x > 3 and x < 10 3 < x < 10
x < 3 or x > 10	x < 3 or x > 10

연 습 문 제

1. 다음을 조건식으로 완성하라.

   1) x는 y - 2 보다 작다.

   2) x + 4는 y + z 보다 크거나 작다.

   3) x는 x - 10 보다 크고, x + 10 보다 작다.

   4) y는 5 보다 작거나 같다. 또는 y는 10 보다 크거나 같다.

   5) 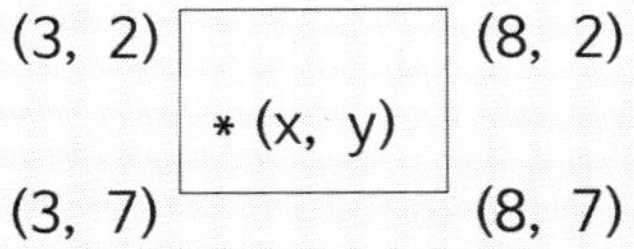

   점(x, y)가 두 모서리 (3, 2), (8, 7)를 가지는 사각형 안에 있을 조건

   6) 5)번에서 점(x, y)가 두 모서리 (3, 2), (8, 7)를 가지는 사각형 밖에 있을 조건

8) 비트연산

~ , | ,   & ,   ^ ,   <<,   >>

파이썬에서는 C/C++언어처럼 비트연산을 지원한다.

특별히 하드웨어 제어용 프로그래밍을 하거나 시스템 프로그래밍 등을 할 때 종종 유용하게 사용되는 연산자로 공학적 문제를 다루는 수학적 계산이나 수치해석을 위한 프로그래밍에서는 거의 사용되지 않는다. 그렇기 때문에 이제 프로그래밍을 시작하는 여러분은 이 내용을 보지 말고 그냥 넘어가기 바란다. 다음에 프로그래밍 실력도 높아지고 제어용 프로그램 등을 하게 되어 비트연산이 필요해졌을 때 이 내용을 참고하면 된다.

비트연산은 간단히 설명하자면 데이터를 이진수의 형태로 다루는 이진수 연산이다. 따라서 비트연산은 기본적으로 정수형 데이터에서 사용하는 것으로 실수형에서는 사용할 수 없다.

(1) 비트 not 연산 : ~

각 비트 값에 대하여 0 이면 1, 1이면 0으로 바꾸는 연산으로 보수 연산자라고도 한다. 파이썬에서는 1의 보수값으로 이를 음수값으로 표시하고, 그 값에 1을 더한 값을 2의 보수라고 하여 해당 값의 음수 값을 찾고자 할 때 사용한다.

~(0xA4) → ~(0b10100100) → -0b10100101 → -0xA5

위의 예와 같이 0xA4 라는 데이터를 비트 not(~) 연산에 의해 2진수로 1의 보수를 구한 결과는 -0xA5가 된다. 여기에 1을 더하면 0xA4의 음수값 -0xA4가 된다.

(2) 비트 or 연산 : |

두 비트 중 하나라도 1이면 1, 둘 다 0이면 0이 되는 연산으로 보통 특정 비트를 무조건 1로 만들고자 할 때 사용한다.

0xA5 | 0xF0 → (0b10100101) | (0b11110000) → (0b11110101) → 0xF5

위의 예에서 0xA5와 0xF0을 비트 or(|) 연산을 하면 F(1111)인 상위 4비트는 전부 1이고, 0(0000)인 하위 4비트는 5가 그대로 남아 0xF5가 된다.

(3) 비트 and 연산 : &

두 비트가 모두 1일 때, 1이 되는 연산으로 두 비트 중 하나라도 0이면 0이 된다. 이는 특정 비트를 0으로 만들고자 할 때에 사용되는 것으로 일종의 특정 비트 부분의 필터 기능을 한다.

```
0xA5 & 0xF0 → (10100101) & (11110000) → (10100000) → 0xA0
```

위의 예와 같이 0xA5에 0xF0으로 비트 and(&) 연산을 하면, 전부 1인 상위 4비트는 그대로 A(1010) 가 되고 전부 0인 하위 4비트는 모두 0이 되어 0xA0이라는 결과를 얻게 된다.

(4) 비트 xor 연산 : ^

두 비트가 서로 같으면 0, 서로 다르면 1이 되는 연산이 비트 xor 연산이다.

```
0xA5 & 0xF0 → (10100101) & (11110000) → (01010101) → 0x55
```

위의 예와 같이 0xA5에 0xF0으로 비트 xor(^) 연산을 하면, 각 비트에 대하여 서로 같으면 0, 다르면 1이 되어 결과는 0x55가 된다.

(5) 비트 쉬프트연산 : << , >>

쉬프트연산은 데이터의 비트를 왼쪽(<<) 또는 오른쪽(>>)으로 자리 이동을 시키는 연산자로 2를 곱해 나가거나, 2로 나누어 나갈 때 매우 빠르고 유용한 연산 기능이다.

비트연산은 이해가 잘 되지 않는다면 초급과정에서는 일단 몰라도 좋다. 이는 어떻게 보면 기계어적인 요소라 컴퓨터의 내부에서 데이터가 처리되는 과정에 대한 이해가 되어야 비트연산이 이해가 된다. 그러나 제어용 프로그램을 하고자 하는 학생은 하드웨어적인 마이크로 컨트롤러에 대해 잘 이해하고, 2진수 비트연산을 잘 다루어야 하기 때문에 나중에 비트연산을 잘 알아두기 바란다.

9) 연산자의 우선순위

파이썬에서는 여러 연산자를 수식 또는 조건식에서 동시에 사용할 때 어떤 연산자부터 먼저 처리할 것인가에 대한 우선순위를 두고 있다. 각 연산자는 다음 우선순위에 따라 계산 순서가 정해져 있는데 그 순서를 전부 외우고 있기는 힘들어도 수학적 계산을 위한 우선순위 몇 가지 사항은 꼭 알아두기 바란다.

특히 괄호는 최우선 순위를 가지고 있으며, 곱하기와 나누기가 더하기와 빼기보다 우선순위가 높고 대입 연산은 가장 늦게 처리된다는 것은 꼭 알아두자. 그 외에는 필요할 때 다음 연산자 우선 순위표를 참고하면 된다.

우선순위	연산자	우선순위	연산자
1	() [] {}	9	|
2	**	10	< > <= >=
3	부호(+ -) ~	11	== !=
4	* / // %	12	= op=
5	+ -	13	not
6	<< >>	14	and
7	&	15	or
8	^		

4.5 수학함수

공학적 문제를 계산하거나 수치해석을 하기 위해서는 반드시 알아두어야 할 함수 중에 수학함수가 있다. 앞에서 이야기한 수식을 위한 연산자와 함께 공학적 문제 해결을 위한 수식을 작성하기 위하여 필요한 수학함수는 크게 삼각함수, 지수 로그함수 등이 있고 math 모듈 안에 정의되어 있다.

▌주 : 이러한 수학함수들을 사용하기 위해서는 프로그램의 가장 처음에 반드시 [from math import *]를 넣어 외장함수인 수학함수를 불러와야 한다.

1) 삼각함수

수 학	파이썬
sin x	sin(x)
cos x	cos(x)
tan x	tan(x)
$\sin^{-1}$ x	asin(x)
$\cos^{-1}$ x	acos(x)
$\tan^{-1}$ x	atan(x)

▌주 1 : 파이썬에서 삼각함수는 함수이기 때문에 반드시 괄호()를 붙여야한다.
▌주 2 : 파이썬에서 삼각함수의 각도 단위는 라디안(radian) 단위이다. 따라서 일반 수학에서 °(degree) 단위로 각도를 사용한다면 프로그래밍에서는 반드시 degree 각도를 radian 값으로 바꿔서 계산하도록 해야한다.

㉮ sin 30° → sin(30*3.141592/180)

2) 지수, 로그함수

수 학	파이썬
x^y	pow(x, y) 또는 x**y
x^2	pow(x, 2) 또는 x**2
a^x	pow(a, x) 또는 a**x
$\sqrt{x}$	sqrt(x)
$\sqrt[3]{x} = x^{1/3}$	pow(x, 1/3.0) 또는 x**(1/3.0)

수 학	파이썬
log x	log(x)
$\log_{10}$ x	log10(x)
e^x	exp(x)

▮주 1 : $\sqrt[3]{x}$ = $x^{1/3}$이므로 pow(x, 1/3.0) 또는 x**(1/3.0)으로 계산하면 된다.
▮주 2 : log(x) 함수는 밑을 e로 하는 자연로그이다.

3) 기타 함수

수 학	파이썬
절대값 $\lvert x \rvert$	fabs(x)
x!	factorial(x)
요소 합계 : $\sum_{i=1}^{N} x_i$	fsum(x) # x는 리스트

▮참고 : 프로그래밍 수식 작성시 주의사항

① '='은 대입(저장) 기능이다. 즉, '='의 좌측 항은 변수만 올 수 있으며 수식 작성시에 '=' 좌측에 변수를 반드시 써야 한다.
② 수식에서 곱하기 '*' 연산자는 생략하면 안된다.
③ 계산 순서를 소괄호 '( )'로 명확히 하는 것이 좋다. 특히 분수 형태의 수식을 프로그램 수식으로 작성할 때 분모와 분자를 소괄호()로 명확히 한다.
④ 수식에서 괄호는 소괄호()만 사용한다.
⑤ 수식에서 그리스 기호 등은 반드시 알파벳 영문자로 표기한다.
⑥ 삼각함수에서 각도 단위는 라디안(radian)이다. 따라서 degree 각도는 반드시 라디안 단위로 바꿔서 계산을 해야한다.

이와 같은 프로그래밍 수식 작성 시 주의 사항에 맞춰서 다음 연습문제의 수학에서 사용하는 수식을 프로그래밍에서 사용하는 수식으로 고치는 연습을 잘 해두기 바란다. 대부분 몰라서 틀리는 것이 아니라 수학적 표현을 사용해오던 습관 때문에 프로그래밍 수식을 작성하면서 실수를 엄청 많이 한다.

연 습 문 제

1. 다음 수식을 프로그래밍 수식으로 고쳐라.

1) $y=(2x+a)(3x+b)$ 2) $A=\dfrac{bh}{x+y}$ 3) $y=\dfrac{x+2}{3z}$

4) $z=x^2+y^2$ 5) $z=\sqrt{x+y}$ 6) $z=\sqrt{x^2+y^2}$

7) $z=\sqrt{x}+\sqrt{y}$ 8) $k=\sqrt[3]{\dfrac{T^2}{2\pi}}$ 9) $R=\sqrt[4]{\dfrac{\alpha^3+\beta^3}{16\pi}}$

10) $T=\sin\alpha+\cos\beta$ (여기서 α, β는 degree 값)

11) $y=\cos 5x+\sin\dfrac{2x}{3}$ (여기서 각도는 degree 값)

12) $z=\log\ x+\log\ y$ 13) $z=\log\ \dfrac{x^2}{y^2}$

14) $y=e^{2x}+e^{3x}$ 15) $y=e^{\frac{x}{2}}(x^2-c)$ 16) $y=\dfrac{|2x+c|}{n}$

4.6 문제해결을 위한 프로그램 작성법

일반적으로 수학 및 공학적 문제를 해결하기 위한 프로그램을 작성하고자 한다면 처음 프로그래밍을 하는 사람은 먼저 무엇부터 해야 할지 잘 모르는 경우가 많다. 특히 초보자들은 아주 간단한 문제를 주고 프로그램을 작성하라고 하였을 때 대부분 컴파일러를 화면에 띄워놓고 멍하니 있는 경우가 많다. 그러고 나서 대부분 역시 프로그래밍은 어렵다 라면서 포기를 하게 된다.

따라서 이번 내용에서는 수학적 문제를 프로그래밍으로 해결하고자 할 때에 프로그램을 작성하는 순서를 알아보도록 하자(사실상 프로그래밍이 어려운 것이 아니다. 알고 보면 수학이 안되거나 공학적 지식이 부족해서 프로그래밍이 안되는 경우가 더 많다. 그리고 수학적 또는 공학적 알고리즘을 프로그래밍 수식 또는 알고리즘으로 고치는 것이 어려운 경우가 많다. 그렇기 때문에 프로그래밍을 잘하기 위해서는 수학과 공학에서의 전공 지식들을 잘 공부해놓기 바라며, 수치해석을 통해 여러 수학적 알고리즘을 프로그래밍 알고리즘으로 고치는 연습을 많이 하는 것이 좋다).

다음은 문제해결을 위한 프로그램 작성 순서이다.

① 문제분석 - 실제 계산을 위한 필요공식 정리 또는 알고리즘 정리
② 프로그래밍 수식 작성
③ 변수정리
④ 흐름도 작성
⑤ 프로그램 작성(코딩)
⑥ 디버깅
⑦ 완성

일반적으로 프로그램 작성은 처음부터 컴퓨터에서 하는 것 아니라, 종이에다 문제분석을 하고 프로그램 수식을 뽑아서 변수정리를 한 후에 프로그램의 흐름도에 맞춰 작성하는 것이다. 대부분 프로그래밍이 어려운 이유는 지식부족으로 인하여 문제분석이 안되거나 이를 프로그램 수식으로 정리하는 것이 안되서 어려운 것이니 전공과목 공부를 열심히 하고 수식 또는 알고리즘 고치는 연습을 많이 해두기 바란다.

1) 문제분석

공학적 문제를 프로그래밍을 통해 풀기 위해서 가장 먼저 해야 할 작업은 바로 문제분석이다. 이는 주어진 문제를 파악하고 이해하여 이를 풀기 위한 여러 수식 또는 공식이나 수학적 알고리즘을 정리하는 단계로 프로그래밍에서 가장 중요한 단계이다. 사실상 이를 위해 수학, 물리 또는 전공 관련 여러 지식을 그동안 쌓아왔다고 해도 과언이 아니다.

따라서 문제분석 단계에서는 실제로 문제를 풀기 위한 여러 수식 또는 알고리즘을 뽑고 정리하여 문제를 풀기 위한 [필요공식]으로 두는 것이 중요하다. 이때 필요공식은 반드시 문제를 푸는 순서대로 정리해야한다.

2) 프로그래밍 수식 작성

프로그래밍 수식 작성 단계에서는 문제분석을 통해 정리한 수학적 필요공식을 프로그래밍을 통해 풀기 위하여 프로그래밍 언어에서 사용하는 수식으로 변경하는 과정이다. 이는 여러 연산자와 수학함수를 사용하여 앞에서 연습한 프로그래밍 수식 작성법에 따라서 수학적 수식을 프로그래밍 수식으로 변경하면 된다. 그리고 앞으로 공부하게 되는 제어문 및 수치해석 등을 이용하여 좀 더 다양하고 심화된 형태의 수학적 문제를 프로그래밍 수식으로 변경하는 방법을 다루게 된다.

3) 변수정리

변수정리 단계는 프로그램 수식에서 사용되는 여러 변수들을 미리 정리해 놓는 단계로 사용할 변수들의 데이터형과 입력을 위한 변수인지 출력을 위한 변수인지 그 속성을 미리 결정해 놓는 단계이다. 보통 변수의 입출력 속성에 따라 정리한다. 변수의 속성은 크게 출력 변수, 입력 변수, 카운트 변수 등으로 분류하며, 출력 변수는 보통 프로그래밍 수식에서 '='의 좌측 항에 있는 수식의 결과를 저장하기 위한 변수를 출력 변수로 두고, 입력 변수는 수식에서 '='의 우측 항에서 출력 변수와 카운트 변수 이외의 나머지 변수를 입력 변수로 두면 된다. 카운트 변수는 제어문에서 반복횟수 등을 체크하기 위한 변수로 나중에 제어문의 반복제어에서 다시 다루도록 하겠다.

4) 흐름도 작성

흐름도는 순서도라고도 하는데 프로그램 내에서 실행문 또는 작업이 수행되는 전반적인 순서를 도식화하여 나타낸 것이다. 프로그램을 작성하기 전에 어떤 작업을 어떤 순서에 따라 수행할지 정하는 단계로 프로그래밍 초보자에게는 흐름도가 매우 중요하다. 일반적으로 공학적 문제를 해결하는 프로그램에서는 큰 흐름도는 거의 동일하다. 따라서 여러분은 다음 흐름도를 잘 기억해두고 이에 맞춰 프로그램을 작성한다고 생각하면 크게 어려움이 없다.

5) 프로그램 작성(코딩)

프로그램 작성 단계는 파이썬에서 사용하는 문법 및 명령 체계를 이용하여 실제 프로그램을 작성하는 단계로 코딩(coding)이라고도 한다. 이는 흐름도의 순서에 맞춰 변수를 생성하고 실행문을 작성해 나가는 과정이다.

문제 해결을 위한 프로그램의 흐름도 예는 다음과 같다.

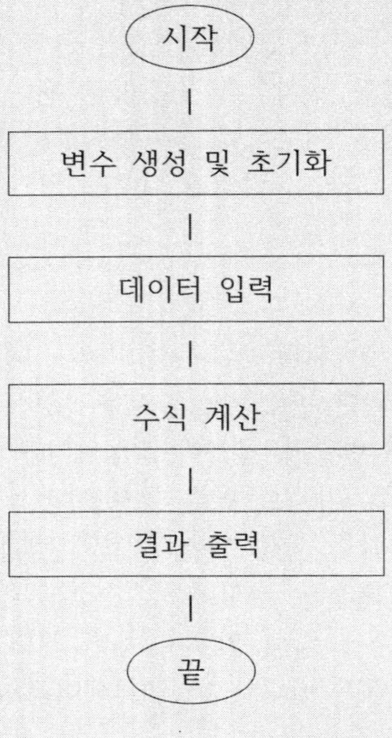


```
from math import *
#변수생성 및 초기화

#데이터 입력부

#수식 계산부

#결과 출력부

#end
```

흐름도의 예에서 보면 앞서 작성해 놓은 변수정리 부분과 프로그래밍 수식 부분은 각각 변수 생성과 수식 계산 부분에 들어가는 것이라 사실상 데이터 입력과 결과 출력 부분만 작성해서 순서에 맞게 나열한다고 생각하면 쉽다. 따라서 앞서 설명한 1) 문제분석, 2) 프로그래밍 수식 작성과 3) 변수정리 단계까지 완료되어 있으면 사실상의 프로그램 작성은 다 되어진 것이라고 보면 된다.

(1) 시 작

from math import * 실행문으로 math 모듈 안에 수함함수를 사용할 수 있도록 불러오면서 프로그램을 시작 시킨다.

(2) 변수 생성 및 초기화

변수 정리 과정에서 입출력 속성별로 정리한 변수를 생성하고 초기화를 하는 작업이다.

(3) 데이터 입력

입력 변수가 있을 경우, 수식 계산 전에 [대입문] 또는 input() 함수를 이용하여 키보드로 입력]을 사용하여 문제에서 주어지거나 필요한 데이터를 입력하는 과정이다. 일반적으로 입력하고자 하는 데이터가 프로그램 내에서 특정값이 주어진 경우, 그 값이 빈번하게 바뀌지 않을 때는 대입문(=)을 이용한다. 파이썬에서 대입문(=)을 이용한 데이터 입력은 변수 생성 및 초기화를 하면서 주어진 특정값을 초기값으로 저장하기 때문에 데이터 입력시에는 굳이 다시 할 필요가 없다.

그러나 특정 값이 주어지지 않거나 빈번하게 바뀔 수 있는 경우에는 데이터 입력 단계에서 input() 함수를 이용하여 키보드로 값을 입력하도록 하는 것이 좋다. 이 때 input() 함수를 이용한 키보드 입력 방법은 앞서 설명한 대화식 입력 방법을 사용한다.

> 대입문(=) : 특정 값이 주어진 경우 그 값이 빈번하게 바뀌지 않을 때 사용,
> 변수 생성 및 초기화를 하면서 작성
>
> input() 함수 : 특정 값이 주어지지 않거나 빈번하게 바뀔 수 있는 경우,
> 대화식 입력 방법 사용

(4) 수식 계산

앞서 작성해둔 프로그래밍 수식을 그대로 써 넣으면 된다. 이 때 프로그래밍 수식 작성법에 맞게 작성되었는지 다시 살펴보기 바란다.

(5) 결과 출력

출력 변수 중에서 최종 원하는 결과를 print() 함수를 이용하여 화면에 출력한다. 변수 내용을 화면에 출력하는 방법은 기본입출력의 print() 함수 설명을 참고하라.

(6) 끝

프로그래램 끝의 표식으로 #end 주석문을 하나 넣도록 하자.

6) 디버깅 및 완료

디버깅(debugging)은 벌레를 잡는다는 의미로 작성된 프로그램을 실행하여 문장에 오류가 없는지, 실행하면서 잘못 수행되어 원하지 않는 결과가 나오는지 살펴보고 오류를 수정하는 과정이다. 프로그램을 작성하면서 문법적으로 가장 많이 하는 실수는 다음과 같다(가장 많이 나타나는 문법적 오류).

① 외장함수를 불러들이지 않았거나 변수생성이 안되어 있을 때
NameError: name '****' is not defined

② 함수 이름을 잘못 썼거나 변수 이름을 잘못 쓴 경우
NameError: name '****' is not defined

③ 괄호를 열고 안 닫았을 때
SyntaxError: invalid syntax

④ 이중인용부호(따옴표) "를 열고 안 닫았을 때
SyntaxError: EOL while scanning string literal

이러한 오류 외에도 프로그램을 실행할 때는 문제가 없다 하더라도 프로그램 수식 내용의 오류, input() 함수 및 print() 함수 사용의 오류 등으로 인하여 원하지 않는 결과가 나오는 경우도 많다.

원하지 않는 결과가 나올 경우 살펴야 할 사항은 다음과 같다.

① 프로그래밍 수식을 잘못 작성한 경우, 분수식을 나누기 형태로 작성 시 계산 순서를 명확하게 하기 위한 괄호 오류 등

② input() 함수 및 print() 함수의 잘못된 사용

따라서 이와 같은 다양한 오류에 대하여 디버깅 과정을 통해 모든 오류를 해결하여 프로그램 작성을 완료한다. 프로그래밍을 잘 하는 사람은 프로그램 작성 과정 중에 나타나는 오류를 잘 해결하는 사람이다.

예제 4-17 프로그래밍 작성법에 따른 프로그래밍 예

문제) 직사각형의 두 변을 길이를 알 때, 직사각형의 둘레와 면적을 구하라.

① 문제분석 - 두 변의 길이를 각각 a, b 라고 하자.
필요공식 - 둘레 : L = 2 (a + b)
- 면적 : A = ab

② 프로그래밍 수식
L = 2 * (a + b)
A = a * b

③ 변수 정리
```
# 출력 변수 : 초기값을 0.0을 저장한다.
L = 0.0
A = 0.0
# 입력 변수 : 특정값이 없으면 0.0, 있으면 그 특정값 저장
a = 0.0
b = 0.0
```

④ 흐름도 및 프로그램 작성

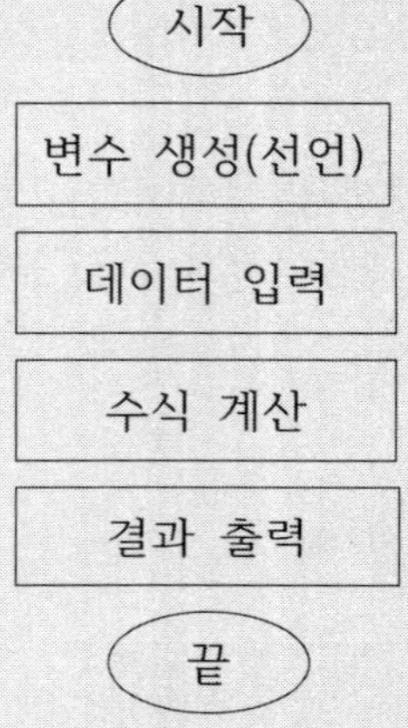


```
from math import *

#출력변수
L = 0.0
A = 0.0
#입력변수
a = 0.0
b = 0.0

#데이터 입력
print("* 직사각형 두 변 a, b 입력")
a = float( input("a(mm)=? ") )
b = float( input("b(mm)=? ") )

#수식계산
L = 2 * ( a + b )
A = a * b

#결과출력
print("* 계산결과")
print("둘레 : %.4f mm " %L)
print("면적 : %.4f mm^2 " %A)

#end
```

4.7 기초 계산 프로그래밍 연습

문제 1. 원의 지름(D mm)을 알 때, 원의 둘레 및 면적을 구하라.

① 문제분석 ▮참고 : 원둘레 = $2\pi r$, 면적 = $\frac{\pi D^2}{4}$ (r은 원의 반지름, D는 원의 지름) ② 프로그래밍 수식 ③ 변수정리	④ 흐름드 및 프로그램 작성

문제 2) 구의 반지름(r mm)을 알 때, 구의 표면적 및 부피를 구하라.

① 문제분석

▮참고 : 구의 표면적=$4\pi r^2$,

부피=$\frac{4\pi r^3}{3}$

② 프로그래밍 수식

③ 변수정리

④ 흐름도 및 프로그램 작성

문제 3) 두 점(x_1, y_1), (x_2, y_2) 를 연결하는 직선의 기울기를 구하라.

<table>
<tr>
<td>① 문제분석

② 프로그래밍 수식

③ 변수정리</td>
<td>④ 흐름도 및 프로그램 작성</td>
</tr>
</table>

문제 4) 끝점이 $(x_{1,}\ y_1)$, $(x_{2,}\ y_2)$인 직선과 끝점이 $(x_{3,}\ y_3)$, $(x_{4,}\ y_4)$인 직선의 교차점 (x, y)를 구하라.

① 문제분석 ② 프로그래밍 수식 ③ 변수정리	④ 흐름도 및 프로그램 작성

문제 5) 반지름 R인 원이 있다. 원의 중심(0,0)에서 x축과 이루는 각도가 θ ° 일 때, 원주 위에 점의 위치 (x, y)는?

① 문제분석 ② 프로그래밍 수식 ③ 변수정리	④ 흐름도 및 프로그램 작성

문제 6) 지름 D mm인 원형 봉이 N rpm으로 회전한다. 원주속도 V를 구하라.

① 문제분석 ② 프로그래밍 수식 ③ 변수정리	④ 흐름도 및 프로그램 작성

문제 7) 저항 R1, R2, R3 가 직렬로 연결되어 있고, 공급 전압이 V volt 이다. 각 저항에 걸리는 전압 V1, V2, V3 및 전류 I1, I2, I3를 구하라.

① 문제분석 ② 프로그래밍 수식 ③ 변수정리	④ 흐름도 및 프로그램 작성

문제 8) 저항 R1, R2, R3 가 서로 병렬로 연결되어 있고, 공급 전압이 V volt 이다. 각 저항에 걸리는 전압 V1, V2, V3 및 전류 I1, I2, I3를 구하라.

①문제분석 ② 프로그래밍 수식 ③ 변수정리	④ 흐름도 및 프로그램 작성

문제 9) 인장하중 P kgf가 작용하는 길이 L인 연강봉이 있다. 이 연강봉의 허용응력 (σ_a)이 16 kg_f/mm^2 일 때, 연강봉의 최대 지름은? 그리고 이때 늘어난 길이는? (연강봉의 탄성계수 E = $2.1\times10^4\ kg_f/mm^2$ 이다.)

① 문제분석 ② 프로그래밍 수식 ③ 변수정리	④ 흐름도 및 프로그램 작성

문제 10) 토크 T $kg_f \cdot cm$가 작용하는 지름 d mm인 연강봉에 작용하는 전단응력(τ)은 얼마인가?

① 문제분석 ② 프로그래밍 수식 ③ 변수정리	④ 흐름도 및 프로그램 작성

문제 1 답)

```
from math import *
L = A = 0.0
D = 0.0

D = float( input("지름(mm) =? ") )

L = pi * D
A = pi * D**2 / 4.0

print()
print("원둘레 : %.4f mm" %L)
print("원면적 : %.4f mm^2" %A)

#end
```

문제 2 답)

```
from math import *
S = V = 0.0
r = 0.0

r = float( input("반지름(mm) = ? ") )

S = 4 * pi * r**2
V = 4 * pi * r**3 /3.0

print()
print("표면적 : %.4f mm^2" %S)
print("부피 : %.4f mm^3" %V)

#end
```

문제 3 답)

```
from math import *
a = 0.0
x1 = y1 = x2 = y2 = 0.0

x1 = float( input("x1 =? ") )
y1 = float( input("y1 =? ") )
x2 = float( input("x2 =? ") )
y2 = float( input("y2 =? ") )

a = (y2-y1)/(x2-x1)

print("기울기 : %.4f" %a)

#end
```

문제 4 답)

```
from math import *
t = x = y = 0.0
x1 = y1 = x2 = y2 = 0.0
x3 = y3 = x4 = y4 = 0.0

x1 = float( input("x1 =? ") )
y1 = float( input("y1 =? ") )
x2 = float( input("x2 =? ") )
y2 = float( input("y2 =? ") )
x3 = float( input("x1 =? ") )
y3 = float( input("y1 =? ") )
x4 = float( input("x2 =? ") )
y4 = float( input("y2 =? ") )

t = ((x3-x1)*(y4-y3)-(y3-y1)*(x4-x3))/((x2-x1)*(y4-y3)-(y2-y1)*(x4-x3))
x = x1 + t*(x2-x1)
y = y1 + t*(y2-y1)

print("교차점(x, y) : (%.4f, %.4f)" %(x, y))

#end
```

문제 5 답)

```
from math import *
x = y = 0.0
theta = R = 0.0

R = float( input("반지름 =? ") )
theta = float( input("각도(deg) =? ") )
theta *= pi/180                          # 라디안 변환

x = R * cos(theta)
y = R * sin(theta)

print("원주상 위치 (x, y) : (%.4f, %.4f)" %(x, y))

#end
```

문제 6 답)

```
from math import *
V = 0.0
D = N = 0.0

D = float( input("지름(mm) =? ") )
N = float( input("회전수(rpm) =? ") )

V = pi * D * N

print("원주속도 : %.4f mm/min" %V)
print("원주속도 : %.4f m/min" %(V/1000.0))
print("원주속도 : %.4f m/s" %(V/(1000.0*60.0)))

#end
```

문제 7 답)

```
from math import *
V = V1 = V2 = V3 = 0.0
I = I1 = I2 = I3 = 0.0
R = R1 = R2 = R3 = 0.0

R1 = float( input("저항1 (옴) =? ") )
R2 = float( input("저항1 (옴) =? ") )
R3 = float( input("저항3 (옴) =? ") )
V = float( input("전압 (v) =? ") )

R = R1+R2+R3
I = V/R; I1 = I2 = I3 = I
V1 = I1*R1; V2 = I2*R2; V3 = I3*R3;

print("직렬연결 전체저항 : %.4f(옴)" %R)
print("전압 : V1 = %.4f(v)  V2 = %.4f(v)  V2 = %.4f(v)" %(V1, V2, V3))
print("전류 : I1 = %.4f(A)  I2 = %.4f(A)  I3 = %.4f(A)" %(I1, I2, I3))
#end
```

문제 8 답)

```
from math import *
V = V1 = V2 = V3 = 0.0
I = I1 = I2 = I3 = 0.0
R = R1 = R2 = R3 = 0.0

R1 = float( input("저항1 (옴) =? ") )
R2 = float( input("저항1 (옴) =? ") )
R3 = float( input("저항3 (옴) =? ") )
V = float( input("전압 (v) =? ") )

R = (R1*R2*R3)/(R2*R3+R1*R3+R1*R2)
V1 = V2 = V3 = V
I1 = V1/R1; I2 = V2/R2; I3 = V3/R3;

print("병렬연결 전체저항 : %.4f(옴)" %R)
print("전압 : V1 = %.4f(v)  V2 = %.4f(v)  V2 = %.4f(v)" %(V1, V2, V3))
print("전류 : I1 = %.4f(A)  I2 = %.4f(A)  I3 = %.4f(A)" %(I1, I2, I3))
#end
```

문제 9 답)

```
from math import *
A = d = dx = ep = 0.0
P = L = 0.0
sig = 16
E = 2.1e04

P = float( input("하중(kg) =? ") )
L = float( input("봉길이(mm) =? ") )

A = P/sig
d = sqrt(4*A/pi)
ep = sig/E
dx = ep*L

print()
print("계산된 봉 지름 : %.4f mm" %d)
print("늘어난 길이 : %.4f mm" %dx)

#end
```

문제 10 답)

```
from math import *
tau = Zp = 0.0
T = d = 0.0

T = float( input("토크(kg.cm) =? ") )
d = float( input("봉지름 (mm) =? ") )
T *= 10                                  # 단위변환

Zp = pi*d**3/16.0
tau = T/Zp

print()
print("전단응력 : %.4f kg/mm^2" %tau)

#end
```

제4장	파이썬의 표현식
제5장	**프로그램 제어문**
제6장	리스트

5.1 제어문의 개요

제어문은 프로그래밍에서 매우 중요한 명령어이다. 이는 어떤 조건에 따라 실행문의 수행여부를 결정짓는 명령으로 크게 조건제어와 반복제어로 분류한다.

> 조건제어 : 조건이 참이면, 실행문 한번 수행
>
> 반복제어 : 조건이 참이면, 실행문 계속 수행, 조건이 거짓이 되면 수행 끝

제어문은 기본적으로 조건에 따라서 실행문의 수행여부를 결정하는데, 이 때 조건제어는 조건이 참이면 실행문을 한번 수행하고 끝을 낸다. 그러나 반복제어는 조건이 참인 동안은 실행문을 계속 반복 수행하게 되고, 조건이 거짓이 되면 수행을 끝내게 된다.

이러한 제어문은 프로그램에서 조건에 따라 실행문의 수행 여부 결정뿐만 아니라 선택 수행, 분기 수행, 반복 수행 등 상황에 따라 원하는 작업을 수행하도록 지시하는 역할을 한다. 이는 마치 사람이나 동물이 항상 어떤 조건에 따라 행동하도록 하는 것과 같기 때문에 프로그래밍에서도 어떤 작업을 수행하도록 하는데 적절한 제어문의 사용은 매우 중요한 문제가 된다.

이 장에서는 파이썬에서 제공하는 제어문의 기초를 다룸으로써 상황에 따라 적절하게 제어문을 활용하는 방법에 대해 공부하도록 할 것이다.

▌주 : 제어문은 목적에 따라 정말 다양한 형태로 활용이 가능하다. 그러나 많은 프로

그래머들은 몇가지 상황에 따라 일정한 형식으로 정해서 사용하고 있다. 그렇게 하지 않으면 제어문 때문에 작업의 흐름을 분석하기가 매우 어렵게 되고, 후에 오류 검토와 프로그램 수정 등이 힘들 수 있다.

5.2 조건제어

1) 조건에 따른 실행문 수행 여부 결정 : if문

```
if 조건식 :      # 조건이 참일 때 하나의 실행문 수행
    실행문       # 반드시 공백 4칸 또는 탭간격 정도로 들여쓰기를 함

if 조건식 :      # 조건이 참일 때 여러개의 실행문 수행
    실행문 1     # 조건이 참일 때 수행할 실행문들을 들여쓰기로
    실행문 2     # 반드시 줄을 맞추어야 함
      …
      …
```

가장 기본적인 조건제어문의 형태로 조건에 따른 실행문 수행 여부 결정법이 있다. 이는 if라는 예약어를 사용하여 뒤에 조건식을 쓰고 콜론(:)을 찍은 후 다음 줄에 들여쓰기를 하여 조건의 참, 거짓에 따라 수행 여부가 결정되는 실행문을 써 주는 방법이다. 그리고 조건이 참일 때 수행할 실행문이 여러개면 콜론(:) 다음 줄부터 들여쓰기로 여러 실행문을 줄맞춰 작성함으로써 조건이 참일 때 실행할 그룹을 만들어서 사용한다.

▌들여쓰기 : 파이썬에서 들여쓰기로 줄을 맞춰 실행문의 그룹을 생성하기 때문에 들여쓰기는 매우 중요하다. 즉, 조건이 참일 때 실행할 여러개의 실행문들을 하나의 그룹으로 묶을 때 반드시 같은 줄에 맞춰 들여쓰`를 해야 한다. 들여쓰기는 공백 4칸 또는 탭 간격만큼 준다.

예제 5-1 / 두 값을 입력 받아 연산기호에 따라 연산 결과를 출력하라

```
from math import *

#출력변수
result = 0.0

#입력변수
a = 0.0
b = 0.0
op = ''

#데이터 입력
a = float(input("a = ? "))
b = float(input("b = ? "))
op = input("연산자(+,-,*,/)?")

#수식계산
if op == '+' :
    result = a + b

if op == '-' :
    result = a - b

if op == '*' :
    result = a * b

if op == '/' :
    result = a / b

#결과출력
print("%.4f %s %.4f = %.4f" %(a,op,b,result))

#end
```

예제 5-1은 두 값을 입력받고 연산기호를 입력받아 연산기호에 따라 두 값에 대한 연산 결과를 출력하는 프로그램이다. 변수 a와 변수 b에 계산할 두 값과 연산기호를 input() 함수를 이용하여 키보드로 입력하도록 하였고, 연산기호를 if문으로 비교하여 '+', '-', '*', '/' 중 해당하는 연산을 수행하여 결과를 표시하도록 한다.

2) 조건에 따라 선택 수행 : if-else문, if-else if문

```
if 조건식 :
    실행문 1            # 조건이 참일 때 실행문 1 수행
else :
    실행문 2            # 조건이 거짓일 때 실행문 2 수행


if 조건식 :
    실행문 1            # 조건이 참일 때 실행문 1, 실행문 2 수행
    실행문 2
else :
    실행문 3            # 조건이 거짓일 때 실행문 3, 실행문 4 수행
    실행문 4
```

조건에 따라 선택 수행하는 구문으로 첫번째 if-else문이 있다. 이는 조건이 참이냐 거짓이냐에 따라서 수행할 실행문을 선택하도록 하는 구문으로 if 다음에 조건식을 쓰고 콜론(:) 다음 줄에 들여쓰기를 하여 조건식이 참일 때 수행할 실행문 또는 실행문 그룹을 적는다. 그런 다음 조건이 참이 아닐 때(즉, 거짓일 때) 수행할 내용을 else를 쓰고, 콜론(:) 다음 줄에 들여쓰기를 하여 실행문 또는 실행문 그룹을 작성하면 된다. 여기서 else는 '그렇지 않으면'이라는 뜻으로 조건이 거짓 일 때 실행문을 수행시키기 위한 예약어이다. else는 단독으로 사용될 수 없으며, 반드시 if문과 같이 사용된다.

위의 형식에서 처음 내용은 조건식이 참이면 실행문 1이 수행되고, 그렇지 않으면 실행문 2가 수행되는 형태이다. 그리고 두번째 형식은 참 또는 거짓일 때 여러 실행문을 수행하고자 하면 들여쓰기로 줄을 맞춰 실행문 그룹을 만들어서 사용한다.

예제 5-2 홀수, 짝수 판별

```python
from math import *

#입력변수
a = 0

#데이터 입력
a = int(input("a = ? "))

#수식 계산 및 결과 출력
if (a % 2)==0 :
    print("짝수")
else :
    print("홀수")

#end
```

예제 5-3 5의 배수 판별

```python
from math import *

#입력변수
a = 0

#데이터 입력
a = int(input("a = ? "))

#수식 계산 및 결과 출력
if (a % 5)==0 :
    print("5의 배수이다.")
else :
    print("5의 배수가 아니다.")

#end
```

예제 5-4 / 두 값을 입력 받아 큰 값을 출력

```
ex5_4.py - C:/Python39/프로그램연습/ex5_4.py (3.9.1)
File Edit Format Run Options Window Help
from math import *

#입력변수
a = 0.0
b = 0.0

#데이터 입력
a = float(input("a = ? "))
b = float(input("b = ? "))

#수식계산 및 결과출력
if a >= b :
    print("큰 값은 %.4f 이다." %a)
else :
    print("큰 값은 %.4f 이다." %b)

#end

Ln: 18 Col: 0
```

그리고 여러 조건에 따라 선택 수행하는 구문으로 if-elif문이 있다.

```
if 조건식1 :
    실행문 1
elif 조건식2 :
    실행문 2
elif 조건식3 :
    실행문 3
else :
    실행문 n
```

이것은 형식에서 나타낸 바와 같이 여러 조건 중에 만족하는 조건에 대하여 실행문을 수행하고 끝을 내는 구문이다. 만약 조건식 1이 참이면 실행문 1을 수행하고, 그 다음 조건에 대한 비교는 수행하지 않고 끝을 낸다. 그리고 만약 조건식 1이 참이 아니면, 그 다음 조건식 2를 비교 판단하는 방식으로 순차적으로 조

건을 비교 판단해간다. 그러다 조건식 3이 참이면 실행문 3을 수행하고, 다음 조건에 대한 비교검토 없이 조건문을 끝낸다.

```
if 조건식 1 :
    실행문 1
if 조건식 2 :
    실행문 2
if 조건식 3 :
    실행문 3

if 조건식 n :
    실행문 n
```

이는 if문으로만 구성한 것과는 구별이 된다. 위와 같이 if문으로만 여러 조건을 비교하도록 하면 조건식 1이 참이더라도 실행문 1을 수행한 후에 그 다음 조건식 2도 비교 평가하면서 모든 if 문의 조건식을 비교 검토한다. 따라서 조건식이 여러개일 경우에 선택 실행을 하고자 하면 if문으로만 구성하는 것보다 if-elif 구문으로 구성을 하는 것이 좀 더 효율적인 수행을 할 수 있다.

다음 if-elif 예와 같이 점수에 대해 등급분류를 위한 조건문을 만든다고 하자. 90점 이상이면 'A', 80점 이상이면 'B', ... , 60점 미만이면 'F'를 출력하는데 여기서 80점 이상부터는 '90점이 아니면'이라는 전제조건이 포함되어 있다. 따라서 이를 ① if-else문과 같이 작성하면 두번째 조건부터는 앞에 조건이 거짓일 때를 내포하기 때문에 문제없이 잘 분류할 수 있다.

그러나 이를 ② if문으로만 작성하면 처음 조건을 만족하더라도 그다음 조건을 모두 비교하기 때문에 점수가 90점 이상이면 이는 80, 70, 60 이상도 모두 만족하게 되어 'A', 'B', 'C', 'D'를 출력하게 된다. 따라서 ② if문과 같이 작성하고자 한다면 내포된 조건까지 포함해서 조건식을 명확하게 작성해야할 필요가 있다.

if-elif문과 if문의 비교·검토 예는 다음과 같다.

① if-elif 문	② if 문

`if score >= 90 :`
`    print("A")`
`elif score >= 80 :`
`    print("B")`
`elif score >= 70 :`
`    print("C")`
`elif score >= 60 :`
`    print("D")`
`else :`
`    print("F")`
	`if score >= 90 :`
	`    print("A")`
	`if score >= 80 :`
	`    print("B")`
	`if score >= 70 :`
	`    print("C")`
	`if score >= 60 :`
	`    print("D")`
	`if score < 60 :`
	`    print("F")`

위의 예를 ② if문으로 작성할 때 올바른 표현은 다음과 같다.

```
if score >= 90 :
    print("A")
if score >= 80 and score <90 :
    print("B")
if score >= 70 and score <80 :
    print("C")
if score >= 60 and score <70 :
    print("D")
if score < 60 :
    print("F")
```

예제 5-5 점수를 입력받아 등급으로 분류하여 출력하라.

```
ex5_5.py - C:/Python39/프로그램연습/ex5_5.py (3.9.1)
File Edit Format Run Options Window Help
from math import *

#입력변수
score = 0.0

#데이터 입력
score = float(input("점수 = ? "))

#수식계산 및 결과출력
print()
print("등급 : ", end = '')
if score >= 90 :
   print("A")
elif score >= 80 :
   print("B")
elif score >= 70 :
   print("C")
elif score >= 60 :
   print("D")
else :
   print("F")
#end
                                                    Ln: 22 Col: 4
```

if-elif문은 처음 프로그래밍을 하는 사람들에게는 사용이 조금 어렵게 느껴질 수 있다. 그래서 처음에는 조건이 여러개인 경우에 굳이 if-elif문으로 작성하려고 할 필요가 없다. 이런 경우 if문만 이용해서 작성하는 연습을 충분히 하면서 프로그래밍 실력이 늘면 점차 if-elif문의 사용이 쉽고 효율적이라는 것을 느끼게 된다.

조건문에서 조건에 따라 수행할 실행문이 하나인 경우에는 콜론(:) 뒤에 실행문을 바로 사용해도 된다. 하지만 프로그램을 보기 편하게 하기 위하여 되도록이면 콜론(:) 다음 줄에 들여쓰기로 나타내는 것을 권장한다.

```
if 조건식 : 실행문        #조건이 참일 때 수행할 실행문이 하나면 콜론(:)
                          뒤에 실행문을 바로 적어도 된다.
```

5.3 반복제어

반복제어는 엄밀히 말하자면 조건제어의 확장이다. 즉, 기본 사항은 조건이 참이면 실행문을 수행하고, 다시 조건을 비교 판단하여 계속 수행할 것인지 결정한다. 따라서 조건이 참인 동안에는 실행문을 계속 반복 수행하게 되고, 조건이 거짓이 되었을 때 반복문은 끝이 난다.

1) while문 형식

```
while 조건식 :
    실행문1
    실행문2
      …
```

반복문의 가장 기본 예약어는 while문이다. 사용 형식은 위와 같이 if문과 유사하게 while을 사용하여 나타내며, 조건식이 참인 동안 들여쓰기로 줄맞춤을 한 실행문 그룹을 계속 반복 수행하게 된다.

이와 같이 어떤 조건에 따라 반복 수행여부를 결정하는 while문은 정말 다양하게 응용해서 활용이 가능하다. 그러나 이는 반대로 프로그래밍을 매우 어렵게 느끼도록 하는 요소가 될 수 있으며, 실제 오류를 수정한다던지 내용을 분석을 할 때에 작업자를 매우 힘들게 하는 사항이 되어 버린다.

이 때문에 기본 while문 외에 반복문을 좀 더 쉽고 편리하게 사용할 수 있도록 for문을 제공하고 있다. 그리고 프로그램 작성자들은 특별한 경우가 아니면 반복을 위한 조건도 다음과 같이 3가지 형태로만 제한해서 사용한다.

(1) 반복조건

① 반복횟수나 범위가 정해져 있지 않은 경우 : while문 사용
② 반복 횟수가 정해진 경우 : for문 사용
③ 반복 범위가 정해진 경우 : for문 사용

▌참고 : 파이썬에서 for문은 다른 프로그래밍 언어에서 제공하는 for문에 비해 상당히 다양한 방법으로 활용이 가능하다. 그러나 이 교재에서는 for문의 사용을 반복횟수가 정해진 경우와 반복 범위가 정해진 경우에 대해서만 제한하여 설명하도록 하겠다. 파이썬의 for문을 다양하게 활용하는 방법을 알고 싶다면 시중에 나와있는 일반 파이썬 프로그래밍 관련 책을 참고하면 된다. 그러나 필자는 여러 다양한 방법을 독자들에게 별로 권하고 싶지 않다. 그 이유는 for문 때문에 여러분이 프로그래밍이라는 것을 포기할 수 있기 때문이다. 그래서 필자는 반복 범위가 정해진 경우의 for문 사용법도 별로 권장하지 않는다. 사실상 반복 횟수가 정해진 경우의 for문 사용법만 여러분이 잘 알고 있어도 거의 대부분의 프로그램을 작성하는데에 문제가 없다.

(2) 반복 횟수나 범위가 정해져 있지 않은 경우 : while문 사용

가장 기본적으로 반복횟수나 범위가 반복조건으로 정해져 있지 않고 다른 특정한 조건에 따라 반복 여부를 결정하는 경우에는 앞서 설명한 while문을 이용하여 반복문을 구성한다. 이때는 while 조건식 : 에서 조건식에 특정 조건을 줄 수도 있지만, 이보다는 무한루프 용법으로 반복문 내의 실행문을 무조건 계속 반복하도록 구성하고 반복문 내에서 탈출조건을 if문으로 작성하여 특정조건이 되면 반복문을 끝내도록 하는 방법을 많이 사용한다.

```
while 1 :
        실행문
        실행문
          …
        if 탈출조건 : break
          …
        실행문
```

무한루프 용법은 while문의 조건식에 조건을 1로 두어 무조건 참이 되도록 함으로써 반복문 내용을 무조건 계속 반복하도록 구성한 것이다. 따라서 반복문 내에 반드시 if문으로 구성된 탈출조건이 있어야하며, break라는 예약어로 반복문을 끝낼 수 있도록 작성한다.

무한루프 용법으로 반복문을 구성하는 경우는 반복을 끝내는 조건이 반복횟수나 범위가 아닌 어떤 특정 조건을 가질 경우이다. 게임의 예를 들면, 게임의 진행은 기본적으로 계속 반복되어지는데 여기서 어떤 반복 횟수나 범위에 따라 게임이 끝나는 것이 아니기 때문에 무한루프 용법으로 게임의 진행을 반복시켜 놓고 게임을 끝내기 위한 여러 특정 조건들에 따라 반복문을 끝내도록 처리한다. 또한 일반 워드 같은 응용 프로그램도 마찬가지로 문서 편집을 하거나 어떤 작업을 하는 동안에는 일단 계속 반복을 시켜놓고 탈출조건으로 메뉴에서의 종료버튼을 누르면 프로그램을 끝내도록 되어 있다.

예제 5-6 / 무한루프 용법의 예

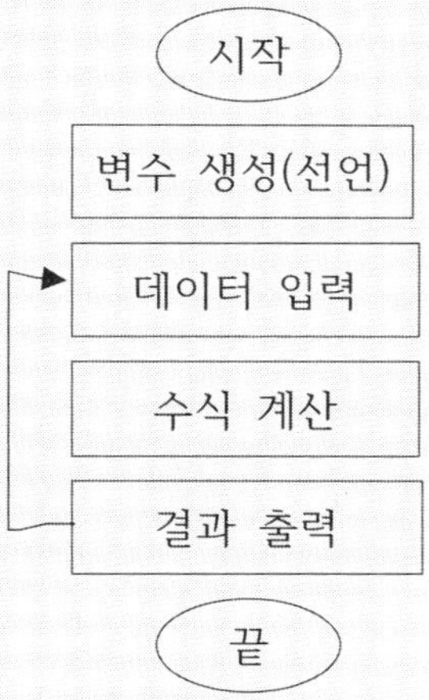


```
from math import *

#출력변수
L = 0.0
A = 0.0
#입력변수
a = 0.0
b = 0.0

while 1 :
    #데이터 입력
    print("* 직사각형 두 변 a, b 입력, 0 끝내기")
    a = float( input("a(mm)=? ") )
    b = float( input("b(mm)=? ") )

    #탈출조건
    if a==0 or b==0 : break

    #수식계산
    L = 2 * ( a + b )
    A = a * b

    #결과출력
    print("* 계산결과")
    print("둘레 : %.4f mm " %L)
    print("면적 : %.4f mm^2 " %A)
    print()
#end
```

예제 5-6은 예제 4-17의 프로그램에서 결과 출력 후 바로 끝내지 않고 계속 반복해서 계산을 하도록 수정한 것이다. 이와 같이 결과 출력 후에 데이터 입력, 수식 계산, 결과 출력을 다시 계속 반복해서 수행하고자 할 경우에는 반복횟수나 범위의 지정 없이 일단 while문을 가지고 무한 루프 용법으로 반복하도록 한다. 그런 다음에 탈출조건으로 변수 a 또는 변수 b에 0을 입력하면 반복을 끝내고 프로그램을 종료하도록 if문으로 구성하면 된다. 이는 앞서 4장의 공학문제의 수학적 계산 프로그램에서도 모두 동일하게 적용할 수 있다.

그리고 이 방법은 보통 입력값을 바꿔가면서 결과를 알고 싶을 때 뿐만 아니라 일반적인 유틸리티나 게임, 제어용 프로그램 등을 제작할때에도 if문과 조합하여 다양한 작업을 반복적으로 처리할 때 가장 많이 쓰는 방법이다.

예제 5-7 하이로우(HighLow) 게임

1. 하이로우 게임은 컴퓨터가 0 ~ 99 사이에서 임의의 정수값을 무작위로 하나 가지고 있다. 하이로우 게임은 유저가 그 값을 맞추는 게임이다.

① 문제분석

- 입력한 값이 컴퓨터가 가진 값보다 크면 “당신의 값이 높다.”를 출력
- 입력한 값이 컴퓨터가 가진 값보다 작으면 “당신의 값이 낮다.”를 출력
- 서로 일치하면 “값을 i 회 만에 맞췄다..”를 출력하고 종료한다.

▌이 문제는 if문으로 조건처리를 해도 되지만 여러개 조건 중 선택이므로 if-elif 문이 좀더 효율적이다. 여러분이 if문으로만 작성도 해보자.

▌알고리즘 : 문제를 해결하는 방법 또는 과정을 글 또는 수식으로 순서대로 정리한 것을 알고리즘이라고 한다.

② 프로그래밍 수식

```
if user > computer :
    print("당신의 값이 높다..")
elif user < computer :
    print("당신의 값이 낮다..")
else :
    print("값을 %d회 만에 맞췄다.." %(i+1))
    break
i += 1
```

③ 변수정리

```
#카운트 변수
i = 0
#입력 변수
user = 0
computer = 0
```

④ 프로그램 작성

ex5_7.py - C:/Python39/프로그램연습/ex5_7.py (3.9.1)

File Edit Format Run Options Window Help

```
from math import *
import random

#카운트변수
i = 0

#입력 변수
user = 0
computer = random.randrange(0,100)

while 1 :
    #데이터 입력
    print("0 ~ 99 사이에 내가 가진 값을 맞춰 보세요.")
    user = int(input("입력값 = ?"))

    #수식계산 및 출력
    if user > computer :
        print("당신의 값이 높다..")
    elif user < computer :
        print("당신의 값이 낮다..")
    else :
        print("값을 %d회 만에 맞췄다.." %(i+1))
        break
    print()
    i += 1

#end
```

Ln: 28 Col: 0

▌참고 : random.randrange(0,100) 은 0 ~ 99 사이에 임의의 정수값을 뽑는 함수로 random 모듈안에 정의되어 있는 외장함수이다. 따라서 import random으로 모듈을 불러온 다음 사용할 수 있다.

예제 5-8 메뉴 만들기

```
1. 콜라    2. 사이다    3. 환타    4. 커피    5. 끝
> 메뉴선택 ?  3

환타를 선택하였습니다.
```

4가지 음료 중에 번호를 선택하여 입력하면 "**을 선택하였습니다."라고 선택한 음료를 표시하도록 해보자. 이 때 5번을 선택하면 프로그램을 종료한다.

① 문제분석

1. 메뉴를 표시하고 번호입력 기다림.
2. 메뉴 번호가 '1'이면 "콜라를 선택하였습니다." 출력
3. 메뉴 번호가 '2'이면 "사이다를 선택하였습니다." 출력
4. 메뉴 번호가 '3'이면 "환타를 선택하였습니다." 출력
5. 메뉴 번호가 '4'이면 "커피를 선택하였습니다." 출력
6. 메뉴 번호가 '5'이면 반복종료

② 프로그래밍 수식

```
print("1.콜라  2.사이다  3.환타  4.커피  5.끝")
menu = input("> 메뉴선택 ?  ")

if menu == '1' :
    drink = "콜라"
if menu == '2' :
    drink = "사이다"
if menu == '3' :
    drink = "환타"
if menu == '4' :
    drink = "커피"
if menu == '5' :
    break

print("%s를 선택하였습니다." %drink)
```

③ 변수정리

```
#입력변수
menu = ''
drink = ''
```

▌참고 : 변수 drink는 수식의 계산결과를 저장하는 변수가 아니기 때문에 입력변수에 해당한다. 출력변수는 화면에 출력하기 위한 변수가 아니라 수식의 결산결과를 저장하는 변수이다.

④ 프로그램 작성

ex5_8.py - C:/Python39/프로그램연습/ex5_8.py (3.9.1)

File Edit Format Run Options Window Help

```python
from math import *

#입력변수
menu = ''
drink = ''

while 1 :
    #데이터 입력
    print("1.콜라  2.사이다  3.환타  4.커피  5.끝")
    menu = input("> 메뉴선택 ? ")

    #수식 계산 및 결과 출력
    if menu == '1' :
        drink = "콜라"

    if menu == '2' :
        drink = "사이다"

    if menu == '3' :
        drink = "환타"

    if menu == '4' :
        drink = "커피"

    if menu == '5' :
        break

    print("%s를 선택하였습니다." %drink)
    print()
#end
```

Ln: 31 Col: 0

위의 프로그램은 가장 간단하게 if문만 사용해서 작성한 것이다. 그러나 위의 프로그램에서는 메뉴에 없는 것을 선택하였을 때는 문제가 발생하고, 그 문제를 처리하려면 모든 if문 안에서 음료를 선택했다는 출력을 다 해줘야한다. 따라서 메뉴에 없는 것을 선택하였을 경우까지 생각해서 프로그램을 다시 수정하면 다음과 같이 작성할 수 있다.

```
*ex5_8.py - C:/Python39/프로그램연습/ex5_8.py (3.9.1)*
File Edit Format Run Options Window Help
from math import *

#입력변수
menu = ''
drink = ''

while 1 :
    #데이터 입력
    print("1.콜라  2.사이다  3.환타  4.커피  5.끝")
    menu = input("> 메뉴선택 ? ")

    #수식 계산 및 결과 출력
    if menu == '1' :
        drink = "콜라"
        print("%s를 선택하였습니다." %drink)
        print()
        continue

    if menu == '2' :
        drink = "사이다"
        print("%s를 선택하였습니다." %drink)
        print()
        continue

    if menu == '3' :
        drink = "환타"
        print("%s를 선택하였습니다." %drink)
        print()
        continue

    if menu == '4' :
        drink = "커피"
        print("%s를 선택하였습니다." %drink)
        print()
        continue

    if menu == '5' :
        break

    print("메뉴에 없습니다.")

    print()
#end
Ln: 44  Col: 0
```

이와 같이 if문만 사용해서 제작하였을 경우 같은 내용도 반복해서 작성해야하고 프로그램이 매우 복잡하게 보일 수 있다. 그러나 다음과 같이 if-elif문을 사용하면 메뉴 중에 없는 것을 선택하였을 경우 처리를 훨씬 쉽게 할 수 있고 전체 프로그램도 간결하게 작성이 가능하다.

▌참고 : break와 continue 예약어

break 예약어는 while문 또는 for문으로 반복실행 중에 반복을 중간에 멈추고 반복문 다음 실행문으로 빠져나가는 명령이다. 그리고 continue 예약어는 반복 실행 중에 다음 실행문을 수행하지 않고 다시 앞으로 보내서 반복을 계속 수행한다.

```
*ex5_8.py - C:/Python39/프로그램연습/ex5_8.py (3.9.1)*
File Edit Format Run Options Window Help
from math import *

#입력변수
menu = ''
drink = ''

while 1 :
    #데이터 입력
    print("1.콜라  2.사이다  3.환타  4.커피  5.끝")
    menu = input("> 메뉴선택 ? ")

    #수식 계산 및 결과 출력
    if menu == '1' :
        drink = "콜라"

    elif menu == '2' :
        drink = "사이다"

    elif menu == '3' :
        drink = "환타"

    elif menu == '4' :
        drink = "커피"

    elif menu == '5' :
        break

    else :                    #메뉴에 없는 것 선택하였을 경우
        drink = ''

    if drink =='' :
        print("메뉴에 없습니다.")
    else :
        print("%s를 선택하였습니다." %drink)

    print()
#end
Ln: 38  Col: 0
```

```
while 1 :
    실행문1
    실행문2

    if 조건1 :
        continue #조건1이 참이면 다음 진행을 하지 않고
                  실행문1부터 다시 반복
    실행문3
    if 조건2 :
        break  #조건2가 참이면 반복을 끝내고 실행문5를 수행

    실행문4

실행문5
```

[그림 5-1] while문에서 break와 continue

[그림 5-1]과 같이 while문에 의해 실행문 1부터 실행문 4까지 계속 반복이된다. 이 때 조건 1이 참이면 다음 실행문 3 이하는 진행하지 않고 실행문 1부터 다시 반복한다. 그리고 조건 2가 참이면 반복을 끝내고 반복문 다음 실행문인 실행문 5를 수행한다.

(3) 반복 횟수가 정해진 경우 : for문 이용

반복시킬 조건으로 특정 반복 횟수가 정해져 있을 경우에는 일반적으로 for문을 많이 사용한다. 물론 while문으로도 예제와 같이 반복문을 구성을 할 수 있지만, 이와 같이 while을 사용하게 되면 반복을 위한 필요 요소들이 분산되어 있어 반복시킬 실행문이 많아졌을 경우에 반복을 어떻게 시키고 있는지 한눈에 들어오지 않고 일일이 따져 봐야하는 문제가 발생하게 된다. 따라서 특정 반복시킬 조건을 한눈에 알아보기 쉽도록 구성하여 제공해주는 것이 for문이다. 또한 앞으로 수치해석 문제 해결을 위해 매우 중요한 예약어이니 for문에 대하여 명확히 이해하도록 하자.

while문과 for문을 비교(10회 반복)하면 다음과 같다.

```
i = 0

while  i < 10 :
          ...
       실행문
          ...
       i += 1
```

```
for i in range(10) :
          ...
       실행문
          ...

# i가 0부터 9까지 변하면서 실행문 그룹을 10회 반복한다.
```

while문은 횟수 체크를 위한 카운트 변수의 초기화, 조건설정, 증감설정이 분산되어 있다. 하지만 for문은 range() 함수 안에 반복횟수만 적어주면 된다. 10회를 반복시킨 위의 예에서 while문은 실행문 그룹을 10회를 반복하기 위하여 반복문 시작 전에 i = 0 으로 카운트 변수를 초기화 해주고, 조건문에서 i < 10 으로 조건 설정하여 반복한다. 그리고 실행문 그룹 마지막에 i += 1로 i 값을 하나씩 증가를 시켜야 한다. 그러나 for문은 이러한 카운트 변수 초기화, 조건설정, 증감설정 모두 필요없이 in range(10)으로 i를 0부터 9까지 1씩 증가시켜가면서 실행문 그룹을 10회 반복시킨다.

반복횟수가 정해진 for문 사용법은 다음과 같다.

```
for 카운트변수 in range(반복횟수) :
        실행문
        실행문
          …
```

for문은 기본 사용법에 나타낸 바와 같이 for 카운트변수 in range(반복횟수)의 매우 간단한 형태로 반복횟수만큼 실행문 그룹을 반복하도록 설정한다. 이 때 for문에 의해 반복 수행할 실행문들은 들여쓰기로 반드시 줄맞춤해서 작성하여 그룹을 형성한다.

여기서 range(반복회수)함수는 반복수행 될 때마다 0부터 반복횟수-1까지 1씩 증가시키면서 정수값을 발생시키고, 이를 카운트변수에 저장한다. 따라서 for 문은 카운트변수 값을 0부터 반복횟수-1까지 1씩 증가시키면서 실행문 그룹을 10회 반복하고 반복을 끝낸다.

반복횟수가 정해진 for문 사용 예는 다음과 같다.

㉄ 100회 반복 수행

```
for i in range(100) :
      실행문
      실행문
        …

# i는 0 ~ 99까지 하나씩 증가하면서 실행문 그룹 100회 반복수행
# for문이 끝나면 i 는 99를 가지고 있다.
```

100회 반복 예와 같이 구성하면 i는 for문이 수행되는 동안 0 ~ 99까지 하나씩 증가하면서 변한다. 따라서 for문의 실행문 그룹은 총 100회 수행하고 끝을 낸다. 이때 for문이 끝나고 나면 i에는 99가 저장되어 있다.

▌참고1 : 100회를 반복하는 방법은 다양하게 있다. 그러나 for문을 다양한 형태로 사용하다보면 파이썬 프로그래밍을 어렵게 하는 요소가 될 수 있어 이 교재에서는 가장 쉽고 기본적인 방법만 사용한다.

▌참고2 : 카운트변수

- 실행문을 반복 수행할 때마다 수행한 횟수를 체크하기 위한 변수
- 정수형 변수를 사용한다.
- 변수이름은 보통 i, j, k, m, n 등의 순으로 사용한다. 단일 for문에서는 i만 있으면 되지만, 다중 for문에서는 카운트변수도 여러개가 필요하다.

예제 5-9 / 1 ~ 20 까지 출력

ex5_9.py - C:/Python39/프로그램연습/ex5_9.py (3.9.1)

```
i = 0

for i in range(20):
    print("[%d] 입니다."%(i+1))

#끝
```

Ln: 7 Col: 0

예제 5-10 / 1 + 2 + 3 + .. + 100 의 결과

ex5_10.py - C:/Python39/프로그램연습/ex5_10.py (3.9.1)

```
i = 0
R = 0.0

for i in range(100):
    R += i+1

print("1+2+3+..+100 = %.4f"%R)

#끝
```

Ln: 10 Col: 0

▌ i 값은 0 ~ 99까지 변하기 때문에 R += i+1을 하여 1 ~ 100까지 더하도록 하였다. R += i+1은 R = R + i+1의 축약형이다.

```
for i in range(10) :
    for j in range(5) :
        실행문1
        실행문2
    실행문3
```

다중 for문은 위의 예와 같이 for안에 for문이 존재하는 구문으로 보통 단일 for문을 1차원이라고 한다면, 위의 이중 for문은 2차원적인 문제를 다루게 된다. 위의 예는 j를 0 ~ 4까지 변화시키면서 실행문 1과 실행문 2를 5번 반복 수행을 하고 실행문 3을 수행한다. 이를 0 ~ 9까지 변화되는 i의 for문에 의해 모두 10회를 반복 수행한다. 이 때 내부 for문에서는 카운트변수를 j로 사용하였다.

이처럼 프로그램 내에 단일 for문만 존재한다면 카운트변수는 i만 있어도 상관없지만, 다중for문이 되면 카운트변수가 서로 독립적이 되어야하기 때문에 내부 for문은 다른 카운트 변수를 사용하여야 한다. 위의 예처럼 for안에 for가 있는 이중 for문은 카운트변수를 각각 i, j를 사용하였지만, 삼중 for문이 되면 카운트 변수는 i, j, k 가 필요해진다.

예제 5-11 / 이중 for문의 예 1

[프로그램]

ex5_11.py - C:/Python39/프로그램연습/ex5_11.py (3.9.1)

File Edit Format Run Options Window Help

```
i = j = 0


for i in range(6):
    for j in range(10):
        print("*", end='')
    print()

#끝
```

Ln: 10 Col: 0

[실행결과]

```
IDLE Shell 3.9.1
File Edit Shell Debug Options Window Help
==================== RESTART: C:/Python39/프로그램연습/
ex5_11.py ====================
**********
**********
**********
**********
**********
**********
>>>
>>>
Ln: 245 Col: 4
```

예제 5-12 / 이중 for문의 예·2

[프로그램]

```
ex5_12.py - C:/Python39/프로그램연습/ex5_12.py (3.9.1)
File Edit Format Run Options Window Help
i = j = 0


for i in range(5):
    for j in range(i+1):
        print("*", end='')
    print()

#끝

Ln: 10 Col: 0
```

[실행결과]

```
IDLE Shell 3.9.1
File Edit Shell Debug Options Window Help
========= RESTART: C:/Python39/프로그램연습/ex5_12.py ==
======
*
**
***
****
*****
>>>
Ln: 252 Col: 4
```

연 습 문 제

1. x단의 구구단을 계산하여 출력하라.

2. 전체 구구단을 계산하여 출력하라.

3) 반복 범위가 정해진 경우 : for문 이용

for문의 또 다른 사용형식으로 반복 범위가 정해진 경우가 있다.

수학적 문제에서 a부터 b까지 값이 c만큼 증가해 간다고 할 때에 보통은 이를 앞서 설명한 (2) 반복 횟수가 정해진 경우의 for문 사용법으로 나타낸다. 하지만 이러한 경우에는 직관적으로 반복조건을 알아보기 힘든 경우가 많아 공부하는 입장에서 어려워할 수도 있다. 따라서 반복 범위가 정해진 경우에는 다음과 같이 사용할 수도 있다.

반복 범위가 정해진 for문 사용 예는 다음과 같다.

```
<a 부터 b까지 c만큼씩 증가하면서 실행문 반복>
  for 카운트변수 in range(a, b+1, c) :
        실행문
        실행문

㉠ 1 부터 50 까지 2씩 증가
   for i in range(1, 51, 2) :
        실행문        # i가 1 ~ 50까지 2씩 증가하면서 실행문 반복수행
```

예를 들어 예제 5-12의 문제를 보자 11 + 12 + 13 + .. + 19의 결과를 출력하기 위하여 반복 조건으로 쉽게 생각할 수 있는 것은 11부터 19까지 1씩 증가하고 있다는 것이다.

따라서 반복문은 for i in range(11, 20, 1) : 으로 설정하였다. 여기서 주의할 점은 range(11, 19, 1)이 아니라 range(11, 20, 1)라는 것이다.

▮ 주의 : range() 함수는 range(시작점, 끝점+1, 증가량) 형식으로 사용한다. 따라서 끝점값은 반드시 끝점+1 값을 지정해야 한다. 그리고 증가량이 1인 경우에는 range(시작점, 끝점+1)로 증가량 생략이 가능하다.

예제 5-13 / 11 + 12 + 13 ... + 19 결과 출력

```
ex5_13.py - C:/Python39/프로그램연습/ex5_13.py (3.9.1)
File Edit Format Run Options Window Help
i = 0
R = 0.0

for i in range(11, 20, 1):
    R += i

print("11+12+...+19 = %.4f"%R)

#끝

Ln: 10 Col: 0
```

수학적 문제를 다룰 때 이러한 방법으로 반복을 시키면 직관적으로 반복조건을 알기가 쉬울 수 있다. 하지만 range() 함수에서 끝점+1을 해야하는 문제와 나중에 리스트에서 매우 중요한 인자로 쓰이게 되는 카운트변수값에 문제가 발생할 수 있어서 실제 프로그래머는 이러한 방법을 잘 쓰지 않으려고 한다. 그래서 되도록 (2) 반복횟수가 정해진 경우의 방식으로 for문을 사용하길 권장한다.

예제 5-14 / 예제 5-14의 (2)반복횟수 지정 방식

```
ex5_14.py - C:/Python39/프로그램연습/ex5_14.py (3.9.1)
File Edit Format Run Options Window Help
i = 0
R = 0.0

for i in range(9):
    R += i+11                # 수식에 시작점을 지정

print("11+12+...+19 = %.4f"%R)

#끝

Ln: 10 Col: 0
```

5.4 프로그래밍 연습 : 급수문제

가장 기초적인 급수문제로써 예제 5-10의 1 + 2 + 3 + .. + 100의 결과를 얻기 위한 프로그램을 작성하는 과정을 살펴보자.

1) 문제분석

1 + 2 + 3 + .. + 100으로 표현된 것을 '급수전개식'이라고 한다. 이를 급수에 대한 프로그래밍 수식으로 변경하기 위한 필요공식은 급수일반식이다. 따라서 문제분석 단계에서는 급수일반식으로 표현하는 것이 중요하다.

1 + 2 + 3 + .. + 100을 구하기 위한 급수일반식은 다음과 같다.

$$R = \sum_{i=1}^{100} i$$

■ 필요공식 : $R = \sum_{i=0}^{99} (i+1)$ ■ 횟수 99+1 : 100

일반 수학에서는 시작점이 1이지만 프로그래밍에서는 시작점을 0으로 두는 것이 좋다. 그리고 파이썬에서 반복문은 반복 범위 지정 방식 보다는 반복 횟수 지정 방식을 이용하기를 권장한다.

2) 프로그래밍 수식

$R = \sum_{i=0}^{99} (i+1)$

* 횟수 : 100

→

```
R = 0.0        //저장공간 초기화
for i in range( 100 ) :
    R += ( i+1 )
```

여기서 급수일반식이 프로그래밍에서 왜 중요한지 알 수 있다. 일반식을 프로그래밍 수식으로 고치는 과정을 보면,

' R = $\sum$ '은 ' R += '

로 대응되는 것을 알 수 있다.

그리고 $\sum$ 다음에 나오는 수식을 그대로 프로그랱에서 사용하는 수식으로 작성하고, $\sum$ 아래와 위의 있는 i 값 범위를 가지고 for문으로 작성하여 위의 수식을 반복시킨다. 이때 i = 0으로 초기 값을 주고, 반복횟수는 99+1 = 100회 이다. 마지막으로 for문 앞에 결과 저장공간인 출력 변수 R을 0으로 초기화 한다. 이는 변수를 생성했을 때 그 안에 어떤 값이 들어있을지 모를 수 있고, 기존 값에 더해나가는 연산을 수행하기 때문이다.

따라서 급수일반식을 프로그래밍 수식으로 고치는 것은 다음과 같이 거의 공식화 되어 있다고 봐도 무방하다. 그렇기 때문에 급수 문제를 컴퓨터로 풀기 위해서는 반드시 급수일반식부터 구하는 것이 중요하다.

급수일반식을 프로그래밍 수식으로 고치는 방법은 다음과 같다.

$R = \sum_{i=0}^{N} (\text{수식})$	R = 0.0 for i in range(N+1) : R += (프로그래밍 수식)

▌ 참고 : 반복을 위한 필요요소들을 설정하는 방법은 다양하다. 예를 들어 1부터 n까지 더해가는 급수이면 범위지정 방식으로 for i in rage(1, n+1. 1) : 으로 작성해도 결과는 똑같다. 급수문제에서는 사실상 어떤 방법을 사용해도 특별한 문제없이 같은 결과를 얻을 수 있기 때문에 다양한 방법으로 for문을 작성해 보는 것도 나쁘지는 않다. 하지만 for문은 다음 장에 나오는 리스트 배열의 사용과 매우 긴밀한 관계이고 이때 자칫하면 프로그램 수행 중에 지정되지 않은 공간에 데이터를 저장시키려는 오류를 범할 수 있다. 그리고 이러한 오류가 발생되면 프로그래밍 초보자들은 이를 찾는 것이 매우 힘들고 수정하기 어려운 경우가 많아서 프로그래밍을 포기하게 될 수도 있다. 그래서 여러분에게 되도록이면 반복 범위 지정방식을 권장하고 싶지 않다.

3) 변수 정리

변수 정리에서는 for문에서 사용하는 카운트 변수부터 정리하자.

```
# 카운트 변수
i = 0
# 출력 변수
R = 0.0
# 입력 변수 : 없음
```

4) 프로그램 작성

```
from math import *
#카운트 변수
i = 0
#출력 변수
R = 0.0

#수식계산
R = 0.0
for i in range( 100 ) :
      R += ( i+1 )

#결과출력
print("1 + 2 + ... + 100 = %.4f" %R)

#end
```

▌참고 : 여기서 무엇부터 작성해야할지 잘 모르겠으면 4.6의 프로그램 작성법에서 설명한 흐름도를 생각하라. 항상 '시작 - 변수생성 - 데이터입력 - 수식계산 - 결과 출력 - 끝'의 순서대로 내용을 작성하면 된다.

문제 1) $x+\frac{x^2}{2}+\frac{x^3}{3}+\ldots+\frac{x^7}{7}$ **의 결과를 구하라.**

① 문제분석

$$R=\sum_{i=1}^{7} \frac{x^i}{i}$$

<필요공식>

$$R=\sum_{i=0}^{6} \frac{x^{i+1}}{i+1}$$

② 프로그래밍 수식

```
R = 0.0
for i in range(7) :
    R += x**(i+1) / (i+1)
```

③ 변수정리

```
# 카운트변수
i = 0
# 출력변수
R = 0.0
# 입력변수
x = 0.0
```

④ 프로그램 작성

```
from math import *

i = 0
R = 0.0
x = 0.0

x = float(input("x = ? "))

R = 0.0
for i in range(7) :
    R += x**(i+1) / (i+1)

print("결과 = %.4f" %R)

#end
```

문제 2) $x - \frac{x^2}{2} + \frac{x^3}{3} - ... + \frac{x^7}{7}$ **의 결과를 구하라.**

① 문제분석

$$R = \sum_{i=1}^{7} (-1)^{(i-1)} \frac{x^i}{i}$$

<필요공식>

$$R = \sum_{i=0}^{6} (-1)^i \frac{x^{i+1}}{i+1}$$

② 프로그래밍 수식

```
R = 0.0
for i in range(7) :
    R += (-1)**i * x**(i+1) / (i+1)
```

③ 변수정리

```
# 카운트변수
i = 0
# 출력변수
R = 0.0
# 입력변수
x = 0.0
```

④ 프로그램 작성

```
from math import *

i = 0
R = 0.0
x = 0.0

x = float(input("x = ? "))

R = 0.0
for i in range(7) :
    R += (-1)**i * x**(i+1) / (i+1)

print("결과 = %.4f" %R)

#end
```

문제 3) $\frac{1}{2}+\frac{1}{4}+\frac{1}{6}+\cdots+\frac{1}{20}$ 의 결과를 구하라.

① 문제분석 ② 프로그래밍 수식 ③ 변수정리	④ 프로그램 작성

문제 4) $x - \frac{x^2}{3} + \frac{x^3}{5} - \frac{x^4}{7} + \frac{x^5}{9}$ **의 결과를 구하라.**

① 문제분석 ② 프로그래밍 수식 ③ 변수정리	④ 프로그램 작성

문제 5) $R=\sum_{i=2}^{5}(-1)^{i}\frac{x^{i}}{2i}+\sum_{i=3}^{5}(\frac{x^{i+2}}{2^{i}})$**의 결과를 구하라.**

① 문제분석 ② 프로그래밍 수식 ③ 변수정리	④ 프로그램 작성

5.5 프로그래밍 연습 : Taylor 급수문제

공학에서 테일러(Taylor) 급수는 매우 중요한 급수 중에 하나이다. 실제 계산기나 컴퓨터에서 계산하는 여러 수학함수는 테일러 급수에 의해 그 함수 값을 구한다고 생각하면 된다. 예를 들어 삼각함수인 sin x의 값은 원래 sin의 정의에 의해 기하학적으로 구해야하지만 이것으로 정밀한 값을 구하는 것은 매우 어렵고, 계산기나 컴퓨터에서는 기하학적 방법으로 sin 값을 구할 수 없다. 하지만 테일러 급수를 이용하여 sin 함수를 고차방정식의 형태로 나타내면 계산기나 컴퓨터로 정밀한 값을 쉽게 구할 수 있게 된다.

이처럼 어떤 함수 f(x)를 계속 미분할 수 있다면, 테일러 급수를 이용하여 이를 고차방정식의 형태로 나타낼 수 있다

테일러 급수의 함수전개식은 다음과 같다.

$$f(x)=f(a)+f'(a)(x-a)\ +\frac{f''(a)}{2!}(x-a)^2\ +\frac{f'''(a)}{3!}(x-a)^3\ +.....$$

a=0 이라 두면,

$$f(x)=f(0)+f'(0)x\ +\frac{f''(0)}{2!}x^2\ +\frac{f'''(0)}{3!}x^3\ +.....$$

여기서는 가장 기초적인 몇 가지 수학함수에 대해 다루도록 하겠다.

먼저 sin x 함수의 함수전개식을 가지고 프로그래밍 수식으로 고치고, sin x값을 급수를 이용하여 구하는 프로그램을 작성해보자.

예제 5-15 / sin x를 급수를 이용하여 구하기

$$\sin\ x = x - \frac{x^3}{3!} + \frac{x^5}{5!} - \frac{x^7}{7!} + \frac{x^9}{9!} - \ldots\ldots$$

① 문제분석 : 급수의 함수일반식을 구한다.

<필요공식>

$$f = \sum_{i=0}^{\infty} (-1)^i \frac{x^{2i+1}}{(2i+1)!}$$

② 프로그래밍 수식

```
f=0.0
for i in range(50) :
    fac = 1.0
    for j  in range( 2*i+1 ) :
        fac *= j+1
    f += (-1)**i * x**(2*i+1) / fac
```

▌참고 : N! = 1 * 2 * 3 * ... * N

```
fac = 1.0
for  i in range( N ) :
      fac *= i+1
```

팩토리얼 값은 math 모듈에 제공하는 factorial(N) 함수를 이용할 수도 있지만 여기서는 팩토리얼 값을 구하는 기본 원리를 알아두기 바란다.

③ 변수 정리

```
# 카운트 변수
i = j = 0
# 출력 변수
fac = f = 0.0
# 입력 변수
x = 0
```

④ 프로그램 작성

```
from math import *
i = j = 0
fac = f = 0.0
x = 0.0

x = float(input("각도(deg) ? "))
x *= 3.141592 / 180.0          #deg->rad 변환

f=0.0
for i in range(50) :
    fac = 1.0
    for j  in range( 2*i+1 ) :
        fac *= j+1
    f += (-1)**i * x**(2*i+1) / fac

x *= 180/3.141592              #rad->deg 변환
print("sin(%.2f) = %.4f" %(x,f))

#end
```

문제 1) cos x를 급수를 이용하여 결과를 구하라.

① 문제분석 ② 프로그래밍 수식 ③ 변수정리	④ 프로그램 작성

문제 2) e^x를 급수를 이용하여 결과를 구하라.

① 문제분석 ② 프로그래밍 수식 ③ 변수정리	④ 프로그램 작성

제4장	파이썬의 표현식
제5장	프로그램 제어문
제6장	**리스트**

6.1 리스트, 튜플, 딕셔너리의 개요

리스트와 튜플 및 딕셔너리는 여러 개의 데이터를 저장하고 다루기 위하여 데이터 저장 공간을 한꺼번에 여러개를 확보한 메모리 공간이다. 일반 변수를 단독주택에 비유한다면 리스트, 튜플 및 딕셔너리는 다세대 주택 또는 아파트와 같은 개념이라고 생각하면 된다.

만약 저장하거나 다루어야할 같은 속성의 데이터가 100개가 있다고 하자. 일반변수를 사용한다면 일일이 변수이름을 바꿔가며 100개의 변수를 하나하나 직접 생성을 해야 하고, 데이터를 입력 또는 출력할 때에도 하나하나 직접 수행문을 작성해야한다. 하지만 리스트 또는 튜플을 사용하면 간단히 데이터 100개를 저장할 공간을 확보하고, 반복제어문과 함께 리스트에 지정된 번호만 바꿔가며 일괄처리가 가능하다.

C/C++ 언어 또는 다른 언어에서는 배열이라는 요소로 사용되고 있지만, 파이썬에서는 이를 리스트라고 하고 있다. 또한 파이썬에서는 튜플 또는 딕셔너리라는 새로운 요소를 추가하여 좀 더 다양하게 데이터를 관리할 수 있는 방법을 제공하고 있다. 그러나 파이썬에서는 데이터 관리 방법으로써 막강한 구조체를 제공하지 않는 것이 C/C++ 프로그래밍을 오래 해왔던 필자에게는 많은 아쉬움으로 남는다.

이 교재에서는 다른 언어에서 사용되는 배열과 유사한 리스트를 활용하는 방법을 주 내용으로 설명을 하고, 튜플과 딕셔너리는 6.7에서 개념만 간략히 설명하도록 하겠다.

〈표 6-1〉 일반 변수와 리스트의 비교

일반 변수	리스트

a0 = 0
a1 = 0
a2 = 0
:
 	
	a = [0] * 20 # 리스트 생성
	a[0] = int(input("a[0] : ? "))
	a[1] = int(input("a[1] : ? "))
	a[2] = int(input("a[2] : ? "))
	:

일반 변수를 <표 6-1>의 예와 같이 a0, a1, ... 으로 생성을 하였을 때 a0, a1, .. 등에 붙은 숫자는 자체가 변수이름으로 사용된 문자라 어떤 첨자로 일반화를 해서 자동으로 변경할 수 없다. 하지만 리스트는 리스트 변수로써 a[0], a[1], ... 으로 사각괄호 [ ] 안에 정수상수로 번호를 사용하기 때문에 a[i]와 같이 번호를 i 로 일반화하여 자동으로 숫자를 변경할 수 있다.

프로그래밍에서 리스트를 사용하는 경우는 다음과 같다.

① 여러 개의 데이터를 일괄처리 하고자 할 때
② 데이터의 양이 매우 많을 때
③ 여러 데이터에 대한 통계 계산을 할 때
④ 행렬 계산을 할 때

따라서 여러 개의 데이터를 일괄처리 하고자 할 때나 그 데이터의 양이 매우 많을 경우에는 반드시 리스트를 사용해야만 한다. 그리고 수학적으로는 통계 문제를 풀때나 행렬을 이용하여 여러 가지 문제를 해결하고자 할 때에도 리스트를 이용한다.

6.2 1차원 리스트

1) 리스트의 생성 및 초기화

① 대입문을 이용한 리스트 생성 및 초기화 (중요)
② 많은 데이터를 저장하기 위한 리스트 생성 및 초기화 (중요)
③ 리스트 변수 추가를 이용한 리스트 생성 및 초기화

리스트의 데이터를 저장할 메모리 공간을 앞으로 방 또는 리스트 변수라 지칭하겠다.

(1) 대입문을 이용한 리스트 생성 및 초기화 (중요)

```
리스트이름 = [상수, 상수, 상수, ... ]
```

리스트는 리스트이름을 적은 다음에 사각괄호 [ ]를 사용하여 여러 형태의 상수들을 콤마(,)로 나열한 데이터 집합(상수 리스트)을 대입문(=)으로 저장하여 리스트 생성 및 초기화를 한다. 이 때 리스트의 메모리 공간(방 또는 리스트 변수) 수는 사각괄호 [ ] 안에 나열되어 있는 상수의 개수만큼 생성이 되고, 각각의 리스트 변수는 상수의 데이터 형태에 따라 그 형터가 정해진다.

```
예 aa = [10, 20, 30, 40, 50]      # 리스트 aa 생성, 상수 리스트 저장
```

예와 같이 aa = [10, 20, 30, 40, 50] 는 데이터를 저장할 공간 5개를 확보하고 그 공간안에 10, 20, 30, 40, 50을 순서대로 저장한 후 그 이름을 aa로 둔다는 것이다. 즉, 5개의 정수 데이터를 저장할 리스트 aa를 생성하고 상수 리스트를 저장하여 초기화하는 것이다. 이 때 aa는 리스트 aa 또는 aa 리스트라고 하고 사각괄호[]로 여러 상수를 콤마로 나열한 [10, 20, 30, 40, 50]을 리스트 상수 또는 상수 리스트라고 한다.

이와 같이 리스트 aa를 생성하여 초기화 하면 <표 6-2>에 나타낸 바와 같이 메모리 상에 정수형 데이터를 저장하기 위한 공간 5개를 확보하고 여기에 [0] ~

[4] 까지 각각 방번호를 붙이게 된다. 따라서 리스트를 생성한 후에 방번호를 붙여서 여러 데이터를 저장 및 가져오기를 할 수 있으며 리스트이름에 [방번호]를 붙인 aa[0], aa[1] 등등은 리스트 변수라고 한다. 여기서 방번호는 정수형 상수, 정수형 변수, 정수형 수식 모두 쓸 수 있고 [방번호]가 붙은 리스트 변수는 마치 일반 변수처럼 모두 독립적으로 데이터를 저장하거나 가져오기를 할 수 있다.

〈표 6-2〉 대입문을 이용한 리스트 생성 예

대입문	방번호	리스트 aa
aa = [10, 20, 30, 40, 50]	[0]	10
	[1]	20
* aa[0] ~ aa[4] 를 리스트 변수로 사용할 수 있다.	[2]	30
	[3]	40
	[4]	50
	리스트변수 : aa[방번호]	

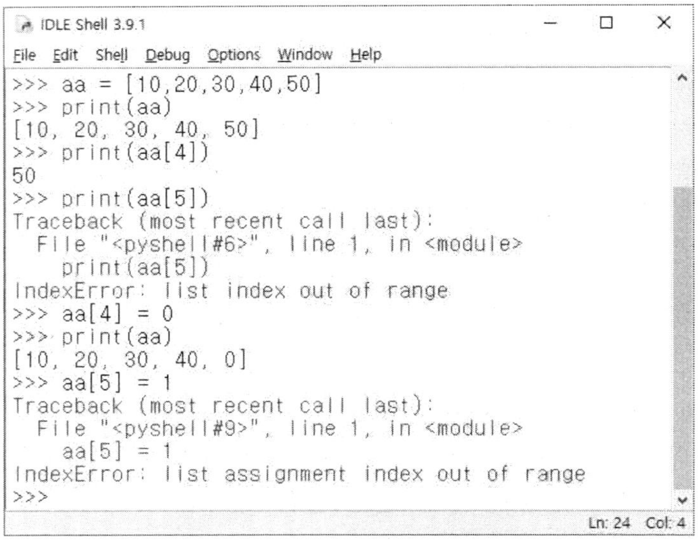

[그림 6-1] 리스트 생성 및 사용 예

▌주의 : 리스트의 방번호는 0번부터 시작되어 (방의 개수-1) 까지 사용한다. 즉, 사용 예에서 볼 수 있듯이 리스트 aa의 방 개수가 5이면 리스트 변수는 aa[0] ~ aa[4]

까지 사용할 수 있다. 이때 aa[5]에 데이터를 넣거나 데이터를 읽으려고 하면 "indexError : list index out of range" 또는 "indexError : list assignment index out of range" 에러가 발생한다.

즉, 대입문(=)으로는 이미 생성되어 있는 리스트 변수에만 데이터를 저장하고 리스트 변수를 새로 추가 생성할 수 없다.

(2) 많은 데이터를 저장하기 위한 리스트 생성 및 초기화 (중요)

```
리스트이름 = [초기값] * 방의 개수
```

대입문(=)으로 리스트를 생성하고 상수 리스트를 저장하여 초기화하는 방법은 데이터 개수가 많지 않을 때 간단하게 사용할 수 있는 방법이다. 그러나 데이터의 개수가 많을 때에는 사각괄호[ ] 안에 일일이 상수값을 콤마로 구분해서 적는 것이 곤란한 경우가 많다. 특히 리스트의 모든 방의 초기값이 같은 경우에는 리스트이름 = [초기값] * 방의 개수의 형태로 리스트를 생성하고 초기화하는 것이 매우 편하다.

예를 들어 10개의 데이터를 저장할 리스트 aa를 생성하고 모두 0으로 초기화 한다면 다음과 같이 [0] * 10을 대입문(=)으로 저장하여 리스트 aa를 생성할 수 있다.

```
aa = [0] * 10
```

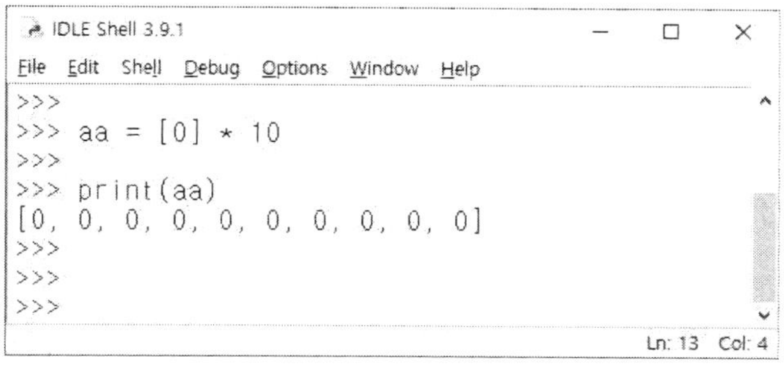

[그림 6-2] 많은 데이터를 저장하기 위한 리스트 생성 예

이와 같이 대입문(=)을 이용해서 리스트를 생성 하는 방법은 두가지이지만 보통 데이터 수가 작고 초기값이 서로 다를 경우에는 보통 (1)의 방법을 많이 사용하고, 데이터 수가 많고 초기값이 서로 동일할 경우에는 보통 (2)의 방법을 사용한다. 그리고 데이터의 수가 작더라도 초기값이 서로 동일할 경우에는 (1) 또는 (2)의 방법 중 여러분이 편한 것을 사용하면 된다.

그리고 두 방법 모두 프로그램 작성시에는 예제 6-1과 같이 변수 생성부에서 반드시 리스트 생성 및 초기화를 한다.

예제 6-1 10개의 실수값을 입력 받아 총합을 구하기

[프로그램]

```
ex6-1.py - C:/Python39/프로그램연습/ex6-1.py (3.9.1)
File Edit Format Run Options Window Help
from math import *

aa = [0,0,0,0,0,0,0,0,0,0]
R = 0.0

for i in range(10) :
    aa[i] = float(input("aa[%d] = ?"%i))


for i in range(10) :
    R += aa[i]

print()
print("총합 : %.4f"%R)
Ln: 15 Col: 0
```

또는

```
*ex6-1.py - C:/Python39/프로그램연습/ex6-1.py (3.9.1)*
File Edit Format Run Options Window Help
from math import *

aa = [0] * 10
R = 0.0

for i in range(10) :
    aa[i] = float(input("aa[%d] = ?"%i))


for i in range(10) :
    R += aa[i]

print()
print("총합 : %.4f"%R)
Ln: 15 Col: 0
```

[실행결과]

```
IDLE Shell 3.9.1
File Edit Shell Debug Options Window Help
=== RESTART: C:/Python39/프로그램연습/ex6-1
.py ==
aa[0] = ?2
aa[1] = ?3
aa[2] = ?5
aa[3] = ?1
aa[4] = ?4
aa[5] = ?6
aa[6] = ?8
aa[7] = ?6
aa[8] = ?1
aa[9] = ?0

총합 : 36.0000
>>> |
                                    Ln: 35  Col: 4
```

▌중요 : 일반 변수는 변수 생성부에서 반드시 변수를 생성해야 하는 것은 아니다. 예제에서는 카운트 변수 i를 변수생성부에서 생략하였지만 실행에 전혀 문제가 되지는 않는다. 하지만 리스트는 반드시 리스트를 생성한 다음에 사용해야 한다. 즉, 예제에서 리스트 aa를 (1) 또는 (2)의 방법으로 생성을 해야만 aa[방번호] 형태로 리스트 변수를 사용할 수 있다. 예제에서는 방번호를 i 카운트 변수로 지정하여 aa[i]로 방번호를 바꿔가면서 리스트 변수를 쓰고 있다.

▌참고 1 : 리스트 안의 데이터 총합은 math 모듈 안에 fsum() 함수를 이용하면 편리하다. 하지만 여기선 for문을 이용하여 되도록 총합을 구하는 기본 원리를 이용하였다.

▌참고 2 : 이상과 같이 리스트를 사용하기 위한 가장 기본적인 리스트의 생성 및 초기화 방법 두가지를 알아보았다. 그러나 리스트를 생성하고 초기화 방법은 그밖에 여러가지 방법이 더 있기에 (3)에서 그 방법을 소개하고자 한다. 하지만 (3)의 방법은 처음 시작하는 여러분이 몰라도 되는 것이고 (3)의 방법으로 리스트를 생성할 일이 거의 없기에 필자도 교재를 집필하면서 이 내용을 넣을지 뺄지 엄청 고민을 하였다. 오랜 고민 끝에 그래도 일단 소개는 하겠지만 이런 방법도 있다는 정도로 참고만 하기 바란다.

(3) 리스트 변수 추가를 이용한 리스트 생성 및 초기화

```
리스트이름 = []
for i in range(방의 개수) :
    리스트이름.append(초기값)
```

데이터의 수가 많은 경우에 (2)의 방법 외에도 리스트 조작 함수인 append() 함수를 이용하여 리스트를 생성하고 초기화하는 방법도 있다.

이 방법은 빈 리스트를 하나 만들어 놓고 리스트 변수를 새로 추가하는 함수인 리스트이름.append(초기값) 함수로 필요한 만큼 데이터 저장공간을 리스트에 추가해서 생성하는 것이다. 이 때 반복문 for문을 이용하면 필요한 개수 만큼 리스트 변수를 생성하고 초기화할 수 있다.

예를 들어 리스트 aa에 100개의 데이터를 저장할 리스트 변수를 생성하고자 한다면 다음과 같이 리스트를 생성할 수 있다.

리스트 변수 추가 함수 append()를 이용한 리스트 aa 생성 예는 다음과 같다.

```
aa = []                  #빈 리스트 aa 생성

for i in range(100) :    #리스트에 방 100개 추가 생성 및 0 으로 초기화
    aa.append(0)
```

먼저 빈 리스트를 aa = []로 생성하고 for문으로 aa.append(0) 실행문을 100회 반복하여 실행하면 리스트 aa에 0으로 초기화된 리스트 변수가 100개 생성이 된다. 따라서 리스트 aa는 aa[0]부터 aa[99]까지 데이터를 저장할 수 있는 리스트 변수를 가지게 된다.

▌주의 : append() 리스트 함수를 사용하기 위해서는 반드시 리스트가 먼저 생성이 되어있어야 한다. 위의 예에서는 빈 리스트 aa를 대입문(=)으로 먼저 생성하였다. 이 때 빈 리스트는 데이터 입력없이 사각괄호[] 만 써서 나타낸다.

▌참고 1 : 리스트이름.append(초기값) 함수는 리스트에 메모리 공간을 새로 추가하기 위한 리스트 요소의 내부 함수(리스트 조작 함수)로 6.6 리스트 조작 함수 편을 참고하자.

▌참고 2 : 리스트 변수 추가를 이용한 리스트 생성 및 초기화 방법은 리스트 조작을 위한 append() 함수 뿐만 아니라 리스트 더하기(-) 기능을 이용할 수도 있다. 리스트 더하기는 리스트1 + 리스트2와 같이 두 리스트를 더하면 리스트1 뒤에 리스트2를 추가해서 붙이는 기능을 한다. 따라서 리스트이름 = [] 으로 빈 리스트를 하나 생성후 그 리스트에 [초기값]을 '+=' 연산자로 리스트 변수를 추가하는 방법이다.

'+=' 연산자를 이용한 리스트 생성 및 초기화는 다음과 같다.

```
리스트이름 = []
for i in range(방의 개수) :
    리스트이름 += [초기값]
```

```
aa = []                      #빈 리스트 aa 생성

for i in range(100) :       #리스트에 방 100가 추가 생성 및 0 으로 초기화
        aa += [0]
```

2) 리스트에 데이터 입력

① 대입문 입력 : 고정된 특정 값이 주어진 경우
- 하나하나 직접 입력 : 특정 값이 규칙성이 없을 때
- for문을 이용한 일괄처리 입력 : 특정 값이 일정하거나, 규칙성을 가지고 변하고 있을 때

② 리스트 생성 및 초기화 입력 : 대입문 입력 대신에 사용을 많이 한다.

③ input()함수에 의한 키보드 입력 : 특정 값이 주어지지 않거나, 특정 값을 빈번하게 바꿀 경우
- 하나하나 직접 입력 : 특정 위치 값만 입력, 거의 사용할 일 없음
- for문을 이용한 일괄처리 입력

리스트에 데이터를 입력하는 방법은 크게 세가지 형태로 ① 대입문 입력, ② 리스트 생성 및 초기화 입력, ③ input() 함수에 의한 키보드 입력이 있다.

여기서 대입문과 input() 함수 사용방법에서는 일반변수와 같이 하나하나 직접 입력하는 방법과 for문을 이용한 일괄처리 방법이 있다.

(1) 리스트 변수 하나하나에 대입문으로 입력

여기서 대입문 입력 방법은 고정된 특정 값이 주어진 경우에 사용하는 방법으로 특정 방번호의 리스트 변수에 대입문으로 직접 데이터를 입력하는 것이다. 이는 특정 방번호의 리스트 변수를 일반 변수처럼 사용하여 데이터를 저장하거나 방번호를 카운트변수로 대체하여 for문으로 일괄 처리할 수 있다.

일반적으로 일반 변수처럼 데이터를 하나하나 직접 입력하는 경우는 데이터가 많으면 매우 불편하고 비효율적이다. 따라서 데이터들이 규칙성이 없이 주어진 경우에만 어쩔 수 없이 하나하나 직접 입력을 하고 특정 값으로 일정하거나 규칙성을 가지고 있을 때는 for문을 이용한다.

대입문 사용 예는 다음과 같다.

```
a = [0] * 5

a[0] = 3
a[1] = 4
a[2] = 1
a[3] = 0
a[4] = 2
```

```
a = [0] * 5

a[0] = 3
a[1] = 3
a[2] = 3
a[3] = 3
a[4] = 3
```

```
a = [0] * 5

for i in range(5) :
    a[i] = 3
```

```
a = [0] * 5

a[0] = 10
a[1] = 20
a[2] = 30
a[3] = 40
a[4] = 50
```

```
a = [0] * 5

for i in range(5) :
    a[i] = (i+1)*10
```

▌참고 : 대입문 입력 대신에 리스트 초기화법으로 많이 사용한다.

(2) 리스트 생성 및 리스트 상수 초기화 입력

리스트 생성 및 초기화법은 리스트를 생성하면서 특별히 여러 개의 데이터를 한번에 입력하는 방법으로 앞서 설명한 대입문을 이용하여 일일이 입력하는 방법 대신에 좀 더 효율적으로 데이터를 입력하는 방법이다.

리스트 생성 및 초기화는 다음과 같다.

```
a = [ 3, 4, 1, 0, 2 ]

x = [ 10.0, 20.0, 30.0, 40.0, 50.0 ]
```

리스트를 생성할 때 대입문을 사용하여 사각괄호 [ ]로 묶은 리스트 상수를 입력시키는 것으로 괄호 내의 데이터들은 생성된 리스트의 각 방에 순서대로 입력된다. 그리고 리스트 생성 및 초기화 입력은 대입문 이용한 리스트 생성 및 초기화 외에 여러 가지 방법을 앞에서 이미 설명하였다.

(3) input() 함수에 의한 키보드 입력

input() 함수를 이용하여 키보드로 입력하는 방법은 보통 특정 값이 주어져 있지 않거나 특정 값이 주어진다 하더라도 빈번하게 그 값을 바꿀 경우에 사용한다. 보통 리스트 변수의 방번호를 카운트변수로 넣고 일반화하여 for문과 함께 일괄처리 하는 방법을 많이 사용한다.

input() 함수 사용 예는 다음과 같다.

```
i = 0
aa = [0] * 5

for i in range(5) :
    aa[i] = float( input( "aa[%d] = ? "%i ) )
```

3) 리스트 데이터의 출력

리스트의 데이터를 출력하는 방법은 print() 함수를 사용하면 된다. 특정 방번호의 리스트 변수 내용을 출력하고자 할 때는 리스트이름[방번호]의 형식을 사용해서 일반 변수와 마찬가지로 출력하면 된다.

㉮ 리스트 a의 2번 방 내용 출력

```
print("aa[2] = %.4f " %aa[2] )
```

하지만 배열 내용을 순서대로 모두 출력하고자 할 때는 방번호를 카운트변수로 쓰고 일반화하여 for문으로 일괄처리를 하거나 리스트이름만 사용하여 print(리스트이름)로 전체 내용을 바로 출력이 가능하다.

리스트 출력의 3가지 예는 다음과 같다.

```
i = 0
aa = [ 2, 3, 1, 5, 0 ]

for i in range(5) :
    print("aa[%d] = %d" %( i, aa[i] ) )
```

```
i = 0
aa = [ 2, 3, 1, 5, 0 ]

for i in range(5) :
    print("%d" %aa[i], end='\t' )
print()
```

```
aa = [ 2, 3, 1, 5, 0 ]

print("aa :", aa)

#[방번호] 없이 리스트이름만 사용하면 전체 리스트 내용 출력
```

출력 예 3가지를 실행하고 어떻게 출력되는지 직접 비교・검토해보기 바란다. 리스트 전체 내용을 출력할 때는 3번째 예를 가장 많이 사용한다.

6.3 프로그래밍 연습 : 최대, 최소값, 평균과 표준편차, 정렬, 로또생성기

1) 최대, 최소값 구하기

데이터 10개를 입력받아 최대, 최소값을 구하는 프로그램을 작성해 보자.

(1) 문제분석

최대값 구하는 방법을 살펴보면 다음과 같다(최대값 구하는 알고리즘).

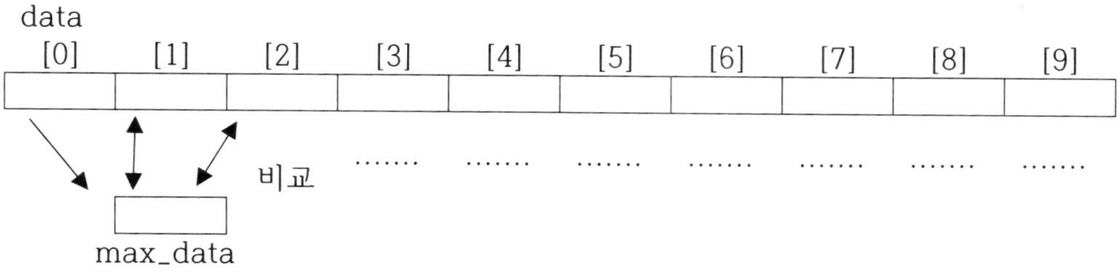

① max_data에 data[0]의 내용을 복사한다.
② max_data와 data[i]의 내용을 비교하여 data[i]가 max_data보다 크면, max_data에 data[i]의 내용을 복사한다.
③ i 위치를 바꿔 b의 내용을 반복 수행한다(반복은 데이터가 끝날 때까지 수행함).

▌참고 최소값은 b의 비교 결과를 반대로 하였을 경우이다.

(2) 프로그래밍 수식

```
max_data = min_data = data[0]
for i in range(10) :
    if max_data < data[i] : max_data = data[i]
    if min_data > data[i] : min_data = data[i]
```

(3) 변수 정리

```
# 카운트 변수
i = 0
# 출력 변수
max_data = 0.0
min_data = 0.0
# 입력 변수
data = [0] * 10
```

(4) 프로그램 작성

```
from math import *

i = 0
max_data = min_data = 0.0
data = [0] * 10

for i in range(10) :
    data[i] = float( input( "data[%d] = ? " %i ) )

max_data = min_data = data[0]
for i in range(10) :
    if max_data < data[i] : max_data = data[i]
    if min_data > data[i] : min_data = data[i]

print()
print("최대값 = %.4f" %max_data );
print("최소값 = %.4f" %min_data );
#end
```

▌참고 : max(), min() 내장함수

파이썬에는 리스트 안에서 최대값과 최소값을 찾아주는 max()와 min() 내장함수를 제공하고 있다. 따라서 실제 파이썬 프로그램에서는 max()와 min() 함수를 이용하면 더 간단하게 프로그램을 작성할 수 있으며, 다른 여러 프로그래밍 시에 최대값과 최소값을 찾을 때에 바로 활용하면 된다. 그러나 본 내용을 통해서 최대값과 최소값을 찾는 원리를 알아 두길 바란다.

예제 6-2 max()와 min() 함수를 이용한 최대값과 최소값 구하기

ex6_1.py - C:/Python39/프로그램연습/ex6_1.py (3.9.1)

```
from math import *

i = 0
max_data = min_data = 0.0
data = [0] * 10

for i in range(10) :
    data[i] = float( input( "data[%d] = ? " %i ) )


max_data = max(data)
min_data = min(data)

print("최대값 = %.4f" %max_data );
print("최소값 = %.4f" %min_data );
#end
```

Ln: 17 Col: 0

2) 평균값과 표준편차 구하기

데이터 10개를 입력받아 평균과 표준편차를 구하는 프로그램을 작성하자.

(1) 문제분석

① 평균값

$$avg = \frac{\sum_{i=1}^{N} x_i}{N}$$

② 표준편차

$$std = \sqrt{\frac{\sum_{i=1}^{N} (x_i - avg)^2}{N}}$$

평균값과 표준편차를 구하기 위한 수식은 ①, ②와 같다. 여기서 N은 데이터 갯수이다. 일반적으로 x_i 와 같이 변수에 아래첨자가 붙어 있으면 i에 따라 개별적인 데이터를 나타내는 것으로, 이것은 리스트를 이용한다.

(2) 프로그래밍 수식

```
# 평균값 구하기
avg = 0.0
for i in range(10) :
    avg += x[i]
avg /= i+1
# 표준편차 구하기
s = 0.0
for i in range(10) :
    s += (x[i] - avg)**2
s /= i+1
std = sqrt(s)
# 주의 for문이 끝나면 i는 반복횟수-1 을 가지고 있다.
```

(3) 변수 정리

```
# 카운트변수
i = 0
# 출력변수
avg = 0.0
s = 0.0
std = 0.0
# 입력변수
x = [0] * 10
```

(4) 프로그램 작성

```
from math import *
i = 0
avg = s = std = 0.0
x = [0] * 10

for i in range(10) :
    x[i] = float( input("x[%d] = ? " %i) )

avg = 0.0
for i in range(10) :
    avg += x[i]
avg /= i+1
s = 0.0
for i in range(10) :
    s += (x[i] - avg)**2
s /= i+1
std = sqrt(s)

print()
print("평     균 : %.4f" %avg)
print("표준편차 : %.4f" %std)

#end
```

3) 버블 정렬(Bubble sort)

데이터 10개를 입력받아 오름차순으로 정렬하는 프로그램을 작성하자.

(1) 문제분석

가장 기본적인 정렬 알고리즘인 버블 정렬에 대해 알아보자.

예를 들어 데이터가 [9, 2, 8, 6, 1]이 있다고 하자. 여기서 앞에서 부터 두 개씩 비교하여 앞에 숫자가 크면 두 숫자를 자리바꿈하고 위치를 바꿔 다음 두 수를 비교한다.

즉 9와 2를 비교, 앞에 9가 크니 자리바꿈을 하고, 그 다음 9와 8을 비교한다. 또한 앞에 9가 크니 자리바꿈을 하고, 끝까지 비교하고 나면 [2, 8, 6, 1, 9] 순서가 되어 있다.

다시 앞에서부터 두개씩 비교하고 자리바꿈을 또 수행한다. 그럼 [2, 6, 1, 8, 9]가 된다. 이와 같이 N개의 데이터에 대하여 위치를 바꿔가면서 두 개씩 비교하여 앞 수가 클 때 자리바꿈 하는 과정을 총 N-1번 수행하고 나면 오름차순 정렬이 끝이 난다.

오름차순 버블 정렬 알고리즘은 다음과 같다.

① 현재 위치의 수와 다음 위치의 수 비교, 앞의 수가 크면 자리바꿈
② 위치를 바꿔서 a 반복 수행(위치는 N-1번 까지)
③ a와 b를 N-1번 반복 수행

(2) 프로그래밍 수식

문제분석에서 알아본 오름차순 버블 정렬 알고리즘을 프로그램 수식으로 나타내 보면 다음과 같다.

```
for j in range(N-1) :              # 전체 처리과정 N-1번 반복
    for i in range(N-1) :          # 두 수 비교 후 자리바꿈
        if data[i] > data[i+1] :   # data[i]가 data[i+1]보다 크면 자리바꿈
            buff = data[i]
            data[i] = data[i+1]
            data[i+1] = buff
#정렬 끝
```

이와 같이 자리바꿈 할 때에는 임시 저장 공간인 buff를 두고 현재 위치[i] 데이터를 buff에 저장한 후, 다음 위치[i+1] 데이터를 현재위치[i]에 복사한다. 그런 다음 buff 내용을 다음 위치에 저장하면 된다. 여기서 반복 횟수는 N-1이 됨에 주의한다. 따라서 주어진 문제에서 10개의 데이터이면 반복횟수는 9가 된다.

▌참고 : 임시저장 공간 buff를 이용하여 두 변수 내용을 자리바꿈하는 것은 가장 일반적인 방식이다. 그러나 파이썬에서는 이를 대입문으로만 다음과 같이 쉽게 구현이 가능하다.

```
for j in range(N-1) :
    for i in range(N-1) :
        if data[i] > data[i+1] :   # data[i]가 data[i+1]보다 크면 자리바꿈
            data[i], data[i+1] = data[i+1], data[i]
```

(3) 변수 정리

```
# 카운트 변수
i = j = 0
# 출력 변수, 입력 변수
data = [0] * 10
```

(4) 프로그램 작성

① 프로그램 작성 예 1

```
from math import *
i = j = 0
data = [0] * 10

for i in range(10) :
    data[i] = float( input("data[%d] = ? " %i) )
```

```
for j in range(9) :
   for i in range(9) :
      if data[i] > data[i+1] :
          buff = data[i]
          data[i] = data[i+1]
          data[i+1] = buff

print()
print("** 정렬 결과 **")
print(data)

#end
```

② 프로그램 작성 예 2

```
from math import *
i = j = 0
data = [0] * 10

for i in range(10) :
    data[i] = float( input("data[%d] = ? " %i) )

for j in range(9) :
   for i in range(9) :
      if data[i] > data[i+1] :
          data[i], data[i+1] = data[i+1], data[i]

print()
print("** 정렬 결과 **")
print(data)

#end
```

▌참고 : 리스트 정렬 함수 sort()

파이썬에서는 리스트 내용을 정렬해주는 리스트이름.sort()라는 리스트 조작 함수를 제공하고 있다. 버블 정렬 알고리즘을 잘 이해하고 실제 프로그래밍 시에는 리스트이름.sort() 함수를 이용하면 여러분이 리스트 내용의 정렬을 쉽고 편하게 할 수 있다. 리스트 정렬 예는 다음과 같다.

```
aa = [3, 5, 1, 2, 8]

aa.sort()
```

예제 6-3 데이터 10개를 입력 받아서 정렬하기

ex6_2.py - C:/Python39/프로그램연습/ex6_2.py (3.9.1)

File Edit Format Run Options Window Help

```
from math import *

data = [0] * 10

for i in range(10) :
    data[i] = float( input( "data[%d] = ? " %i ) )

print()
print(data)  #정렬하기 전 리스트

data.sort()

print()
print(data)  #정렬 후 리스트
#end
```

Ln: 16 Col: 0

4) 로또 생성기

1부터 45까지 정수 중에 6개의 서로 다른 수를 임의로 생성한다.

(1) 문제분석

① 1 부터 45 사이의 임의의 정수를 뽑아 현재 리스트변수에 저장한다.

② 뽑은 수가 리스트 안에 다른 값과 중복이 되면 a 반복 다시 뽑는다.
③ a와 b를 총 6번 반복한다.

(2) 프로그래밍 수식

```
for i in range(6):
    while True :
        lotto[i] = random.randrange(1, 45)
        if lotto.count(lotto[i]) == 1 : break
```

(3) 변수 정리

```
# 카운트 변수
i = 0
# 입력변수
lotto = [0] * 6
```

(4) 프로그램 작성

```
import random
i = 0
lotto = [0] * 6
for i in range(6) :
    while True :
        lotto[i] = random.randrange(1,45)
        if lotto.count(lotto[i]) == 1 : break
lotto.sort()
print(lotto)
#end
```

예제 6-4

[실제 프로그램]

```
*ex_lotto.py - C:/Python39/프로그램연습/ex_lotto.py (3.9.2)*
File Edit Format Run Options Window Help

import random

i = j = 0
N = 0

lotto = [0]*6

print("******* 로또 생성기 ********")

N = int(input("몇회 생성 : "))

for j in range(N) :

    for i in range(6) :
        while True :
            lotto[i] = random.randrange(1,45)
            if lotto.count(lotto[i]) == 1 : break

    lotto.sort()
    print(lotto)

#end

Ln: 23 Col: 0
```

[실행 결과]

```
IDLE Shell 3.9.2
File Edit Shell Debug Options Window Help

==================== RESTART: C:/Python39/프로그램
연습/ex_lotto.py ===================
******* 로또 생성기 ********
몇회 생성 : 10
[1, 14, 18, 39, 40, 44]
[1, 2, 5, 21, 24, 26]
[3, 5, 11, 18, 21, 27]
[2, 4, 10, 28, 31, 40]
[1, 4, 9, 12, 17, 22]
[7, 10, 11, 13, 30, 38]
[13, 17, 24, 28, 35, 43]
[7, 11, 14, 18, 27, 35]
[3, 12, 21, 24, 33, 38]
[3, 8, 15, 20, 23, 35]
>>>

Ln: 55383 Col: 0
```

예제 6-4에서는 리스트.count(상수) 함수를 사용하여 리스트안에 상수가 몇 개 있는지 개수를 센다. 즉, lotto.count(lotto[i])는 lotto[i]의 값이 lotto 리스트 안에서 개수를 세는 것이다. 하나만 있으면 다른 수와 중복이 안된다.

6.4 2차원 리스트

2차원 리스트는 저장해야할 데이터가 행과 열로 2차원적으로 존재할 때 사용된다. 보통 수학에서는 행렬문제를 다룰 때 사용된다. 파이썬에서는 다차원 리스트라고 하며 리스트의 차원에 특별한 한계는 없지만 실제는 3차원 리스트도 잘 사용하지 않는다. 이 교재에서는 2차원 리스트까지만 다루도록 하겠다.

1) 2차원 리스트의 생성

2차원 리스트는 수학에서는 a_{ij}와 같이 아래첨자가 2개 있는 데이터 군, 즉 $M \times N$ 행렬과 같은 2차원 행렬 데이터를 취급할 때 사용한다. 따라서 2차원 데이터를 취급하고자 할 때에 파이썬에서는 다른 언어들과는 다르게 좀 특별한 방법으로 2차원 리스트를 생성하여 사용할 수 있다.

(1) 2차원 리스트 생성 방법

파이썬에서의 2차원 리스트는 리스트의 리스트이다. 즉 리스트1, 리스트2, 리스트3, ...을 다시 리스트로 묶은 형태를 말한다. 따라서 2차원 리스트는 다음과 같이 생성할 수 있다.

```
리스트이름 = [ [0,0,0,0, ... ], [0,0,0,0, ... ], [0,0,0,0. ... ], ... ]

 # 행 2개 열 3개 인 2차원 리스트 aa
 aa = [ [0,0,0], [0,0,0] ]

 # 행 4개 열 5개인 2차원 리스트 bb
 bb = [ [0,0,0,0,0], [0,0,0,0,0], [0,0,0,0,0], [0,0,0,0,0] ]
```

그러나 행과 열의 수가 많거나 일일이 데이터를 나열하여 생성하는 것이 불편한 경우에는 반복문을 사용하여 다음과 같이 조금 특별한 방법으로 2차원 리스트를 생성할 수 있다.

```
리스트2이름 = []
for i in range(행 개수) :
    리스트1이름 = [초기값] * 열 개수
    리스트2이름 += [리스트1이름]

예  aa = []
    for i in range(3) :
        a = [0] * 4
        aa += [a]
```

2차원 리스트를 생성하기 위해서 먼저 빈 리스트2를 하나 생성한다. 그런 다음 [0] * 열 개수를 대입문(=)으로 1차원 리스트인 리스트1을 생성하여 저장한 것을 행 개수 만큼 for문으로 반복하여 더하기 대입문(+=)으로 2차원 리스트에 추가 저장하여 생성하는 방법이다. 이때 1차원 리스트의 데이터 개수가 열의 개수가 되고 for문에 의해 반복하는 반복횟수가 행의 개수가 된다.

이를 좀더 간략히 하면 1차원 리스트 생성하기 위한 [0] * 열 개수를 바로 2차원 리스트 생성을 위한 리스트1이름에 넣어서 다음과 같이 2차원 리스트를 생성할 수 있다. 그리고 이 방법을 나중에 사용자정의형 함수로 만들어서 사용하면 편리하게 2차원 리스트를 생성할 수 있다.

```
리스트이름 = []
for i in range(행 개수) :
    리스트이름 += [ [초기값] * 열 개수 ]

예  aa = []
    for i in range(3) :
        aa += [[0] * 4]
```

이처럼 파이썬에서는 행과 열의 수가 많을 경우에 2차원 리스트를 생성하는 방법이 다른 언어에 비해 다소 번거롭다. 그러다 보니 빈 리스트를 생성하고 for 문으로 2차원 리스트를 생성하는 방법은 행의 개수 또는 열의 개수가 정말 많을 때 사용한다. 수학에서 다루는 일반적인 행렬 문제 등을 다룰 때는 첫번째 방법과 같이 상수를 사각괄호 안에 풀어서 나열하는 방법을 많이 사용하거나, 2차원 리스트를 생성하는 사용자 정의형 함수를 만들어서 사용하는 것이 편리하다.

▌주의 : 2차원 리스트 생성의 잘못된 방법

> 리스트이름 = [[초기값] * 열 개수] * 행 개수
>
> ⓔ aa = [[0] * 4] * 3 # 이와 같이 생성하면 안된다.

1차원 리스트 생성과 같이 2차원 리스트의 생성시에도 곱하기(*)를 이용하여 리스트이름 = [[0] * 열 개수] * 행 개수 형태로 리스트를 생성할 수 있다. 즉, 3x4 인 2차원 리스트 a를 a = [[0] * 4] * 3 의 형태로도 생성이 가능하다. 하지만 현재 파이썬에서는 이와 같이 2차원 리스트를 생성하면 2차원 리스트로써의 사용에 큰 문제가 발생한다.

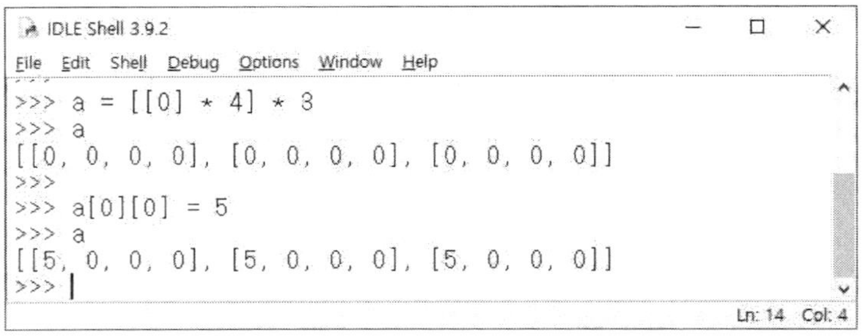

[그림 6-3] 잘못된 2차원 리스트의 생성 예

[그림 6-3]에서 생성된 리스트의 내용을 보면 확실히 2차원 리스트가 맞다. 그러나 이와 같이 생성된 2차원 리스트의 모든 리스트 변수들은 독립적이지 못하고 각 행의 리스트 변수가 서로 공유되어 있어서 a[0][0] = 5 라고 리스트 변수 a[0][0]에만 5를 저장했음에도 불구하고 리스트 변수 a[1][0]과 a[2][0] 안에도 똑같이 5가 저장되고 있다.

1차원 리스트 생성에서는 곱하기(*)를 사용하여 리스트이름 = [0] * 열 개수 형태로 생성하면 모든 리스트 변수는 서로 공유하지 않고 독립적으로 생성이 되었다. 하지만 2차원 리스트에서는 리스트이름 = [[0] * 열 개수] * 행 개수 형태로 생성을 하면 내부의 리스트 변수끼리 서로 공유되어 2차원 리스트로써 올바르

게 활용할 수가 없다. 그 이유는 6.6 리스트의 특성 중 리스트 공유와 리스트 곱하기 부분을 참조하기 바란다.

사실 이러한 문제가 없다면 행과 열의 수가 많을 경우 또는 초기값을 일일이 나열하는 것이 귀찮을 경우에 이 방법을 사용해서 아주 간편하게 2차원 리스트를 생성할 수가 있지만, 리스트의 특성상 이 방법을 사용할 수 없다는 것이 매우 아쉽기만 하다. 하지만 모두 독립된 리스트 변수를 가지는 2차원 리스트 생성을 곱하기로만 할 수 없는 것은 확실히 불편한 사항이다.

(2) 수학 행렬과 리스트의 관계

a_i 와 같이 아래첨자가 하나면 1차원 리스트를 사용한다. 즉 $1 \times N$ 또는 $N \times 1$ 인 행렬은 1차원 데이터로 1차원 리스트 사용한다. 그리고 a_{ij} 와 같이 아래첨자가 i, j 두 개면 2차원 리스트를 사용한다.

다음 행렬을 다루기 위한 리스트의 생성 예를 살펴 보자.

$[a_1\ a_2\ a_3\ a_4] \rightarrow$ 요소 : a_i $\rightarrow$
생성 : a = [0] * 4
요소 : a[i]
i : 0, 1, 2, 3

$\begin{bmatrix} a_1 \\ a_2 \\ a_3 \end{bmatrix} \rightarrow$ 요소 : a_i $\rightarrow$
생성 : a = [0] * 3
요소 : a[i]
i : 0, 1, 2

$\begin{bmatrix} a_{11} & a_{12} & a_{13} & a_{14} \\ a_{21} & a_{22} & a_{23} & a_{24} \\ a_{31} & a_{32} & a_{33} & a_{34} \end{bmatrix} \rightarrow$ 요소 : a_{ij} $\rightarrow$
생성 : a = [[0,0,0,0],[0,0,0,0],[0,0,0,0]]
요소 : a[i][j]
i : 0, 1, 2 j : 0, 1, 2, 3

$\begin{bmatrix} a_{11} & a_{12} & a_{13} \\ a_{21} & a_{22} & a_{23} \\ a_{31} & a_{32} & a_{33} \\ a_{41} & a_{42} & a_{43} \end{bmatrix} \rightarrow$ 요소 : a_{ij} $\rightarrow$
생성 : a = [[0,0,0],[0,0,0],[0,0,0],[0,0,0]]
요소 : a[i][j]
i : 0, 1, 2, 3 j : 0, 1, 2

▮주 : 앞의 예와 같이 리스트를 생성하여 리스트 변수를 사용할 때에는 행 번호 및 열 번호는 모두 0부터 시작한다.

즉, a=[[0,0,0,0],[0,0,0,0],[0,0,0,0]]로 생성되어 있다면, 2차원 리스트 a는 a[0][0], a[0][1], ... a[3][2] 까지 행과 열의 번호를 사각괄호 2개를 붙여 리스트 이름[행번호][열번호] 형태로 사용한다.

2) 2차원 리스트의 데이터 입력

2차원 리스트에 데이터를 입력할 때에는 1차원 리스트와 마찬가지로 여러 가지 방법이 있다. 그러나 여기서는 3가지 형태만 기억하도록 하자.

① 일정 값 일괄처리 입력 : 이중 for문, 대입문 사용
② input()함수를 이용한 일괄처리 입력 : 이중 for문, input()함수 사용
③ 리스트 생성 및 초기화법 : 리스트 생성 시 대입문 사용

(1) 일정 값 일괄처리 입력 : 이중 for문, 대입문 사용

생성된 2차원 리스트에 모두 10을 입력하는 예는 다음과 같다.

```
i = j = 0
a = [[0,0,0,0],[0,0,0,0],[0,0,0,0]]

for i in range(3) :
    for j in range(4) :
        a[i][j] = 10.0
```

일정한 값을 for문으로 일괄처리 하여 입력하고자 하면, 2차원 리스트 변수 a[i][j]는 첨자가 두개이기 때문에 예와 같이 이중 for문을 사용하면 된다. 일반적으로 바깥쪽 for문은 카운트변수로 i를 사용하여 행을 반복 처리하고 안쪽 for문은 카운트변수로 j를 사용하여 열을 반복 처리한다.

(2) input() 함수를 이용한 일괄처리 입력 : 이중 for문, input() 함수 사용

생성된 2차원 리스트에 input() 함수를 사용하여 대화식 입력은 다음과 같다.

```
i = j = 0
a = [[0,0,0,0],[0,0,0,0],[0,0,0,0]]

for i in range(3) :
    for j in range(4) :
        a[i][j] = float( input( "a[%d][%d] = ? " %(i,j) ) )
```

특정 값이 주어지지 않은 경우나 빈번히 바꿔야하는 경우에는 위와 같이 input() 함수를 이용하여 대화식으로 키보드 입력을 하도록 한다. 역시 2차원 리스트라 이중 for문을 이용하고 있음을 알 수 있다.

(3) 리스트 생성 및 초기화법 : 리스트 생성시 리스트 상수로 초기화

생성된 2차원 리스트를 특정 값으로 생성하고 초기화하면 다음과 같다.

```
a = [ [2, 3, 4, 5], [1, 7, 8, 2], [0, 3, 5, 6] ]  # 3x4 리스트

b = [ [0, 0, 0], [0, 0, 0] ]      # 2x3 리스트

c = [ [1, 2, 5, 7],               # 3x4 리스트
      [3, 4, 8, 9],
      [0, 1, 6, 8] ]
```

리스트 초기화법은 특정 값이 주어진 경우 매우 편하게 데이터를 입력하는 방법으로 리스트 생성 시에 위와 같이 사각괄호 [ ] 안에 저장할 데이터를 콤마(,)로 구분하여 나열해서 작성하면 된다.

▮참고 : 리스트의 입력은 1차원, 2차원 모두 특정 값이 주어지면 리스트 생성 및 초기화 시 바로 값을 입력하면 되고, 특정 값이 주어지지 않거나 빈번히 바뀔 경우는 input() 함수로 대화식 입력 방법을 많이 사용한다.

3) 2차원 리스트 내용의 출력

2차원 리스트의 내용은 출력할 때, 다음과 같이 print(리스트)로 바로 출력할 수 있다. 그러나 print(리스트)는 리스트 내용을 옆으로 펼쳐서 내용을 출력해 주기 때문에 보기가 좋지 못하다.

```
a = [[0,0,0,0],[0,0,0,0],[0,0,0,0]]          # 3x4 리스트 a 생성

print(a)                                     # 리스트 출력
```

2차원 리스트의 경우에는 되도록 행렬의 형태와 같이 출력해주는 것이 보기 좋다. 따라서 예제 6-5와 같이 for문을 사용한 리스트 출력의 예를 살펴 보자. 예제 6-5는 이중 for문을 이용하여 2차원 리스트의 변수 a[i][j]를 행과 열을 맞추어 행렬의 형태로 출력하도록 한 것이다. 각 행의 열을 j 값을 변화시키면서 내부 for문으로 반복하여 출력을 한다. 이 때 print()함수에는 end='\t' 옵션을 사용하여 가로방향으로 탭 간격씩 띄우도록 하였고 한 행의 모든 열 출력이 끝나면 다음 줄 처음으로 가서 다음 행의 열을 반복해서 출력한다.

예제 6-5 2차원 리스트 출력 예제

```
i = j = 0
a = [[0,0,0,0],[0,0,0,0],[0,0,0,0]]          # 3x4 리스트 a 생성
   ....
for i in range(3) :                          # 행 : 3회 반복
   for j in range(4) :                       # 열 : 4회 반복
      print("%.2f" %a[i][j], end='\t')  # 열은 가로방향 탭(\t)간격으로
   print()                                   #열 출력이 끝나면 다음 줄 처음으로
```

[프로그램]

ex6_3.py - C:/Python39/프로그램연습/ex6_3.py (3.9.2)

```
i = j = 0
a = [[0,0,0,0],[0,0,0,0],[0,0,0,0]]


print()
print("*** 행렬 a ***")
print(a)

print()
print("*** 행렬 a ***")
for i in range(3) :
    for j in range(4) :
        print("%.2f" %a[i][j], end='\t')
    print()

#end
```

[실행 결과]

IDLE Shell 3.9.2

```
==================== RESTART: C:/Python39/프로그램연습/ex6_3.py ====================

*** 행렬 a ***
[[0, 0, 0, 0], [0, 0, 0, 0], [0, 0, 0, 0]]

*** 행렬 a ***
0.00	0.00	0.00	0.00
0.00	0.00	0.00	0.00
0.00	0.00	0.00	0.00
>>>
```

문제 1) 2×3 행렬에 키보드로 실수값을 입력받고 그 내용을 출력하라.

6.5 프로그래밍 연습 : 행렬

1) 행렬 더하기

3x4 행렬을 더하는 프로그램을 작성해 보자.

$$\begin{bmatrix} a_{11} & a_{12} & a_{13} & a_{14} \\ a_{21} & a_{22} & a_{23} & a_{24} \\ a_{31} & a_{32} & a_{33} & a_{34} \end{bmatrix} + \begin{bmatrix} b_{11} & b_{12} & b_{13} & b_{14} \\ b_{21} & b_{22} & b_{23} & b_{24} \\ b_{31} & b_{32} & b_{33} & b_{34} \end{bmatrix}$$

(1) 문제 분석

두 행렬을 더하기 위한 필요공식은 다음과 같다.

$$c_{ij} = a_{ij} + b_{ij}$$

i=1,2,3,   j=1,2,3,4

(2) 프로그램 수식

```
for i in range(3) :
    for j in range(4) :
        c[i][j] = a[i][j] + b[i][j]
```

(3) 변수 정리

```
# 카운트 변수
i = j = 0
# 출력 변수
c = [[0,0,0,0],[0,0,0,0],[0,0,0,0]]
# 입력 변수
a = [[0,0,0,0],[0,0,0,0],[0,0,0,0]]
b = [[0,0,0,0],[0,0,0,0],[0,0,0,0]]
```

(4) 프로그램 작성

```
from math import *
i = j = 0
c = [[0,0,0,0],[0,0,0,0],[0,0,0,0]]
a = [[0,0,0,0],[0,0,0,0],[0,0,0,0]]
b = [[0,0,0,0],[0,0,0,0],[0,0,0,0]]

print("** 행렬 a 입력 **")
for i in range(3) :
    for j in range(4) :
        a[i][j] = float( input( "a[%d][%d] = ? " %(i,j) ) )

print("** 행렬 b 입력 **")
for i in range(3) :
    for j in range(4) :
        b[i][j] = float( input( "b[%d][%d] = ? " %(i,j) ) )

for i in range(3) :
    for j in range(4) :
       c[i][j] = a[i][j] + b[i][j]

print()
print("*** 행렬 더하기 결과 ***")
for i in range(3) :
    for j in range(4) :
        print("%.2f" %c[i][j], end='\t')
    print()

#end
```

2) 행렬 곱하기

3x3 행렬을 곱하는 프로그램을 작성해 보자.

$$\begin{bmatrix} a_{11} & a_{12} & a_{13} \\ a_{21} & a_{22} & a_{23} \\ a_{31} & a_{32} & a_{33} \end{bmatrix} \times \begin{bmatrix} b_{11} & b_{12} & b_{13} \\ b_{21} & b_{22} & b_{23} \\ b_{31} & b_{32} & b_{33} \end{bmatrix}$$

(1) 문제 분석

두 행렬을 곱하기 위한 필요공식은 다음과 같다.

$$c_{ij} = \sum_{k=1}^{3} a_{ik} b_{kj}$$

i=1,2,3, j=1,2,3

(2) 프로그램 수식

```
for i in range(3) :
 for j in range(3) :
     c[i][j] = 0.0
     for k in range(3) :
        c[i][j] += a[i][k] * b[k][j]
```

(3) 변수 정리

```
# 카운트 변수
i = j = k = 0
# 출력 변수
c = [[0,0,0],[0,0,0],[0,0,0]]
# 입력 변수
a = [[0,0,0],[0,0,0],[0,0,0]]
b = [[0,0,0],[0,0,0],[0,0,0]]
```

(4) 프로그램 작성

```
from math import *
i = j = k = 0
c = [[0,0,0],[0,0,0],[0,0,0]]
a = [[0,0,0],[0,0,0],[0,0,0]]
b = [[0,0,0],[0,0,0],[0,0,0]]

print("** 행렬 a 입력 **")
for i in range(3) :
    for j in range(3) :
        a[i][j] = float( input( "a[%d][%d] = ? " %(i,j) ) )

print("** 행렬 b 입력 **")
for i in range(3) :
    for j in range(3) :
        b[i][j] = float( input( "b[%d][%d] = ? " %(i,j) ) )

for i in range(3) :
    for j in range(3) :
        c[i][j] = 0.0
        for k in range(3) :
            c[i][j] += a[i][k] * b[k][j]
print()
print("*** 행렬 곱하기 결과 ***")
for i in range(3) :
    for j in range(3) :
        print("%.2f" %c[i][j], end='\t')
    print()

#end
```

연 습 문 제

1. 다음 행렬 계산을 위한 프로그램을 리스트 이용하여 작성하고, 결과를 확인하라.

1) $$R = x\begin{bmatrix} 3 & 4 & 8 \\ 2 & 5 & 0 \\ 1 & 4 & 6 \end{bmatrix} + y\begin{bmatrix} 2 & 1 & 1 \\ 4 & 2 & 3 \\ 6 & 1 & 2 \end{bmatrix}$$

2) $$R = \begin{bmatrix} 1.2 & 2.5 & 1.4 & 2.2 \\ 3.3 & 0.5 & 1.6 & 0.2 \\ 0.7 & 0.3 & 1.5 & 2.4 \end{bmatrix} \begin{bmatrix} x_1 \\ x_2 \\ x_3 \\ x_4 \end{bmatrix}$$

3) $$\begin{bmatrix} r_1 \\ r_2 \\ r_3 \end{bmatrix} = \begin{bmatrix} \cos\theta & -\sin\theta & 0 \\ \sin\theta & \cos\theta & 0 \\ 0 & 0 & 1 \end{bmatrix} \begin{bmatrix} x_1 \\ x_2 \\ x_3 \end{bmatrix}$$

제 III 편

실력 향상을 위한 파이썬 심화학습

제7장	리스트의 특성 및 리스트 조작함수
제8장	파일 입출력의 기초
제9장	사용자 정의형 함수

7.1 리스트의 특성

지금까지 다른 프로그래밍 언어에서 배열이라는 요소로 사용되고 있는 것을 파이썬에서는 리스트를 이용하여 어떻게 활용하는가를 살펴보았다. 그러나 파이썬에서 제공하는 리스트는 C/C++언어와 같은 다른 언어에서 제공하는 배열이라는 요소와 비슷하면서도 그 특성이 다른 점이 많다.

따라서 파이썬의 리스트는 기본적으로 다른 언어에서 제공하는 배열처럼 사용할 수도 있지만 리스트만 가지는 특성으로 여러 가지 데이터 처리를 배열보다 더욱 편리하게 할 수도 있다.

▮ 주의 : 7장의 내용은 처음 프로그래밍을 시작하는 사람 보다는 다른 언어로 프로그래밍을 충분히 해보았거나 어느 정도 파이썬 프로그래밍을 숙달한 다음에 보았으면 한다. 왜냐하면 리스트는 여러 가지 데이터 집단을 다루기 위해서 일반 배열이라고 하는 것 보다 훨씬 확장이 되어 있는 개념으로 되어 있어서 프로그래밍의 기초가 튼튼하지 못한 상태에서 리스트를 공부하다보면 리스트 때문에 지루하고 혼란스러울 수도 있고 파이썬 프로그래밍을 매우 어렵게 느껴 흥미를 잃을 수 있기 때문이다. 그리고 수학적 또는 공학적 문제를 해결하기 위한 프로그램 보다는 다른 일반적인 프로그램들을 작성하는데 알아두면 매우 유용한 리스트의 특성과 리스트를 조작하는 방법들이므로 나중에 고급 프로그래밍을 하고자 할 때 보도록 하자.

여기서 살펴볼 리스트와 관련된 여러 가지 특성 다음과 같다.

① 리스트 안의 리스트 변수는 다양한 데이터의 형태를 혼합하여 가질 수 있다.
② 리스트 1 = 리스트 2는 대입이 아니라 리스트 공유이다.

③ 리스트 확장과 추가를 위한 리스트 더하기와 곱하기가 가능하다.
④ 리스트 조작을 위한 여러 가지 명령과 함수가 있다.

1) 리스트 변수의 데이터 형태

파이썬의 리스트가 다른 언어에서 사용하는 배열과 가장 다른 특성은 리스트 안에 리스트 변수들은 서로 다른 데이터 형태를 가질 수 있다는 것이다. 리스트와 배열은 모두 여러 변수의 집합이라는 개념은 같다. 그러나 배열은 모두 동일한 데이터 형태를 가지는 변수의 집단인 반면에 리스트는 서로 다른 데이터 형태를 가지고 있는 변수의 집단이다. 따라서 리스트 생성 시에 여러 다른 형태의 상수, 즉 정수형 상수, 실수형 상수, 문자열 상수 및 불형 상수를 다음과 같이 혼합해서 리스트에 저장할 수 있다. 리스트 안의 리스트 변수들은 서로 다른 데이터 형태를 가질 수 있다.

여러 데이터 형태의 리스트 상수를 저장하는 리스트 생성은 다음과 같다.

```
a = [ 2, 3.0, "파이썬", True ]

b = [ "홍길동", 20, "동아대", "학생", 4.0 ]
```

[그림 7-1]의 예에 나타낸 바와 같이 리스트 안에 저장되는 상수들은 서로 다른 데이터의 형태를 가지고 있고 생성된 리스트 a 안에 리스트 변수 a[0], a[1], a[2], a[3] 도 상수에 따라 서로 다른 데이터 형태를 가지고 있다.

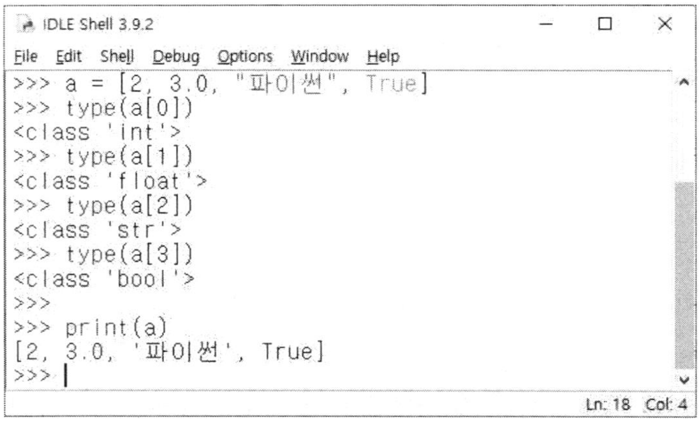

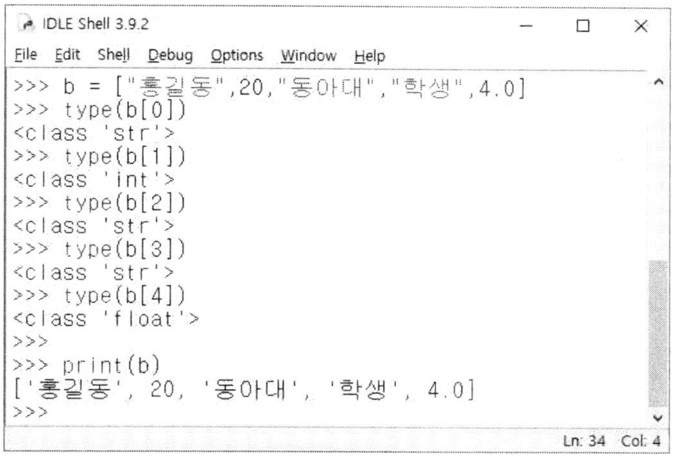

[그림 7-1] 리스트 변수의 데이터 형태

이와 같이 리스트 안에는 서로 다른 형태의 상수를 함께 저장할 수 있기 때문에 [그림 7-1]의 리스트 b와 같이 한 사람의 여러 가지 정보를 하나의 리스트 안에 같이 저장할 수 있다. 이러한 특성을 잘 활용하면 C/C++의 구조체를 파이썬에서는 지원하지 않더라도 리스트를 이용하여 구조체와 비슷하게 구현이 가능하다. 7장 마지막에 파이션으로 간단한 주소록 만들기 예제를 참고하기 바란다.

그리고 리스트는 심지어 다른 리스트도 여러 리스트 변수들과 혼합하여 내부에 포함할 수 있다. 즉, 리스트 안에 리스트를 생성할 수 있으며 이 특성을 이용하여 앞절에서 2차원 리스트를 다루었다.

다른 리스트를 포함하는 리스트 생성은 다음과 같다.

```
person = [ "홍길동", [ 20, "부산시", 180, 70 ], "동아대", "학생", 4.0 ]
```

[그림 7-2]는 그 예를 나타낸 것으로 리스트 person 안에 리스트 변수 person[1]은 일반 상수가 아닌 또 다른 리스트 [20, "부산시", 180, 70]으로 생성된 것을 볼 수 있다. 그리고 리스트 안에 있는 리스트의 개별 요소는 사각괄호[]를 하나 더 붙여서 person[1][0], person[1][1], ... 형태로 접근할 수 있다. 따라서 "부산시"를 출력하기 위해서는 리스트 person[1]에 사각괄호[]를 하나 더 붙여서 person[1][1]을 사용하였다.

```
>>>
>>> person = ["홍길동",[20,"부산시",180,70],"동아대","학생",4.0]
>>>
>>> print(person[0])
홍길동
>>> print(person[1])
[20, '부산시', 180, 70]
>>> print(person[2])
동아대
>>>
>>> print(person[1][0])
20
>>> print(person[1][1])
부산시
>>>
```

[그림 7-2] 다른 리스트를 포함하는 리스트 생성 예 1

```
>>>
>>> a = [1,2,3,4,5]
>>> b = [6,7,8,9]
>>> c = [0,1,2]
>>> d = [3,4]
>>>
>>> e = [a,b,c,d]
>>>
>>> print(e)
[[1, 2, 3, 4, 5], [6, 7, 8, 9], [0, 1, 2], [3, 4]]
>>>
>>> print(e[0])
[1, 2, 3, 4, 5]
>>> print(e[1])
[6, 7, 8, 9]
>>> print(e[2])
[0, 1, 2]
>>> print(e[3])
[3, 4]
>>>
>>> print(e[0][0])
1
>>> print(e[1][1])
7
>>> print(e[2][2])
2
>>>
```

[그림 7-3] 다른 리스트를 포함하는 리스트 생성 예 2

다른 예를 살펴 보면 [그림 7-3]은 서로 다른 리스트 a, b, c, d를 생성한 후에 리스트 e에 리스트 a, b, c, d를 사각괄호[]로 묶어 저장한 결과이다. 이와 같이 리스트 e는 그 안에 서로 다른 리스트 a, b, c, d를 포함할 수 있으며 사각괄호[] 하나를 사용하여 e[0], e[1], e[2], e[3]로 각각의 리스트에 접근할 수 있다.

그리고 각 리스트 안에 있는 상수는 사각괄호 두 개 [][]를 사용하여 e[0][0], e[0][1], ... e[1][0], e[1][1] , ... 형태로써 접근할 수 있다.

2) 리스트 공유

리스트의 큰 특성 중의 하나가 바로 리스트 간의 공유이다. 이는 C/C++에서 포인터 요소와 비슷한 특성으로 두 리스트가 같은 저장 공간을 공유하여 사용하는 것을 말한다.

일반 변수의 경우 대입문을 사용해서 변수1 = 변수2를 실행하면 변수2의 내용을 복사해서 변수1에 저장을 한다. 따라서 변수1과 변수2는 같은 값을 가지지만 복사하여 저장한 것이기 때문에 변수1과 변수2는 서로 독립적이고, 변수1의 값을 변경한다고 변수2의 값이 변하지 않는다.

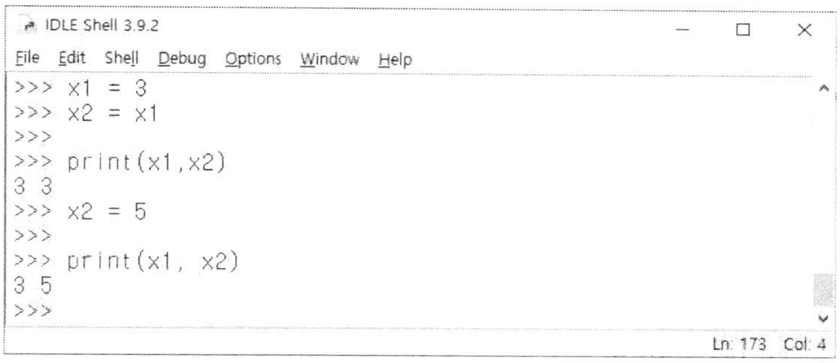

[그림 7-4] 일반 변수에서의 대입문(=)

[그림 7-4]와 같이 일반 변수는 x1 = 3으로 x1을 생성하고 3을 저장한 후 x2 = x1으로 x2 변수에 x1을 대입하면 x2가 생성되고 x1의 값이 복사되어 저장되어 있다. 따라서 두 변수의 내용을 출력하면 둘다 3을 가지고 있다. 그러나 여기서 x2 = 5를 저장하고 값을 출력해보면 x1은 그대로 3이 저장되어 있고 x2는 5가 저장되어 있다. 두 변수의 값이 다르다는 것은 두 변수의 저장공간이 다르다는 것을 나타내며 따라서 두 변수는 서로 독립적이다.

그러나 [그림 7-5]와 같이 리스트와 리스트를 대입문으로 저장하면 일반 변수와 그 특성이 달라진다. 그림에서와 같이 리스트 a를 생성하여 상수 리스트를 저장한 후 대입문으로 b = a를 실행하여 b에 리스트 a를 일반 변수처럼 저장하였다. 그런 다음 리스트 a 와 리스트 b를 출력해보면 리스트 b도 리스트 a와 같은 값들이 저장되어 있다. 하지만 리스트 변수 b[0]에 4를 저장하고 리스트 변수 a[1]에 9를 저장하여 리스트 a와 리스트 b를 출력해보면, 두 리스트 모두 0번째와 1번째가 4와 9로 바뀌어 리스트 a와 리스트 b가 여전히 둘다 같은 값을 가지고 있는 것을 볼 수 있다. 이는 리스트와 리스트의 대입문(=)은 일반 변수처럼 값을 복사하여 저장하는 것이 아니고 리스트를 공유시키기 때문이다.

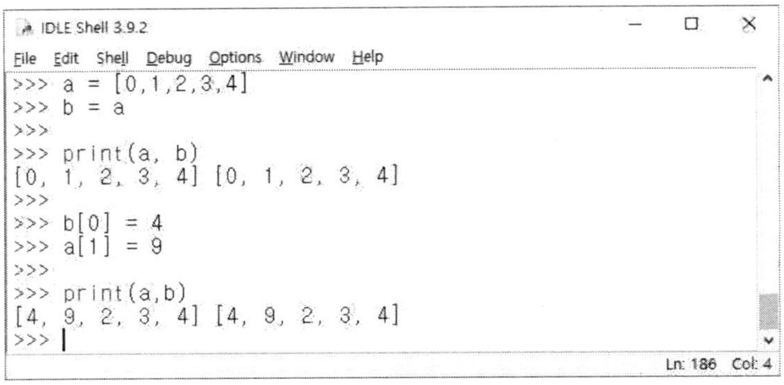

[그림 7-5] 리스트에서의 대입문(=)과 리스트 공유

① 리스트 공유 : 리스트와 리스트의 대입문은 리스트 공유이다

```
리스트1이름 = [상수, 상수, 상수, ... ]
리스트2이름 = 리스트1이름      #리스트2는 리스트1의 저장공간을 공유함.

a = [1, 2, 3, 4, 5]
b = a                  # 리스트 a와 리스트 b 는 같은 저장공간을 공유한다.
```

리스트와 리스트의 대입문으로 리스트를 공유하는 특성은 많은 데이터를 여러 함수에서 다룰 때 일일이 데이터를 직접 옮기지 않고 리스트를 공유하여 처리할 수 있기 때문에 프로그램 수행속도를 빠르게 유지할 수 있다는 장점이 있다. 따라서 이 특성은 사용자 정의형 함수를 만들어서 많은 데이터를 여러 함수에서 다양한 처리를 하는 고급 프로그래밍을 할 때에 그 진가를 발휘하게 된다.

이제 공부를 시작하는 단계에 있는 독자들은 이런게 왜 있는지 당장 궁금해 하지말고 리스트와 리스트를 대입할 때에 매우 조심해서 사용하기 바란다. 이 특성이 C/C++에서는 포인터라는 요소로써 C/C++을 공부하고자 했던 사람들 중에

90% 이상이 프로그래밍을 포기하도록 만든 매우 어려운 부분이라 특성만 알아두고 지나가자. 나중에 프로그래밍이 숙달되고 점점 고급 기법을 구사하기 시작하면 왜 이러한 특성이 막강한 것이고 매우 편리하고 중요한 것인지 자연스럽게 이해가 될 것이다.

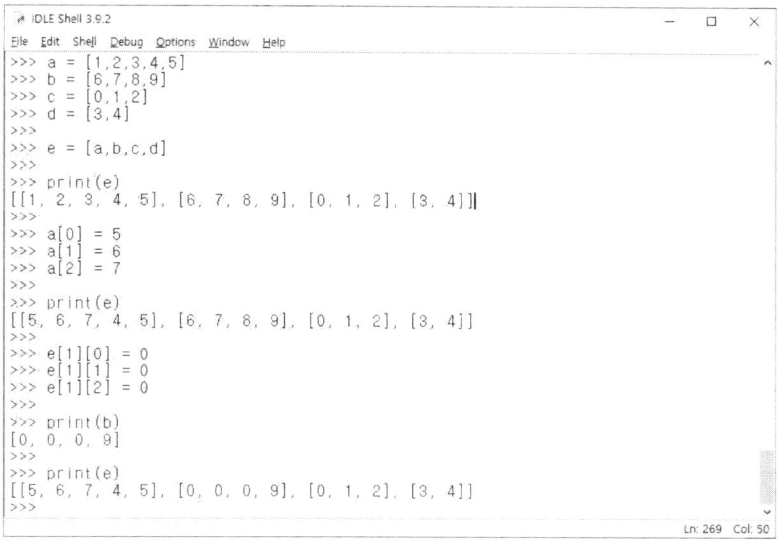

[그림 7-6] 리스트안의 리스트 공유 1

그리고 리스트는 리스트 안에 다른 리스트를 포함할 수 있는 특성이 있다고 하였다. [그림 7-6]의 예와 같이 1차원 리스트 a, b, c, d를 생성하여 이를 e = [a, b, c, d]와 같이 리스트의 리스트로 리스트 e를 성성하여 저장하였다. 그런 후 리스트 e를 출력해보면 리스트 e는 [[1, 2, 3, 4, 5], [6, 7, 8, 9], [0, 1, 2], [3, 4]] 와 같은 2차원의 형태로 구성이 되어 있다.

여기서 리스트 a의 [0]번, [1]번, [2]번의 리스트 변수값을 변경한 뒤에 리스트 e를 출력해보면 리스트 e도 값이 같이 변경이 된 것을 볼 수가 있다. 마찬가지로 이번에는 리스트 e의 [1][0]번, [1][1]번, [1][2]번의 리스트 변수값을 변경하고 리스트 b를 출력해보니 리스트 b의 내용도 같이 변경되어 있다. 따라서 리스트 e[0]는 리스트 a와 공유가 되어 있고 리스트 e[1]은 리스트 b, 리스트 e[2]는 리스트 c, 리스트 e[3]은 리스트 d와 공유되어 있는 것을 알 수가 있다.

② 리스트 안의 리스트 공유

```
리스트1 = [상수, 상수, 상수, ... ]
리스트2 = [상수, 상수, 상수, ... ]
리스트3 = [상수, 상수, 상수, ... ]
...
리스트 = [ 리스트1, 리스트2, 리스트3, ... ]
# 리스트는 리스트1, 리스트2, 리스트3, ... 과 서로 공유한다.

예  a = [1,2,3,4,5]
    b = [6,7,8,9]
    c = [0,1,2]
    d = [3,4]
    e = [a,b,c,d]
```

이와 같이 리스트는 리스트와 리스트를 대입문을 이용하여 공유할 수 있을 뿐만 아니라 리스트안의 리스트와도 공유하는 특성을 가지고 있다.

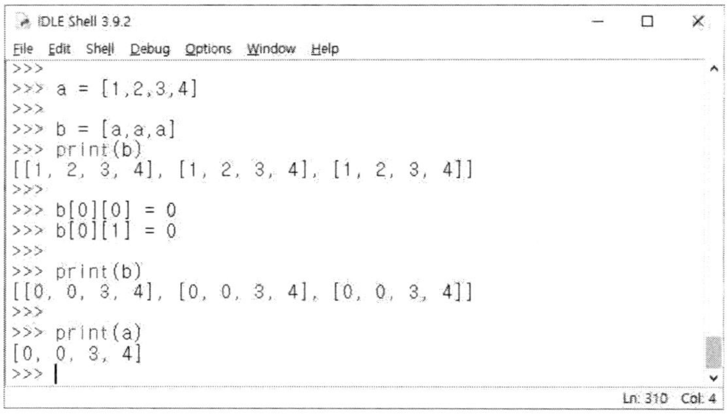

[그림 7-7] 리스트 안의 리스트 공유 2

[그림 7-7]과 같이 1차원 리스트 a를 생성하고 리스트 b를 리스트 a로 묶어 b = [a, a, a]와 같이 2차원 리스트로 생성하면 리스트 b안에 있는 리스트 b[0], 리스트 b[1], 리스트 b[2] 모두 리스트 a와 공유가 되어 있는 것을 알 수 있다. 그렇기 때문에 b[0][0], b[0][1] 내용만 변경을 하여도 b[1][0], b[1][1]과 b[2][0], b[2][1]과 a[0], a[1]이 모두 같이 변경된 것을 볼 수 있다.

사실상 이러한 특성 때문에 앞서 공부했던 2차원 리스트를 생성을 할 때 리스트 안의 리스트 끼리 서로 공유가 되지 않도록 조심할 필요가 있다. [그림 7-8]은 2차원 리스트를 생성하는 원리를 나타낸 것으로 서로 독립적인 1차원 리스트 a1, a2, a3를 생성하여 이를 다시 사각괄호로 묶어 a = [a1, a2, a3]로 리스트 a를 생성하면 리스트 a는 내부의 요소가 모두 독립적인 2차원 리스트가 된다. 그리고 2차원 리스트 a의 리스트 a[0]은 1차원 리스트 a1과, 리스트 a[1]은 1차원 리스트 a2와, 리스트 a[2]은 1차원 리스트 a3과 각각 공유를 하게된다.

```
>>> a1 = [0,0,0,0]
>>> a2 = [0,0,0,0]
>>> a3 = [0,0,0,0]
>>>
>>> a = [a1,a2,a3]
>>>
>>> print(a)
[[0, 0, 0, 0], [0, 0, 0, 0], [0, 0, 0, 0]]
>>>
>>> a[0][0] = 1
>>> a[1][1] = 1
>>> a[2][2] = 1
>>>
>>> print(a)
[[1, 0, 0, 0], [0, 1, 0, 0], [0, 0, 1, 0]]
>>>
>>> print(a1)
[1, 0, 0, 0]
>>> print(a2)
[0, 1, 0, 0]
>>> print(a3)
[0, 0, 1, 0]
>>>
```

[그림 7-8] 2차원 리스트의 생성 원리

▌참고 : 파이썬의 리스트는 데이터 집단이 저장되어 있는 공간의 위치(주소)를 리스트이름이 가지고 있다. 즉, 리스트이름에는 실제 데이터들이 있는 공간의 위치(주소)가 저장되어 있다. 이는 C/C++언어에서 포인터라고 부르는 개념으로 리스트 자체가 포인터와 비슷한 요소이다 보니 리스트와 리스트를 대입하면 데이터 자체를 복사저장하는 것이 아니라 데이터들이 저장되어 있는 공간의 위치를 복사저장하게 된다. 즉, 리스트 1 = 리스트 2를 하면 리스트2안에 있는 데이터들을 리스트 1에 복사해서 저장하는 것이 아니고 리스트 2의 데이터들이 있는 공간의 위치(주소)를 리스트1에 복사ㆍ저장하여 리스트 1도 리스트 2와 같은 저장 공간의 위치(주소)를 참조하게 된다. 이를 본 교재에서는 리스트 공유라고 정의하였다. 따라서 리스트 1과

리스트 2가 서로 공유한다는 것은 리스트 1과 리스트 2가 같은 데이터 저장공간의 위치(주소)를 가진다는 것을 의미한다. 그리고 파이썬의 리스트는 여기서는 좀 쉽게 설명하기 위해 C/C++의 포인터와 비슷하다고 하였지만, 실제로는 linked list class와 같은 더 복잡한 형태의 자료구조를 가지고 있다.

3) 리스트 더하기 연산

파이썬의 리스트가 가지는 특별한 특성 중에 하나가 리스트 더하기와 곱하기 연산이 가능하다는 것이다. 이것은 행렬 계산과 같이 수학적인 더하기 곱하기가 아니라 리스트 더하기와 곱하기를 이용하여 리스트를 추가하고 확장하는데에 사용이 된다.

① 리스트 더하기

```
리스트1 = [상수, 상수, 상수]
리스트2 = [상수, 상수, 상수]
리스트 = 리스트1 + 리스트2

㉮ a1 = [1, 2, 3]
   a2 = [4, 5, 6]
   a = a1 + a2
   print(a)
   ================================
   [1, 2, 3, 4, 5, 6]
```

리스트 더하기는 두 리스트를 서로 합치는 것으로 위의 예와 같이 각각 3개의 요소를 가지는 리스트1 과 리스트2를 더하면 리스트1의 요소에 리스트2의 요소를 추가하여 총 6개 요소를 가지는 리스트를 새로 생성한다. 따라서 리스트 a1 = [1, 2, 3] 과 리스트 a2 = [4, 5, 6]을 a = a1 + a2 로 더하면 리스트 a는 [1, 2, 3, 4, 5, 6]이 된다.

② 리스트 더하기를 이용한 리스트 추가

리스트 더하기를 이용하여 기존 리스트에 다른 리스트를 추가 할 수 있다. 이

때는 더하기 대입문(+=)을 사용하여 리스트1 += 리스트2를 하게 되면, 기존의 리스트1에 리스트2를 추가하여 리스트1을 확장할 수 있다. 예를 들면 리스트 a1 = [1, 2, 3] 과 리스트 a2 = [4, 5, 6], a1 += a2를 하면 리스트 a1은 리스트 a2가 추가되어 [1, 2, 3, 4, 5, 6] 이 된다.

```
리스트1 = [상수, 상수, 상수]
리스트2 = [상수, 상수, 상수]
리스트1 += 리스트2

㉠ a1 = [1, 2, 3]
   a2 = [4, 5, 6]
   a1 += a2
   print(a1)
   ================================
   [1, 2, 3, 4, 5, 6]
```

③ 리스트 안에 리스트 더하기

```
리스트1 = [상수, 상수, 상수]
리스트2 = [상수, 상수, 상수]
리스트 = [리스트1] + [리스트2]

㉠ a1 = [1, 2, 3]
   a2 = [4, 5, 6]
   a = [a1] + [a2]
   print(a)
   ================================
   [[1, 2, 3], [4, 5, 6]]
```

리스트 더하기를 할 때 리스트에 사각괄호[ ]를 써서 더하게 되면 리스트안에 리스트의 형태로 추가가 되어 2차원 리스트 형태로 추가를 할 수 있다. 리스트1과 리스트2를 사각괄호를 사용하여 [리스트1] + [리스트2]를 하게되면 리스트는 [[리스트1], [리스트2]] 형태로 합쳐지게 된다. 예를 들면 a1 = [1, 2, 3]이고, a2

= [4, 5, 6] 일 때 두 리스트를 a = [a1] + [a2]로 더하면 합쳐진 리스트 a는 [[1, 2, 3], [4, 5, 6]]이 된다.

▮주의 : 1차원 상태로 합쳐지는 리스트는 서로 독립적이다. 그러나 2차원 상태로 합쳐지는 리스트 안의 리스트는 기존의 1차원 리스트와 공유된다.

리스트 더하기의 예와 같이 리스트1과 리스트2가 모두 1차원 리스트라고 할 때, 리스트 = 리스트1 + 리스트2로 생성되는 리스트는 역시 사각괄호를 한번만 쓰는 1차원 리스트이다. 그리고 이 때는 생성된 리스트는 리스트1 또는 리스트2와 서로 공유되지 않고 독립적인 상태로 있다. 즉, 리스트 a1과 a2가 1차원 리스트 일 때, a = a1 + a2로 생성된 리스트 a는 1차원 리스트가 되고 리스트 a1, a2 와 공유하지 않고 독립되어 있다.

그러나 리스트 = [리스트1] + [리스트2]와 같이 사각괄호를 써서 리스트를 더하게 되면 생성되는 리스트는 2차원 리스트가 되고 이 리스트는 리스트1, 리스트2와 공유가 된다. 위의 예에서 a = [a1] + [a2]로 생성된 리스트 a는 2차원 리스트가 되고 리스트 a1, a2와 공유된다.

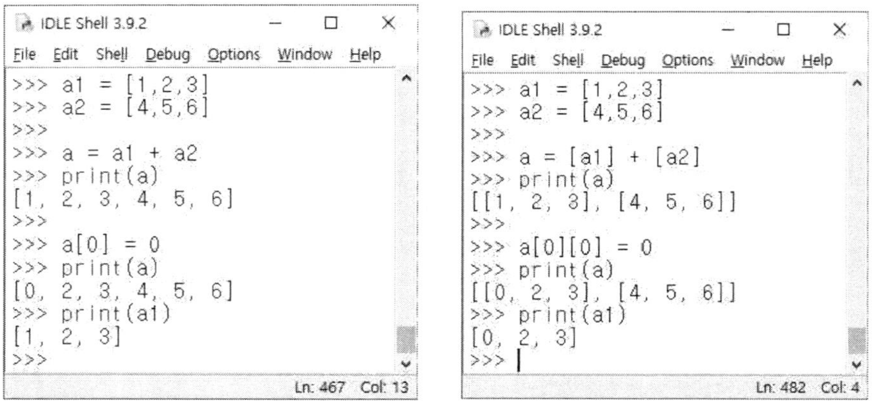

[그림 7-9] 리스트 더하기 비교

④ 문제 : 리스트와 리스트안의 리스트 더하기

그렇다면 1차원 리스트1과 사각괄호를 써서 2차원화한 [리스트2]를 더하면 어떻게 될까? 즉, 예와 같이 1차원 리스트 a1, a2가 있을 때, a = a1 + [a2]를 하면 리스트 a는 리스트 사이의 독립과 공유 관계 등이 어떻게 될지 여러분이 스스로 예측을 해보고 파이썬 쉘에서 입력하면서 찾아보자.

```
리스트1 = [상수, 상수, 상수]
리스트2 = [상수, 상수, 상수]
리스트 = 리스트1 + [리스트2]

㉮ a1 = [1, 2, 3]
   a2 = [4, 5, 6]
   a = a1 + [a2]
   print(a)
   ================================
   [1, 2, 3, [4, 5, 6]]
```

4) 리스트 곱하기 연산

① 리스트 곱하기

```
리스트1 = [상수, 상수, 상수]
리스트 = 리스트1 * 추가횟수
#추가횟수는 반드시 정수를 사용

㉮ a1 = [1, 2, 3]
   a = a1 * 3
   print(a)
   ================================
   [1, 2, 3, 1, 2, 3, 1, 2, 3]
```

리스트 곱하기는 같은 리스트를 곱한 추가횟수만큼 더해주는 기능이다. 즉, 리스트 a1 = [1, 2, 3]에 3을 곱해서 a = a1 * 3을 하게 되면, 리스트 a1을 세 번 더해서 리스트 a는 [1, 2, 3, 1, 2, 3, 1, 2, 3]이 된다.

이 때 추가횟수는 반드시 정수형으로 상수, 변수, 수식을 모두 사용할 수 있다. 그리고 리스트 곱하기는 더하기와 마찬가지로 1차원 리스트에 추가횟수를 곱하면 생성되는 리스트도 1차원으로 생성이 되고, 생성된 리스트는 기존 리스트와 공유를 하지않고 독립적이다.

② 1차원 리스트의 생성 및 초기화

```
리스트이름 = [초기값] * 방의 개수

# 초기값 0인 10개의 리스트 변수를 가지는 1차원 리스트 a 생성
a  = [0] * 10
```

따라서 리스트의 곱하기는 프로그램 내에서 사용해야할 1차원 리스트의 요소의 개수가 많을 경우 리스트 = [초기값] * 방의 개수의 형태로 1차원 리스트를 생성하고 초기화 하는데 활용한다. 이 때 [초기값]은 요소가 하나인 1차원 리스트이므로 생성되는 리스트는 독립적인 1차원 리스트가 된다.

그러나 1차원 리스트에 사각괄호[]를 써서 [리스트1]에 추가횟수를 곱하면 생성되는 리스트는 2차원 리스트가 되고, 생성된 리스트 안의 리스트는 같은 리스트를 추가한 것이라 서로 공유를 하게 되며, 리스트를 생성하기 위해 사용한 리스트1과도 공유를 한다.

③ 리스트 안의 리스트 곱하기

```
리스트1 = [상수, 상수, 상수]
리스트 = [리스트1] * 추가횟수
#추가횟수는 반드시 정수를 사용

예  a1 = [1, 2, 3]
    a = [a1] * 3
    print(a)
    ================================
    [[1, 2, 3], [1, 2, 3], [1, 2, 3]]
```

즉 위의 예에서 a1 = [1, 2, 3] 일 때, a = [a1] * 3을 하면 리스트 a는 2차원으로 [[1, 2, 3], [1, 2, 3], [1, 2, 3]]이 된다. 그러나 리스트 a안에 리스트 a[0], a[1], a[2]는 모두 리스트 a1을 리스트 형태로 추가한 것이라 리스트 a에는 리스트 a1의 데이터들이 직접 복사 저장되는 것이 아니라 리스트 a1의 데이터가 있는 공간의 위치(주소)가 복사 저장되어 리스트 a[0], a[1], a[2]와 리스트 a1은 서로 공유를 하게 된다.

이 문제 때문에 2차원 리스트 생성시 리스트 = [[0] * 열 개수] * 행 개수의 형태를 사용하지 못하며, 사실상 리스트안의 리스트 곱하기는 사용할 일이 전혀 없다.

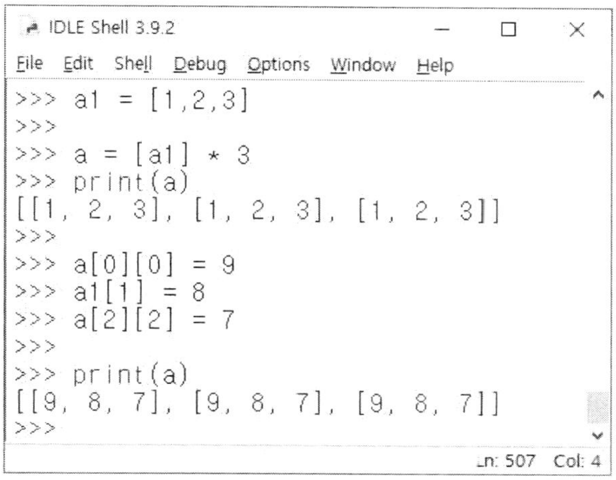

[그림 7-10] 리스트 안의 리스트 곱하기와 공유 문제

④ 문 제

프로그램 내에서 2차원 리스트를 사용하기 위하여 다음과 같은 형태로 리스트 더하기와 곱하기를 이용하여 2차원 리스트를 생성하였다.

```
리스트이름 = []
for i in range(행 개수) :
    리스트이름 += [ [초기값] * 열 개수 ]

㊎ aa = []
   for i in range(3) :
   aa += [[0] * 4]
```

이와 같이 하면 리스트 안의 리스트 끼리 공유하지 않고 서로 독립된 요소를 가지는 2차원 리스트가 생성이 되는 이유를 설명하라.

7.2 리스트 조작 및 조작함수

파이썬에서는 리스트의 내용을 쉽게 조작할 수 있도록 다음과 같은 리스트를 조작하기 위한 방법을 두고 있다.

① 리스트 변수와 리스트 슬라이싱(잘라내기)
② 리스트 변수의 내용 변경, 추가, 삽입 및 삭제
③ 리스트 내용 정렬, 찾기, 개수, 삭제

1) 리스트 변수와 리스트 슬라이싱 (잘라내기)

```
a = [10, 20, 30, 40, 50]

# 리스트 a 생성 후 리스트의 구조 : 방 번호(index)는 0번 부터 순서대로
  부여하여 a[0] ~ a[4] 까지의 리스트 변수에 데이터를 순서대로 저장.
```

리스트	a				
방 번호	[0]	[1]	[2]	[3]	[4]
데이터	10	20	30	40	50

```
# 리스트 a 에 있는 데이터는 리스트 변수 a[0], a[1], a[2], a[3], a[4]를
  통해서 접근한다.

print(a[0])
a[1] = 9
a[2] = a[3] + [4]
print(a)
```

리스트이름[방 번호]의 형태로 리스트 안에 있는 여러 데이터 공간에 접근하여 데이터를 저장하거나 가져오기를 한다. 이 교재에서는 편의상 이를 리스트 변수 또는 방이 라고 표현하고 있다. 따라서 리스트 안에 있는 리스트 변수들은 [방 번호]를 붙여서 일반 변수처럼 데이터를 저장하고 가져오면 된다. 이 때 방 번호는 index라고도 하며, 데이터 개수(리스트 변수의 개수) -1 까지 부여가 된다.

이와 같이 리스트는 기본적으로 리스트이름[방 번호]의 형태로 데이터를 하나하나 직접 다룰 수 있다. 그리고 파이썬에서는 이 외에도 리스트 내의 일부 범위의 데이터만 잘라내는 리스트 슬라이싱이 있다.

```
#리스트 슬라이싱
리스트이름[시작번호 : 끝번호+1]

예  a = [1, 2, 3, 4, 5]
    b = a[1:4]

# 리스트 a에서 1번 ~ 3번 내용을 잘라서 리스트 b를 생성한다.
  리스트 b는 [2, 3, 4] 가 된다.
# 주의 : 사각괄호안에 콜론(:)의 뒤의 수는 끝번호+1이다.
  따라서 예에서 잘라낼 끝번호는 4가 아니라 3이 된다.
```

리스트 슬라이싱은 리스트이름[시작번호:끝번호+1]의 형태로 리스트 변수와는 다르게 사각괄호[]안에 [시작번호:끝번호+1]을 지정하여 리스트를 잘라서 새로운 리스트를 생성한다. 따라서 예와 같이 리스트 a = [1, 2, 3, 4, 5]를 생성한 후 a[1:4]를 하면 리스트 a의 1번 데이터부터 3번 데이터까지 잘라서 새로운 [2, 3, 4] 리스트를 생성한다. 따라서 b = a[1:4]를 하게 되면 리스트 b는 리스트 a를 잘라낸 [2, 3, 4]를 가지게 된다. 이 때 콜론(:) 뒤에 수는 끝번호가 아니라 끝번호+1 이므로 잘라낼 끝번호는 3이 된다.

```
# 리스트의 처음부터 끝번호까지 잘라내기
리스트이름[ : 끝번호+1]

# 리스트의 시작번호부터 끝까지 잘라내기
리스트이름[시작번호 : ]
```

여기서 시작번호 또는 끝번호+1을 생략할 수 있다. 시작번호를 생략하면 처음부터 지정된 끝번호까지 잘라서 리스트를 생성하고, 끝번호+1을 생략하면 시작번호부터 끝까지 잘라서 리스트를 생성한다.

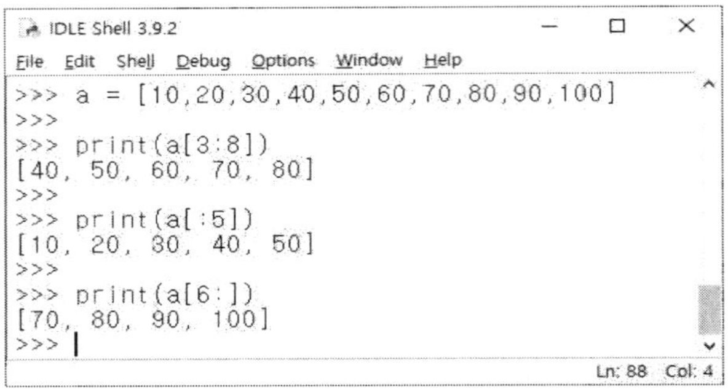

[그림 7-11] 다양한 리스트 슬라이싱의 예

2) 리스트 변수의 내용 변경, 추가, 삽입 및 삭제

리스트 안에 있는 리스트 변수의 내용은 대입문(=)으로 간단하게 변경이 가능하다. 그리고 리스트 범위 지정 및 리스트 더하기를 이용해서 리스트 변수의 내용을 변경하거나 추가를 할 수 있으며, 리스트 내용을 추가, 삽입하거나 삭제할 수 있는 여러 가지 명령 또는 함수를 제공하고 있다.

```
# 리스트 변수의 내용 변경
리스트이름[방 번호] = 상수 값

# 리스트 범위 지정을 통한 리스트 변수의 내용 변경, 추가 및 삭제
리스트이름[시작번호 : 끝번호+1] = [상수, 상수, ... ]
리스트이름[시작번호 : 끝번호+1] = [ ]

# del 예약어를 이용한 리스트 변수의 내용 삭제
del 리스트이름[방 번호]
del 리스트이름[시작번호 : 끝번호+1]

# 리스트 더하기를 이용한 리스트 변수 추가
리스트이름 += [상수, 상수, ... ]

# append() 함수를 이용한 리스트 변수 하나 추가
리스트이름.append(상수)

# insert() 함수를 이용한 리스트 변수 하나 삽입
리스트.insert(방 번호, 상수)
```

(1) 리스트 변수의 내용 변경

```
리스트이름[방 번호] = 상수

㉠ a = [10,20,30,40,50]
   a[0] = 5
   a[2] = 15

# 리스트 a는 [0]번 리스트변수와 [2]번 리스트 변수의 내용이 변경되어
  [5,20,15,40,50]이 된다.
```

리스트 변수의 내용 변경은 이미 리스트 변수 부분에서 설명한 바와 같이 리스트이름에 [방 번호]를 붙인 정수로 번호를 지정한 리스트 변수에 대입문(=)을 이용하여 리스트이름[방 번호] = 상수의 형태로 원하는 상수로 변경할 수 있다. 예와 같이 리스트 a의 [0]번 리스트 변수의 내용을 5로 변경하려면 a[0] = 5라고 입력하면 된다. 그리고 리스트 a의 [2]번 리스트 변수의 내용을 15로 변경하려면 a[2] = 15라고 입력하면 된다. 이와 같은 리스트 변수의 내용 변경은 앞에서 많이 설명하였으므로 리스트 변수 내용을 참고 바란다.

(2) 리스트 범위 지정을 통한 리스트 변수의 내용 변경, 추가 및 삭제

```
# 변경 및 추가
리스트이름[시작번호 : 끝번호+1] = [상수, 상수, ... ]

㉠ a = [10, 20, 30, 40, 50]
   a[1:3] = [5, 8]            # a[1]부터 a[2] 내용을 5와 8로 변경
   a[4:5] = [0]               # a[4] 내용을 0으로 변경
   a[5: ] = [15, 25, 35]      # a[5]부터 [15, 25, 35] 추가

# 리스트 a는 내용 변경 및 추가를 통해 [10, 5, 8, 40, 0, 15, 25, 35]가 된다.
```

리스트 슬라이싱과 같은 형태로 리스트의 범위를 지정하여 리스트 변수의 내용을 변경, 추가 또는 삭제까지 할 수 있다. 리스트의 범위 지정은 사각괄호 안에

시작번호와 끝번호+1로 접근할 리스트 변수의 범위를 지정하는 것으로 리스트이름[시작번호 : 끝번호+1] 형태로 지정한 리스트 변수의 범위의 내용을 대입문(=)을 사용하여 [상수, 상수, 상수, ...]의 상수 리스트 또는 다른 리스트의 내용으로 변경하거나 추가할 때 사용한다.

예를 들어 리스트 a = [10, 20, 30, 40, 50] 가 있다고 할 때, a[1:3] = [5,8]이라고 입력하면 리스트 변수 a[1]과 a[2]의 내용을 5와 8로 변경하여 리스트 a는 [10, 5, 8, 40, 50]이 된다. 여기에 a[4:5] = [0]이라고 입력하면 리스트 변수 a[4]의 내용을 0으로 변경하여 리스트 a는 [10, 5, 8, 40, 0]이 된다. 그리고 리스트 a는 a[0] ~ a[4]까지 리스트 변수를 가지고 있지만 a[5:6] 또는 a[5:]이라고 지정하여 a[5:] = [15, 25, 35]라고 입력하면 a[5]부터 [15, 25, 35] 내용을 추가할 수 있다. 따라서 리스트 a는 내용 변경 및 추가를 통해 [10, 5, 8, 40, 0, 15, 25, 35]가 된다.

즉, 내용 변경을 위해 지정한 리스트의 범위가 현재 리스트 범위 안에 있으면 내용을 변경하고 현재 리스트 범위를 벗어나면 내용을 추가하게 된다.

```
# 삭제
리스트이름[시작번호 : 끝번호+1] = []

예  a = [10, 20, 30, 40, 50, 60, 70]
    a[2:5]  = []     # a[2]부터 a[4]까지 삭제하고 [10, 20, 60, 70]이 된다.
    a[1] = []        # 주의 a[1] 삭제가 아님. [10, [], 60, 70]이 된다.

    a = [10, 20, 30, 40, 50, 60, 70]
    a[0:1] = []      # a[0] 삭제하고 [20, 30, 40, 50, 60, 70]이 된다.
    a[3: ] = []      # a[3]부터 뒤에 모두 삭제하고 [20, 30, 40]이 된다.
    a[ :2] = []      # 앞에서부터 a[1]까지 모두 삭제하고 [40]이 된다.
```

여기서 리스트이름[시작번호 : 끝번호+1] 형태로 지정한 리스트 변수의 범위의 내용을 대입문(=)을 사용하여 빈 리스트 []를 저장하면 지정한 범위 안에 있는 리스트 변수의 내용을 모두 삭제를 할 수가 있다.

예를 들어 리스트 a = [10, 20, 30, 40, 50, 60, 70]가 있다고 할 때에 a[2:5] = []를 하여 a[2:5] 즉, a[2]부터 a[4]까지 빈 리스트[]를 저장하게 되면 a[2]부터 a[4]까지의 내용이 삭제가 되어 리스트 a는 [10, 20, 60, 70]이 된다.

▌주의 : 리스트이름[방 번호] = []는 내용 삭제가 아니라 지정한 리스트 변수에 빈 리스트를 넣는 것이다. 즉, a = [10, 20, 60, 70] 일 때 a[1] = [] 하면 a[1]의 내용을 삭제하는 것이 아니라 a[1]에 20 대신 빈 리스트 []를 넣는다. 따라서 리스트 a는 [10, [], 60, 70]이 된다.

다른 예로 a = [10, 20, 30, 40, 50, 60, 70]가 있다고 할 때에 a[0:1] = []를 하면 a[0]의 내용이 삭제되고 리스트 a는 [20, 30, 40, 50, 60, 70]이 된다. 그리고 a[3:] = []를 하면 a[3]부터 뒤에 내용이 모두 삭제가 되어 리스트 a는 [20, 30, 40]이 된다. 그리고 a[:2] = []을 하게 되면, 앞데서부터 a[1]까지 모두 삭제하여 리스트 a는 [40]이 된다.

이처럼 리스트의 범위를 지정해서 리스트의 내용을 변경, 추가 또는 삭제를 쉽게 할 수 있다는 것이 파이썬의 리스트의 장점이라고 할 수 있다.

▌주의 : 리스트의 범위를 지정할때에 끝번호는 항상 끝번호+1로 지정하고 있다는 점을 조심하자.

(3) del 예약어(명령)를 이용한 리스트 변수의 내용 삭제

(2)의 리스트 범위 지정을 통한 리스트 변수의 내용을 삭제하는 방법이 있지만 del 예약어를 이용하여 리스트 변수의 내용을 보다 쉽게 삭제하는 방법도 있다. 특히, 특정 리스트 변수의 내용을 하나만 삭제하고자 하는 경우에는 (2)의 리스트 범위 지정 방식이 직관적이지 못하고 자칫 혼돈이 올 수도 있다. 그럴 때는 del 예약어를 이용하여 리스트 내용을 삭제하는 것이 보다 명확하고 직관적이기 때문에 더 편할 때가 많다.

```
del 리스트이름[방 번호]
del 리스트이름[시작번호 : 끝번호+1]

㉮ a = [10, 20, 30, 40, 50]

del a[2]          # a[2] 내용 삭제하고 [10, 20, 40, 50]이 된다.
del a[1:3]        # a[1]부터 a[2]까지 내용 삭제하고 [10, 50]이 된다.
del a             # 리스트 a를 삭제하여 리스트 a는 존재하지 않게 됨.
```

del을 이용하는 방법은 del 뒤에 삭제하고자 하는 리스트 변수 또는 리스트 변수의 범위를 적어주면 된다.

예를 들면 리스트 a = [10, 20, 30, 40, 50] 일 때, del a[2]를 하면 리스트 변수 a[2]의 내용을 삭제하고 리스트 a는 [10, 20, 40, 50]이 된다. 이처럼 del 을 이용하면 몇 번 리스트 변수의 내용을 삭제할 것인지 직관적으로 바로 알 수가 있다.

그리고 del 뒤에 슬라이싱을 하듯이 리스트 변수의 범위 지정을 하면 지정된 범위의 리스트 변수의 내용을 모두 삭제한다. 따라서 위의 예에서 del a[1:3]을 하게 되면, a[1]부터 a[2]까지 내용을 삭제하고 리스트 a는 [10, 50]이 된다. 참고로 del 뒤에 리스트이름만 쓰면 리스트 전체를 삭제하여 리스트는 더 이상 존재하지 않게 된다. 따라서 del a라고 하면 리스트 a는 전체가 삭제되어 리스트 a는 존재하지 않게 된다.

(4) 리스트 더하기를 이용한 리스트 변수 추가

```
리스트이름 += [상수, 상수, ... ]

예  a = [10, 20, 30]
    a += [40, 50, 60]

# 리스트 a 뒤에 [40, 50, 60] 추가하여, 리스트 a는 [10, 20, 30, 40,
  50, 60]이 된다.
```

리스트에 다른 리스트를 뒤에 추가하고자 할 때 리스트 변수 범위 지정을 이용한 내용 추가 방식보다 리스트 더하기를 이용하면 편리할 때가 많다. 이때는 더하기 대입(+=)을 사용해서 기존 리스트에 다른 리스트를 추가하면 된다.

예를 들면 리스트 a = [10, 20, 30]에 [40, 50, 60]을 뒤에 추가하고 싶으면 리스트 더하기를 이용하여 a += [40, 50, 60]을 하면 된다. 이와 같이 하면 기존의 리스트 a에 [40, 50, 60]이 추가되어 매우 간단하고 편리하게 리스트 a는 [10, 20, 30, 40, 50, 60]이 된다.

(5) append() 함수를 이용한 리스트 변수 하나 추가

리스트이름.append(상수)

㉮ a = [10, 20, 30]
a.append(40)

리스트 a 뒤에 [40]을 추가하여, 리스트 a는 [10, 20, 30, 40] 이 된다.

또 다른 리스트 변수의 추가 방법으로 리스트의 내부함수인 append() 함수를 사용하는 방법이 있다. 이는 리스트이름.append(상수)의 형식으로 현재 리스트 뒤에 리스트변수를 하나 더 추가해서 지정한 상수 값을 저장하는 방법이다.

예를 들면 리스트 a = [10, 20, 30]이 있을 때 a.append(40)을 하면 리스트 a의 뒤에 리스트 변수를 하나 더 추가해서 생성하고, 그 안에 40을 저장한다. 따라서 리스트 a는 [10, 20, 30, 40]이 된다.

따라서 리스트에 내용을 추가하는 방법은 (2)의 리스트 변수의 범위를 지정하여 대입하는 방식, (4)의 리스트 더하기를 이용하는 방식 그리고 (5)의 append() 함수를 이용하는 방식 등 다양한 방법이 있다. 여기서 어느 것을 사용하는 것이 가장 좋다고 이야기할 수는 없다. 다만 여러분이 이런 저런 방법들을 상황에 따라 사용하면서 프로그램을 작성하거나 분석할 때에 스스로가 편한 방법을 선택해서 사용하면 된다. 필자는 6장에서 다룬 1차원 리스트의 생성 편에서 주로 (4)의 리스트 더하기를 이용하는 방식으로 리스트를 생성하였다. 하지만 다른 방식으로도 리스트를 생성할 수 있고 어떤 방식을 사용할 것인가는 여러분의 자유이다. 그러나 이왕이면 직관적으로 파악하기 쉬운 방법을 사용하라고 여러분께 권장하고 싶다.

(6) insert() 함수를 이용한 리스트 변수 하나 삽입

리스트.insert(방 번호, 상수)

㉮ a = [10, 20, 30]
a.insert(1, 40)

리스트 변수 a[1]에 [40]을 삽입하여, 리스트 a는 [10, 40, 20, 30] 이 된다.

리스트 변수의 추가는 항상 리스트의 가장 뒤에 내용을 추가해서 붙여 넣는 것이었다. 그러나 때에 따라서는 리스트의 중간에 내용을 삽입하고자 할 때가 있다. 즉, 기존 리스트 변수의 내용은 유지한 상태에서 다른 내용을 중간에 추가하여 넣고 싶을 때 리스트 내부 함수인 insert() 함수를 이용한 리스트 변수 삽입하기 기능을 사용한다.

리스트 변수 삽입하기는 리스트.insert(방 번호, 상수)의 형태로 사용한다. 따라서 리스트.insert(방 번호, 상수)를 실행하게 되면 원하는 방 번호 위치에 새로운 리스트 변수를 하나 생성하여 상수 값을 저장하고 기존 데이터들은 모두 한 칸씩 뒤로 이동한다.

예를 들면 a = [10, 20, 30] 일 때 a.insert(1, 40)을 하게 되면, a[1]에 40을 추가해서 넣고 기존 데이터는 뒤로 한 칸씩 이동한다. 따라서 리스트 a는 [10, 40, 20, 30]이 된다. 즉, 삽입 기능은 리스트 중간에 리스트 변수를 추가해서 데이터를 저장하는 기능이다.

▌참고 : C/C++ 언어에서 사용하는 배열과 포인터 요소에는 이러한 데이터 저장 공간의 추가, 삽입, 삭제 기능들이 없다. 이러한 기능은 상당히 고수준의 자료 관리를 위한 linked list 자료구조 기법을 이용하여 모두 프로그램 개발자가 직접 만들어서 사용하고 있는 기능들이다. 따라서 파이썬에서는 데이터의 집단을 다루기 위해서 단순 배열의 개념으로 사용하지를 않고 아예 고수준의 자료 관리를 위한 linked list 자료구조 기법을 도입하고 있다. 그래서 파이썬에서는 다른 언어들과 같이 배열이라는 용어를 더 이상 사용하지 않고 리스트(list)라는 용어를 사용하고 있으며, 리스트를 통해서 배열 보다 더욱 다양한 데이터 처리를 매우 쉽게 할 수 있도록 하였다.

3) 리스트 내용 정렬, 찾기, 개수, 삭제

파이썬에서는 리스트의 좀 특별한 기능으로 리스트안의 내용 정렬, 내용 찾기, 내용 카운트(개수) 및 내용으로 삭제하기 등등 다양한 기능을 리스트 내부 함수로 지원하고 있다. 여기서는 각각의 기능을 간략하게 소개하겠다.

(1) 리스트 내용 정렬(리스트.sort() 함수, reverse() 함수)

리스트 내용 정렬은 리스트.sort() 함수를 이용하여 리스트 안의 내용을 오름차순으로 다시 정렬해서 재배치를 해주는 기능이다. 그리고 리스트.reverse() 함수는 리스트의 내용을 현재의 역순으로 정렬해서 재배치를 해주는 기능이다.

```
예 a = [4, 9, 1, 6, 8, 0]
   a.sort()

# 리스트 a의 내용을 오름차순으로 정렬 리스트 a는 [0, 1, 4, 6, 8, 9]
  가 된다.

   b = [20, 10, 30, 80, 50]
   b.reverse()

# 리스트 b의 내용을 역순으로 재배치 한다.
  리스트 b는 [50, 80, 30, 10, 20]이 된다.
```

예를 들면 리스트 a = [4, 9, 1, 6, 8, 0] 일 때, 이를 a.sort()로 정렬하면, 리스트 a 안에는 [0, 1, 4, 6, 8, 9] 로 오름차순 정렬이 되어 재배치 되어있다. 그리고 리스트 b = [20, 10, 30, 80, 50] 일 때, 이를 b.reverse() 하면, 리스트 b는 역순으로 재배치가 되어 [50, 80, 30, 10, 20]이 된다.

이러한 리스트의 sort() 또는 reverse() 내부 함수를 이용하면 6장에서 소개한 정렬하기 알고리즘을 이용하여 일일이 직접 만들지 않아도 손쉽게 리스트의 내용을 오름차순 또는 내림차순으로 정렬할 수 있다.

(2) 리스트 내용 찾기(리스트.index(상수) 함수 및 상수 존재 유무 판단)

리스트 내용 찾기는 리스트.index(상수) 함수를 이용하여 소괄호 안에 지정한 상수를 리스트 안에서 찾아 그 위치를 알아내는 기능이다.

```
예 a = ["사과", "바나나", "귤", "배", "딸기", "수박"]
   x = a.index("귤")

# 리스트 a에서 "귤"이 있는 리스트 변수의 번호를 알려 줌.
  변수 x에는 2가 저장된다.
```

예를 들면 리스트 a = ["사과", "바나나", "귤", "배", "딸기", "수박"] 일 때, x = a.index("귤")을 하게되면 a.index("귤") 함수에 의해 리스트 a에서 "귤"을 찾아 "

귤"이 있는 위치(방 번호)를 변수 x에 저장하게 된다. 따라서 x에는 "귤"이 있는 리스트 변수의 번호인 2가 저장되어 있다.

그러나 index() 함수를 사용할 때 찾고자 하는 상수가 리스트 안에 없으면 에러가 발생한다. 이 때문에 index() 함수를 사용하고자 할 때는 반드시 리스트 안에 상수가 있는지 없는지 판단을 하여 실행할 필요가 있다. 따라서 예에서 "귤"이 있을 때만 그 위치를 알려주고 없으면 False를 x에 저장하도록 다음과 같이 수정할 필요가 있다.

```
# 리스트 안에 상수 존재 유무 판단
상수 in 리스트          # 상수가 리스트 안에 있으면 True, 없으면 False
상수 not in 리스트      # 상수가 리스트 안에 없으면 True, 있으면 False
```

```
㉥ a = ["사과", "바나나", "귤", "배", "딸기", "수박"]
   if "귤" in a :
       x = a.index("귤")
   else :
       x = False

# 리스트 a에서 "귤"이 있는 리스트 변수의 번호를 알려 줌.
  변수 x에는 2가 저장된다. 귤이 없으면 x에는 False가 저장된다.
```

(3) 리스트 내용 개수(리스트.count(상수) 함수)

리스트 내용 개수는 리스트.count(상수) 함수를 이용하여 소괄호 안에 지정한 상수를 리스트 안에서 모두 찾아 그 개수를 알아내는 기능이다.

```
㉥ a = [1, 3, 4, 3, 6, 7]
   x = a.count( 3 )

# 리스트 a에서 3을 모두 찾아 그 개수를 알려 줌.
  리스트 a안에 3은 두 개이므로 변수 x에는 2가 저장된다.
```

예를 들면 리스트 a = [1, 3, 4, 3, 6, 7] 일 때, x = a.count(3)을 하게 되면 리스트 a 안에서 3을 모두 찾아 그 개수를 x에 저장한다. 따라서 리스트 a안에는 3이 모두 2개 이므로 x에는 2가 저장된다.

(4) 리스트 내용 삭제(리스트.remove(상수), 리스트.clear() 함수)

리스트.remove(상수) 함수는 리스트 안에서 상수의 내용을 찾아서 삭제를 하는 기능으로 리스트 안에 같은 상수가 여러개 있을 경우 가장 앞에 있는 상수만 삭제를 한다. 이는 del 리스트[방 번호]로 삭제하는 것과는 다르게 상수값이 어느 위치에 있는지 모를 경우에 상수값 자체로 리스트 변수를 삭제하는 기능이다.

```
예  a = [1, 3, 4, 3, 6, 7]
    x = a.count( 3 )
    for i in range( x ) :
        a.remove( 3 )

# 리스트 a에서 3을 모두 찾아 삭제 함.
  리스트 a 는 [1, 4, 6, 7] 이 된다.
```

특정 상수를 리스트에서 모두 삭제하고자 할 때 예와 같이 count() 함수와 함께 사용하여 활용할 수 있다. 예는 리스트 a에서 count() 함수로 3을 찾아 개수를 센 뒤 3의 개수만큼 remove() 함수로 반복해서 삭제를 한 것이다. 따라서 리스트 a는 3이 모두 삭제되고 [1, 4, 6, 7]이 된다.

리스트.clear() 함수는 리스트의 전체 내용을 삭제하고 빈 리스트를 만들어 준다.

```
예  a = [1, 3, 4, 3, 6, 7]
    a.clear()                  # 리스트 a는 빈 리스트 []가 된다.
```

4) 리스트 복사(리스트.copy() 함수)

리스트는 대입문을 사용할 때에 공유 문제 때문에 조심해야한다고 하였다. 그래서 대입문으로 리스트끼리 바로 저장을 하여 리스트 2 = 리스트 1 이라고 입력하면 리스트 1을 리스트 2에 복사저장하는 것이 아니라 서로 공유를 하게 된다.

따라서 리스트를 공유하지 않고 복사해서 다른 리스트를 생성하고자 할때는 그냥 대입문을 사용하면 절대 안된다. 이러한 경우에는 리스트.copy() 함수를 사용해서 서로 공유하지 않고 같은 내용을 복사할 수 있다.

```
예  a = [ 1, 2, 3, 4, 5 ]

    b = a                  # 리스트 a와 리스트 b를 공유함.

    c = a.copy()           # 리스트 a를 리스트 c에 복사 저장 함.
                             리스트 a와 리스트 c는 공유하지 않음.
```

예를 들면 리스트 a = [1, 2, 3, 4, 5] 가 있을 때, b = a라고 하면 리스트 a를 b에 복사 저장하는 것이 아니라 리스트 b는 리스트 a와 공유를 하게 되어 리스트 b의 내용을 수정, 편집하면 리스트 a도 같이 바뀐다.

이 때, 리스트 a와 공유하지 않고 리스트 a 내용만 복사·저장하여 독립적인 리스트를 생성하고자 하면, 리스트 내부 함수인 copy() 함수를 사용하여 c = a.copy()라고 입력하면 된다.

5) 리스트 반복문(for 변수 in 리스트 :)

파이썬의 반복문인 for문은 앞에서 in range(반복횟수) 와 함께 반복횟수를 지정하여 반복시키는 방법을 사용하였다. 그러나 원래 for문은 in 리스트를 가지고 리스트 안의 값을 앞에서 부터 순차적으로 변수에 전달하면서 리스트 끝까지 반복을 하도록 되어 있다. 앞에서 in range(N) 는 in [0, 1, 2, ... , N-1]과 같은 것이었다.

```
for 변수 in 리스트 :        # 리스트 안의 값을 순차적으로 변수에
    실행문                  # 저장하면서 리스트 끝까지 반복
    실행문
     ...
```

```
for i in range(5) ;            # range(N) 은 [0, 1, 2, ... , N-1] 이다.
    print(i)

for i in [0, 1, 2, 3, 4] :
    print(i)
```

```
㉮ a = ["사과", "귤", "배", "포도"]
   for i in a :
       print(i)     # 리스트 a의 내용 "사과", "귤", "배", "포도" 이 출력
```

따라서 예와 같이 리스트 a를 가지고 반복이 가능하다. 여기서 카운트 변수 i 에는 리스트 a의 내용이 순차적으로 저장되면서 반복이 되어 화면에 "사과", "귤", "배", "포도" 가 차례로 출력된다.

7.3 튜플과 딕셔너리

드디어 지루한 리스트의 특성에 관한 설명이 끝났다. 파이썬에서는 리스트라고 하는 자료구조를 확실히 이해하면 파이썬 프로그래밍의 원리를 거의 다 알았다고 해도 무방하다. 즉, 7장의 리스트의 특성에 대하여 잘 이해를 하였으면 파이썬을 이용한 프로그래밍 실력은 초급에서 중급으로 올라설 단계인 것이다. 그러나 혹시 7장의 리스트가 잘 이해가 안된다고 억지로 붙잡고 실망할 필요는 없다. 초급에서는 배열적인 요소만 다루는 6장의 리스트 내용만으로도 충분하다. 그리고 다음 내용으로 다양한 프로그램 연습을 자꾸하다 보면 7장의 내용을 반복해서 참고하게 될 것이고 리스트가 자연스레 이해가 되어 있을 것이다.

따라서 7장의 리스트의 특성을 잘 알게 되었다면 파이썬에서 제공하고 있는 리스트와 비슷하면서도 또 다른 자료구조인 튜플과 딕셔너리의 개념을 쉽게 이해할 수 있을 것이고, 리스트 대신 언제 이러한 자료구조를 활용하는 것이 좋을지 알게 될 것이다.

하지만 대부분의 프로그램은 리스트만 잘 활용해도 90%이상 작성이 가능하고 가장 중요한 자료구조가 리스트이므로 이 교재에서는 튜플과 딕셔너리는 정말 간략하게 소개만 하도록 하겠다. 그리고 여러분도 튜플과 딕셔너리라는 리스트 비슷한 자료구조가 파이썬에 있구나 정도로만 일단 알아두도록 하자.

1) 튜 플

튜플은 한마디로 읽기 전용 리스트이다. 리스트는 다양한 방법으로 리스트 변수에 접근하여 값을 넣고 변경하고 추가하고 삭제할 수 있었다. 하지만 튜플은 생성시에만 여러 가지 상수를 넣을 수 있고, 생성 후에는 값을 변경하거나 추가 및 삭제를 할 수가 없다. 튜플을 생성한 후에는 단지 내용을 읽어오기만 할 수 있다.

(1) 튜플 생성

```
튜플이름 = (상수, 상수, 상수, ...)    # 상수가 반드시 두 개 이상이 되어야
튜플이름 = 상수, 상수, 상수, ...           튜플이 된다.

㉮ a = ( 1, 2, 3, 4, 5 )
   b = 10, 20, 30, 40
   c = a[1] + b[2]
   d = (5)          # 상수가 하나면 튜플이 아니고 일반 변수가 된다.
```

튜플은 리스트와는 다르게 소괄호()를 사용하여 소괄호 안에 상수를 콤마(,)로 나열하여 대입문(=)으로 생성을 한다. 또는 괄호없이 상수를 콤마(,)로 나열하여 대입문(=)으로 생성할 수 있다. 그리고 튜플은 상수가 반드시 2개 이상이 되야 생성이 된다.

예와 같이 a = (1, 2, 3, 4, 5)를 입력하면 읽기전용 리스트인 튜플 a가 생성이 되고 각 상수는 a[0] 부터 a[4] 까지 순서대로 저장이 된다. 생성된 튜플 안의 튜플변수에서 상수 값을 읽어올때는 리스트와 동일하게 사각괄호를 사용하여 튜플이름[방 번호]의 형태로 사용한다. 따라서 튜플 a의 [1]번 튜플변수와 튜플 b의 [2]번 튜플변수에 접근하기 위해서는 a[1], b[2] 라고 쓰면 된다. 따라서 c = a[1] + b[2]는 튜플변수 a[1] 값과 튜플변수 b[2]의 값을 더해서 변수 c에 저장하게 된다. 그리고 d = (5)와 같이 소괄호 안에 상수가 하나면 소괄호는 튜플이 아닌 수

식연산자로 사용이 되어 d는 튜플이 아닌 일반 변수 d로 생성이 되어 d = 5와 같다.

이처럼 튜플은 소괄호() 안에 상수를 콤마(,)로 나열하여 생성하고, 각 튜플변수에 접근해서 상수 값을 읽어오는 방법은 리스트와 같다. 그리고 리스트와 마찬가지로 슬라이싱(잘라내기)은 튜플이름[시작번호 : 끝번호+1]로 할 수 있다.

(2) 튜플 슬라이싱

```
튜플이름[시작번호 : 끝번호+1]

㉠ a = ( 1, 2, 3, 4, 5 )
   print( a[1: 3] )
   (2, 3)
```

따라서 예와 같이 a = (1, 2, 3, 4, 5) 일 때, a[1: 3]을 출력하면 튜플 a에서 1번부터 2번까지 잘라서 (2, 3)을 출력해준다.

```
㉠ a = ( 10, 20, 30, 40, 20 )
   b = ( 50, 20, 10 )
   c = a + b          # 튜플 a 와 b를 더해서 튜플 c 생성
   if 30 in c :       # 튜플 c 안에 30이 있으면 그 위치를 x에 저장
      x = c.index(30)
      y = c.count(20)    # 튜플 c 안에 20의 개수를 세어 y에 저장
```

그 외 튜플 더하기, 곱하기는 튜플을 생성하는 것이라 리스트와 같이 지원하지만 반드시 상수는 2개 이상인 튜플일 때 된다. 그리고 내용의 위치 찾기 index(), 내용 개수하기 count()는 리스트와 똑같이 지원하지만 내용 변경, 추가, 삽입, 삭제 등 직접적으로 내용을 바꾸는 것은 되지 않는다. 그러나 더하기와 슬라이싱을 이용하면 내용 변경, 추가, 삽입 및 삭제도 일부 가능하다.

(3) 팩(pack), 언팩(unpack)

```
# 팩(pack) : 여러 상수 또는 변수 값을 튜플로 묶기
튜플 = 상수, 상수, 변수, 변수, ...

# 언팩(unpack) : 튜플 내용을 여러 변수에 풀기
변수, 변수, *리스트이름, ... = 튜플

㉮ pack = 10, 20, 30, 40, 50    # 여러 상수를 묶어 튜플 pack 생성
   a, b, c, d, e = pack         # 변수 a, b, c, d, e 에 언팩
                                  즉, 튜플 pack 내용을 순서대로 변수에 저장
   pack = a, b, c, d, e         # 여러 변수 값을 묶어 튜플 pack 생성
   x, y, *k = pack              # 변수 x, y에 순서대로 언팩하고 나머지는
                                  리스트로 생성하여 k에 저장.
```

튜플은 여러 상수 또는 변수를 콤마(,)로 나열하여 하나로 묶어 저장하고 또 여러 변수 또는 리스트에 튜플의 내용을 풀어 저장할 수 있다. 이를 팩(pack, 묶기), 언팩(unpack, 풀기) 기능이라고 한다. 특히 언팩을 할 때는 언팩할 변수 개수와 튜플 안에 요소의 개수가 동일해야하지만 언팩할 변수개수가 적을 때는 마지막 변수의 앞에 별표(*)를 붙여 나머지 요소를 리스트로 생성할 수 있다. 예와 같이 pack = a, b, c, d, e를 하여 변수 a, b, c, e, d의 내용을 튜플 pack으로 묶은 후 x, y, *k = pack로 언팩을 하면 변수 x, y에 pack 내용을 순서대로 저장하고 나머지는 리스트로 만들어서 k에 저장한다. 여기서 *k는 튜플안에 나머지 요소를 리스트로 생성하도록 하는 것으로 별표(*)를 안쓰고 x, y, k = pack 로 하면 언팩할 변수의 수와 튜플 안의 요소 수가 맞지 않아 에러가 발생한다.

(4) 튜플과 리스트 전환 list(), tuple() 함수

list() 함수는 튜플을 리스트로 만들어 주는 함수이고, tuple() 함수는 리스트를 튜플로 만들어주는 함수이다. 두 함수를 이용하면 튜플을 리스트로 리스트를 튜플로 쉽게 전환할 수 있다.

```
리스트 = list(튜플)
튜플 = tuple(리스트)

예  a = (10, 20, 30, 40, 50)     # 튜플 a 생성
    b = list(a)                  # 튜플 a를 리스트로 만들어 b에 저장
    a = list(a)                  # 튜플 a를 리스트 a로 전환
    a = tuple(a)                 # 리스트 a를 튜플 a로 전환
```

예를 들어 튜플 a = (10, 20, 30, 40, 50)가 있을 때, b = list(a)를 하면 튜플 a를 리스트로 만들어 리스트 b에 저장한다. 이 때 a = list(a)를 하면 튜플 a를 리스트로 만들어 다시 a에 저장하였기 때문에 a는 리스트가 되어 튜플 a는 리스트 a가 된다. 그리고 a = tuple(a)를 하면 리스트 a를 튜플로 만들어 다시 a에 저장하였기 때문에 리스트 a는 튜플 a가 된다.

이와 같이 튜플은 언제든지 필요할 때는 리스트로, 그리고 다시 튜플로 바꿀 수가 있다. 따라서 팩, 언팩, list(), tuple()을 이용하면 변수와 리스트와 튜플을 언제든지 자유롭게 형태를 전환할 수 있어 데이터를 다루는데 유용하게 활용할 수 있다.

2) 딕셔너리

딕셔너리는 키(key)와 값(value)으로 콤마(,)에 의해 나열된 데이터의 집합을 중괄호{ }로 묶어 놓은 것이다. 리스트는 값만 콤마로 나열한 반면에 딕셔너리는 키와 값의 조합을 콤마로 나열한 것이 다른 점이다. 이 때 리스트는 값이 저장된 공간에 접근하기 위하여 값이 저장된 순서인 방 번호를 사용하였지만 딕셔너리는 값이 저장된 공간에 접근하기 위하여 키(key)를 사용한다. 즉, 딕셔너리가 리스트와 다른 점은 항상 키(key)를 통해서 데이터를 관리한다는 것이다.

(1) 딕셔너리 생성

```
딕셔너리이름 = { 키:값 , 키:값 , 키:값 , ... }

예  di = { "가" : 10 , "나" : 20 , "다" : 30 }
    a = { 10 : "abc" , 20 : "123" , 30 : "def" , 40 :"456" }
```

딕셔너리는 키와 값을 콜론으로 구분한 항목(키:값)을 콤마(,)로 나열한 것을 중괄호{ }로 묶은 것이다. 이를 대입문을 이용하여 딕셔너리를 생성할 수 있다. 즉, 딕셔너리이름 = { 키:값 , 키:값 , 키:값 , ... } 형태로 딕셔너리를 생성한다.

▌참고 : 리스트는 사각괄호[], 튜플은 소괄호(), 딕셔너리는 중괄호{}이다.

예를 들어 di = { "가" : 10 , "나" : 20 , "다" : 30 }를 하면 딕셔너리 di는 값에 접근하기 위한 키(key)가 "가", "나", "다"가 되고 각 키에 대한 값이 10, 20, 30 이 된다. 그리고 a = { 10 : "abc" , 20 : "123" , 30 : "def" , 40 :"456" } 라고 하게 되면 딕셔너리 a에 접근하기 위한 키가 10, 20, 30, 40이 되고, 각 키에 대한 값은 "abc", "123", "def", "456"이 된다.

(2) 딕셔너리 변수의 내용 변경 및 추가

딕셔너리 생성 후 딕셔너리 안에 있는 딕셔너리 변수에 접근하여 데이터를 가지고 오거나 데이터를 수정하고자 할 때는 딕셔너리이름에 사각괄호[]를 사용하여 딕셔너리이름[키]의 형태로 딕셔너리 변수에 접근한다. 이는 리스트 변수와 같아보이지만 사각괄호안에 방 번호가 아닌 키를 넣어서 사용하는 것이 다르다. 예를 들어 딕셔너리 a = { "이름":"홍길동", "학교":"동아대학교", "학과":"기계공학과" }가 있을 때, 딕셔너리 a 안의 디셔너리 변수에 접근하기 위한 키는 "이름", "학교", "학과"가 된다. 따라서 각각의 딕셔너리 변수에 접근하기 위해서는 a["이름"], a["학교"], a["학과"]로 접근할 수 있다. 따라서 print(a["이름"])을 "홍길동"을 출력하게 되고, print(a["이름"])은 "동아대학교", print(a["학과"])는 "기계공학과"를 출력하게 된다.

▌참고 : 딕셔너리에 없는 키를 사용하여 a["학년"]을 출력하게 되면 "학년"이라는 키는 딕셔너리에 없기 때문에 에러가 발생한다. 이런 경우 딕셔너리.get(키) 함수를 이용하면 에러가 발생하지 않는다. 따라서 예에서 print(a.get("학년"))으로 출력하면 None이 출력되고 에러없이 넘어간다.

그리고 내용을 변경하고자 하는 경우에는 딕셔너리이름[키]에 대입문을 사용해서 다른 상수를 입력하여 내용을 수정할 수 있다. 예와 같이 a["이름"] = "조연상"을 하게되면 "이름" 부분의 딕셔너리 변수의 값을 "조연상"으로 바꾼다. 이 때 이미 생성된 키는 변경할 수 없다. 그러나 키가 딕셔너리 안에 없을 경우에는 새로운 딕셔너리 변수를 추가하여 키와 값을 저장하게 된다.

```
# 딕셔너리 안의 딕셔너리 변수에 접근
딕셔너리이름[ 키 ]
딕셔너리이름.get( 키 )

# 딕셔너리 변수의 내용 변경 및 추가
딕셔너리이름[ 키 ] = 상수

예  a = { "이름":"홍길동", "학교":"동아대학교", "학과":"기계공학과" }
    print( a["이름"] )
    print( a["학교"] )
    print( a["기계공학과"] )
    print( a.get( "학년" ) )
    # print( a["학년"] )은 "학년" 키가 없어 에러가 발생한다.
    <실행 결과>
     홍길동
     동아대학교
     기계공학과
     None

예  a = { "이름":"홍길동", "학교":"동아대학교", "학과":"기계공학과" }
    a["이름"] = "조연상"      # 키가 딕셔너리 안에 있으면 값 변경
    a["학년"] = "2학년"       # 키가 딕셔너리 안에 없으면 키와 값을 추가
    print( a )
    <실행 결과>
     { "이름":"조연상", "학교":"동아대학교", "학과":"기계공학과", "학년":"2학년" }
```

예를 들면 a["학년"] = "2학년"을 실행하게 되면 기존의 딕셔너리에 "학년"이라는 키가 없기 때문에 키를 "학년"으로 하는 딕셔너리 변수를 새로 추가하여 그 안에 "2학년"을 저장하게 된다. 따라서 기존의 딕셔너리 a의 내용이 { "이름":"조연상", "학교":"동아대학교", "학과":"기계공학과", "학년":"2학년" }으로 변경 및 추가되어 있다.

딕셔너리이름[키] = 값을 하여 값을 대입문(=)로 딕셔너리 변수 입력시 키가 기존 딕셔너리 안에 존재하면, 그 키의 딕셔너리 변수 값을 변경한다. 그리고 키가 기존 딕셔너리 안에 없으면, 해당 키의 딕셔너리 변수를 새로 추가하여 값을

저장한다.

딕셔너리 안에 키는 정수상수, 실수상수, 문자열상수로 지정이 가능하고 생성시 지정된 키는 변경할 수 없고 키는 중복될 수 없다. 즉, 딕셔너리 안에 같은 키로 여러값을 지정하면 마지막 입력한 키와 값만 저장한다. 즉 { 1: "a", 1: "b", 1: "c" }를 하면 { 1: "c" } 가 된다.

딕셔너리는 리스트의 슬라이싱(잘라내기) 기능이 없다. 딕셔너리는 키를 가지고 데이터 값을 저장하기 때문에 딕셔너리는 리스트처럼 순서대로 키와 값이 저장되어 있는 것이 아니다. 따라서 접근하기 위한 데이터 범위등을 지정할 수가 없다.

(3) 딕셔너리 변수의 삭제

```
del( 딕셔너리이름[ 키 ] )

예  a  = { 10 : "abc" , 20 : "123" , 30 : "def" , 40 : "456" }
    del( a[20] )
    print( a )    # 딕셔너리 a에서 키 20 인 딕셔너리 변수를 삭제하고
                    { 10:"abc", 30:"def", 40:"456" } 출력
```

del(딕셔너리이름[키]) 함수로 해당 키를 가지는 딕셔너리 변수를 삭제할 수 있다. 예를 들면 딕셔너리 a = { 10 : "abc", 20 : "123", 30 : "def", 40 : "456" } 일 때 del(a[20])을 하게 되면, 딕셔너리 a에서 { 20:"123" } 항목이 삭제되어 { 10:"abc", 30:"def", 40:"456" }이 출력된다.

(4) 딕셔너리와 리스트 전환 : keys(), values(), list(), dict() 함수 이용

list() 함수를 사용하여 딕셔너리에서 키 또는 값들을 추출하여 리스트로 생성할 수 있다. 이 때 list(딕셔너리이름) 또는 list(딕셔너리이름.keys())를 하게되면 딕셔너리 안에 있는 키를 모두 추출하여 리스트로 만들어 준다.

예를 들면 딕셔너리 a = { 10 : "abc", 20 : "123", 30 : "def", 40 :"456" } 일 때, b = list(a) 또는 b = list(a.keys())를 하게되면 딕셔너리 a에서 키를 모두 추출하여 리스트 b에 저장한다. 따라서 리스트 b를 출력하면 [10, 20, 30, 40]이 출력된다. 그리고 list(딕셔너리이름.values())를 하게되면 딕셔너리 안에 있는 값만 모두 추출해서 리스트로 생성한다. 위의 예에서 c = list(a.values())를

하면 딕셔너리 a에서 값만 모두 추출하여 리스트 c에 저장한다. 따라서 리스트 c를 출력하면 ["abc", "123", "def", "456"]이 출력된다.

```
# 딕셔너리에서 키를 추출하여 리스트로 변환
리스트이름 = list( 딕셔너리이름 )
리스트이름 = list( 딕셔너리이름.keys() )

# 딕셔너리에서 값을 추출하여 리스트로 변환
리스트이름 = list( 딕셔너리이름.values() )

예  a = { 10 : "abc" , 20 : "123" , 30 : "def" , 40 :"456" }
    b = list( a )       # 또는 b = list( a.keys() )
    c = list( a.values() )
    print( b )          # [10, 20, 30, 40] 출력
    pritn( c )          # ["abc", "123", "def", "456"] 출력
```

두 리스트를 키와 값으로 하여 딕셔너리를 생성할 때에는 zip()함수와 dict()함수를 이용하여 dict(zip(키 리스트, 값 리스트))을 하여 딕셔너리를 생성할 수 있다. zip()함수는 두 리스트의 값을 순서대로 튜플 쌍으로 하여 리스트를 생성하는 함수로 이 함수에 의해 생성된 특수한 형태의 리스트 [(키, 값), (키, 값), (키, 값), ...]를 dict() 함수에 의해 딕셔너리로 생성할 수 있다.

```
# 리스트를 딕셔너리로 전환
딕셔너리이름 = dict( [(키, 값), (키, 값), (키, 값), ... ] )
딕셔너리이름 = dict( zip( 키 리스트, 값 리스트) )

예  a = ['a', 'b', 'c']
b = [100, 200, 300]
c = dict( zip(a, b) )      # zip(키 리스트, 값 리스트) 함수는 두 리스트를
                             [(키, 값), (키, 값), (키, 값), .. ] 형태로 생성
pritn( c )           # { 'a':100, 'b':200, 'c':300 } 출력
```

예를 들면 리스트 a = ['a', 'b', 'c'] 이고 리스트 b = [100, 200, 300] 일 때, 리스트 a의 내용을 키로 하고 리스트 b의 내용을 값으로 하여 딕셔너리 c를 생성하고자 한다면 c = dict(zip(a,b))를 하면 된다. 이와 같이 c는 키를 리스트 a, 값을 리스트 b로 하여 생성한 딕셔너리 c가 되고, 이를 출력하면 { 'a':100, 'b':200, 'c':300 }이 출력된다.

그리고 딕셔너리 안에 키가 있는지 없는지 그 존재 유무를 판단하고자 할 때에는 키 in 딕셔너리이름 또는 키 not in 딕셔너리이름의 형태로 알아볼 수 있다. 예를 들면 "학교" in a라고 하면 딕셔너리에 "학교"라는 키가 있으면 True를, 없으면 False가 된다.

(5) 딕셔너리 안에 키의 존재 유무 판단

```
키 in 딕셔너리이름          # 키가 딕셔너리 안에 있으면 True, 없으면 False
키 not in 딕셔너리이름      # 키가 딕셔너리 안에 없으면 True, 있으면 False

예  a = { "이름":"홍길동", "학교":"동아대학교", "학과":"기계공학과" }
    if  "이름" in a : print( a["이름"] )
    if  "학교" in a : print( a["학교"] )
    if  "학과" in a : print( a["기계공학과"] )
    if  "학년" in a : print( a["학년"] )
```

지금까지 리스트 외에 특별한 자료구조인 튜플과 딕셔너리에 대해 알아 보았다. 튜플과 딕셔너리도 많은 프로그램 예제를 통하여 그 활용 방법을 더 자세히 공부하면 좋겠지만 이 교재에서는 그 범위를 벗어난 내용이므로 개념 정도만 정리하고 이를 활용한 다양한 예제 프로그램은 다루지 않았다.

나중에 여러분이 7장의 리스트 내용과 튜플, 딕셔너리까지 자유자재로 활용하게 된다면 이미 여러분은 고급 프로그래머가 되어 있을 것이니, 그 때 본 내용이 필요할 때 참고용으로 보기 바란다.

7.4 문자열 조작

1) 문자열(string)의 개념

파이썬에서 문자열은 작은 따옴표(' ') 또는 큰 따옴표(" ")안에 문자를 나열한 것을 말한다. 파이썬에서는 문자 데이터 하나를 기본적으로 개별적인 데이터로 취급하지 않고 모두 문자열(string)이라는 데이터의 형태로 취급을 한다.

▌참고 : 파이썬에서 문자 하나를 다루는 것은 매우 특별한 것으로 예와 같이 ord() 함수와 chr() 함수로 문자 하나를 문자코드(정수) 또는 문자열로 변환이 가능하다.

```
㉧ s = 'a'              # 'a'는 문자가 하나지만 문자열(string)로 취급한다.
   print( ord(s) )     # ord() 함수는 문자 하나의 문자코드를 반환한다.
   print( chr(98) )    # chr() 함수는 정수값에 해당하는 문자를 문자열로
                         반환한다.
   <결 과>
    97
    'b'
```

파이썬에서 문자열은 여러 문자 데이터들의 집합으로 앞에서 공부한 리스트와 같다. 즉, 여러 개의 문자 데이터만 전문적으로 취급하는 리스트라고 보면 된다. 따라서 문자열은 문자만 특별히 취급하는 문자 리스트라고 생각하면 문자열을 다양하게 조작하는 것이 쉽게 이해가 될 것이다. 그리고 특별히 문자열을 조작하기 위한 여러 가지 함수들도 제공한다.

문자열	s = 'abc123def' or "abc123def"								
문자	'a'	'b'	'c'	'1'	'2'	'3'	'd'	'e'	'f'
위치	s[0]	s[1]	s[2]	s[3]	s[4]	s[5]	s[6]	s[7]	s[8]

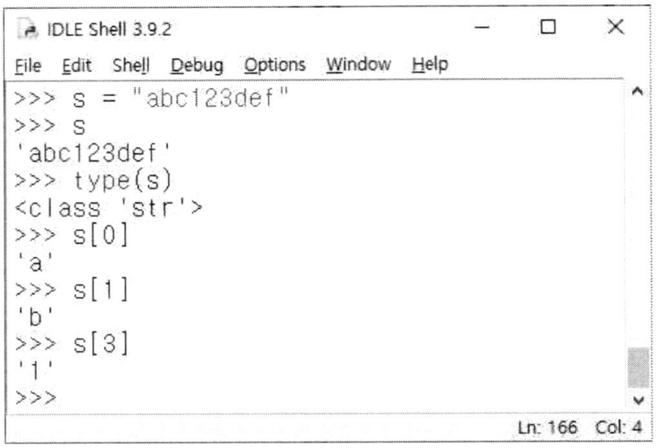

[그림 7-12] 문자열의 특성 및 내부 접근

[그림 7-12]는 문자열의 구조와 특성을 보여주고 있다. 문자열(string)은 여러 문자 데이터가 모여 있는 구조로 각 문자는 사각괄호[] 안에 문자 위치를 넣어 개별적으로 접근 할 수 있다. 즉, 문자열 s = "abc123def" 일 때, 문자열 변수 s 이름만 사용하면 전체 문자열 내용을 다룰 수 있고 문자열 변수 s에 [문자위치]를 붙여 s[0], s[1], s[2], .. 라고 쓰면 마치 리스트처럼 해당 위치에 있는 개별 문자에 접근할 수 있다. 그러나 문자열은 개별 문자를 읽어 올 수는 있지만 대입문으로 개별 문자를 변경할 수 없는 읽기 전용 리스트인 튜플과 비슷한 특성을 가진다.

▌주의 : 대입문으로 s[1] = 'k' 쓰면 오류가 발생한다. 즉, 문자열은 읽기 전용 리스트의 개념이라 개별 문자 변경이 안된다.

㉄ 1) 문자열로 반복하여 문자열 안의 문자를 하나씩 출력

```
s = "abcdefg 12345"
for i in s :            # 문자열 s 내용으로 반복, i 에 문자 하나씩
    print(i)            # 순서대로 저장되면서 반복
```

㉄ 2) 전통적인 반복문으로 문자열 안의 문자를 하나씩 출력

```
s = "abcdefg 12345"
N = len(s)              # 문자열 길이(문자 개수)를 N에 저장
for i in range(N) :
        print(s[i])
```

문자열도 일종의 리스트이기 때문에 ㉮ 1)과 같이 문자열로 반복문을 작성할 수 있다. 문자열 s = "abcdefg 12345" 일 때 for i in s : 는 문자열s 내용으로 반복을 하도록 한 것이다. 이 때 문자열 s안에 문자를 처음부터 하나씩 순서대로 변수 i에 저장하면서 반복이 된다.

전통적인 방법으로는 ㉮ 2)와 같이 len() 함수로 문자열 길이(문자 개수)를 구하여 문자 길이 만큼 반복을 하도록 할 수 있다. for i in range(N) : 는 문자열 길이 만큼 반복하게 되며 i 에는 0부터 N-1 까지 순서대로 문자의 위치 값이 저장된다. 따라서 이와 같은 전통적인 반복문에서는 print(s[i])로 개별 위치의 문자를 하나씩 출력할 수 있다.

2) 문자열 조작

문자열의 개념에서 알아본 바와 같이 문자열은 문자들을 다루기 위한 일종의 읽기 전용 리스트인 튜플이라고 할 수 있다. 따라서 리스트 조작을 위한 일부 명령 및 함수를 문자열에도 동일하게 적용하여 사용할 수 있다. 그리고 특별히 문자열만을 위한 여러 가지 기능도 지원한다.

(1) 문자열 더하기, 곱하기

문자열은 리스트처럼 문자열을 더하고 곱할 수 있다. 이는 문자열을 결합해주는 것으로 더하기는 ㉮ 3)과 같이 문자열 s1 뒤에 문자열 s2를 결합하여 문자열 s는 "abcdef12345"가 된다. 이와 같이 어떤 문자열 뒤에 다른 문자열을 결합하고자 할 때 더하기를 사용한다.

㉮ 3) 문자열 더하기

```
s1 = "abcdef"
s2 = "12345"
s = s1 + s2
print(s)
# 문자열 s는 s1과 s2를 더하여 "abcdef12345"가 된다.
```

㉮ 4) 문자열 곱하기

```
s1 = "123"
s = s1 * 3          # 문자열에 정수로만 곱한다.
print(s)
# 문자열 s는 문자열 s1을 세 번 결합해서 "123123123"이 된다.
```

문자열 곱하기는 ⓔ 4)와 같이 s = s1 * 3을 하면 문자열 s1을 세 번 결합하여 문자열 s는 "123123123"이 된다.

(2) 문자열 슬라이싱(잘라내기) 및 변경, 추가, 삭제

문자열 슬라이싱은 리스트의 슬라이싱과 마찬가지로 문자열 내에서 특정 범위만큼 잘라내고자 할 때 사용한다. 따라서 문자열[시작위치 : 끝위치+1]의 형태로 사각괄호[]안에 잘라낼 시작위치와 끝위치를 지정하여 문자열을 슬라이싱 한다. 끝위치는 리스트와 마찬가지로 사각괄호안에 끝위치+1로 지정하기 때문에 주의할 필요가 있다.

ⓔ 5) 문자열 슬라이싱(잘라내기)

```
s = "abcdef"
s1 = s[1:4]        # 문자열 s에서 1번 문자부터 3번 문자까지 잘라낸다.
print(s1)          # 문자열 s1는 "bcd"가 된다.

s2 = s[4: ]        # 문자열 s에서 4번 문자부터 끝까지 잘라낸다.
print(s2)          # 문자열 s2는 "def"가 된다.

s3 = s[ :3]        # 문자열 a에서 처음부터 2번문자 까지 잘라낸다.
print(s3)          # 문자열 s3는 "abc"가 된다.
```

ⓔ 5)와 같이 s = "abcdef" 일 때 s1 = s[1:4]를 하면 문자열 s에서 1번부터 3번까지 문자를 잘라서 문자열 s1에는 "bcd"가 저장된다. 그리고 s2 = s[4:]과 같이 시작위치만 지정하면 문자열 s를 시작위치 4번부터 끝까지 잘라내어 문자열 s2는 "def"가 저장된다. 또한 s3 = s[:3] 과 같이 끝위치+1만 지정을 하면 문자열 s의 처음부터 끝위치 2까지 잘라내어 문자열 s3는 "abc"가 된다.

ⓔ 6) 특정 위치 문자열 변경, 추가 또는 삭게

```
s = "abcdef"
s = s[ :3] + "1" + s[4: ]      # "abc" + "1" + "ef"가 되어
print(s)                       # 문자열 s는 "abc1ef"가 된다.
s = s[ :2] + s[3: ]            # "ab" + "def" 가 되어
print(s)                       # 문자열 s는 "abdef"가 된다.
```

따라서 어느 위치의 문자를 변경하고자 할 때, 문자열에 문자위치를 지정하여 대입문으로 직접 변경하는 것은 안되지만 ㉠ 6)과 같이 슬라이싱과 더하기를 이용하면 특정 위치의 문자를 변경하거나 문자열 중간에 새로운 문자열 등을 변경 추가할 수 있다.

(3) 문자열 연결(문자열.join() 함수) 및 리스트와의 변환

문자열.join()함수는 문자열로만 구성된 리스트의 내용을 특정 구분 문자열로 모두 연결해주는 함수이다. ㉠ 7)과 같이 문자열 s에 먼저 구분 문자열을 넣고 s.join(a)를 하면 리스트 a안에 있는 문자열들을 문자열 s에 있는 구분자로 모두 연결하여 문자열 s는 "abc_123_def"가 된다.

㉠ 7) 문자열 연결

```
s = "_"
a = ["abc", "123", "def"]     # 문자열 s에 지정된 문자열로 구분하여
s.join(a)                     # 리스트 a안의 문자열들을 연결한다.
print(s)                      # 문자열 s 는 "abc_123_def" 가 된다.
```

이것을 이용하면 문자열과 리스트를 서로 변환을 할 수 있다. ㉠ 8)과 같이 문자열을 리스트로 생성할 때는 list(문자열)을 이용하면 되고, 리스트를 문자열로 생성할 때는 "".join(리스트)를 하면 된다.

㉠ 8) 문자열과 리스트 변환

```
s = 'abcd1234'
a = list(s)      # 리스트 a는 ['a', 'b', 'c', 'd', '1', '2', '3', '4']가 된다.
print(a)
b = ''.join(a)   # 빈문자 ''가 구분자가 되어 리스트 a를 연결
print(b)         # 문자열 b는 'abcd1234'가 된다.
```

(4) 문자열 분리(문자열.split())

문자열.split() 함수는 문자열을 지정한 구분 문자를 기준으로 모두 분리를 하여 문자열들로 구성된 리스트를 생성한다.

```
㉠ 9) 문자열 분리
      s = "안녕 파이썬을 공부하자."
      a = s.split(' ')      # 문자열 s를 공백(' ')으로 구분하여 분리하여
      print(a)              # 문자열 리스트로 생성 후 리스트 a 에 저장
                            # 리스트 a는 ['안녕', '파이썬을', '공부하자.'] 가 된다.
```

㉠ 9)와 같이 문자열 s = "안녕 파이썬을 공부하자."가 있을 때, a = s.split(' ')을 하게 되면 split()함수 안에 지정한 공백(' ')문자를 기준으로 문자열 s를 분리하고 분리된 문자열들로 구성된 문자열 리스트를 생성하여 리스트 a에 저장한다. 따라서 리스트 a는 ['안녕', '파이썬을', '공부하자.']가 되고 이를 출력한다.

split() 함수를 이용한 문자열 분리는 특히 파일읽기를 할 때 엔터가 아닌 공백(' ') 또는 콤마(',')로 구분하여 저장된 여러 개의 데이터를 분리해서 처리할 때 매우 유용하게 활용할 수 있다.

```
㉠ 10) 문자열 분리 및 숫자 변환
      s = "125, 300, 250, 60"
      a = s.split(',')              # 문자열 s를 콤마(',')를 기준으로 분리하여
      a = list(map( float , a ))    # 문자열 리스트로 생성 후 리스트 a에 실수로
      print(a)                      # 변환하여 저장
                             # 리스트 a는 [ 125.0, 300.0, 250.0, 60.0 ]이 된다.
```

㉠ 10)은 콤마(',')로 구분되어 있는 숫자 문자열 s = "125, 300, 250, 60"을 콤마를 기준으로 분리하여 문자열 리스트를 생성하고, map() 함수를 이용해서 문자열 리스트안에 있는 문자열을 모두 실수값으로 변환하여 리스트 a에 저장하도록 한 것이다. 따라서 리스트 a는 [125.0, 300.0, 250.0, 60.0]으로 모두 실수값으로 변환되어 있다.

▌map() 함수 : list(map(함수이름, 리스트))의 형태로 사용하여 리스트 안에 있는 값을 모두 지정한 함수로 처리하여 그 결과를 리스트 형태로 저장한다. 즉, list(map(float, ["100". "200", "300"]))을 하면 리스트 ["100", "200", "300"]안에 문자열을 모두 float() 함수에 의해 실수로 변환을 하여 리스트 [100.0, 200.0, 300.0]를 생성한다. 즉, list(map(float, ["100", "200", "300"]))는 [float("100"), float("200"), float("300")] 를 실행한 것과 같다.

(5) 문자열 바꾸기(문자열.replace())

문자열.replace() 함수는 바꾸고자 하는 문자열을 찾아서 문자열을 변경하는 함수로 replace(기존 문자열, 바꿀 문자열) 형태로 사용한다. 이것은 문자열 더하기와 슬라이싱을 이용하여 할 수도 있지만 예 11)과 같이 보다 쉽게 문자열의 내용을 변경하는 기능이다.

예 11) 문자열 바꾸기

```
s = "문자열 바꾸기 연습입니다."
s = s.replace("바꾸기", "변경")  # 문자열 s 에서 "바꾸기"를 "변경"으로
print(s)                          # 바꾼다.
                    # 문자열 s는 "문자열 변경 연습입니다."로 바뀐다.
```

(6) 문자열 길이(len() 함수)

문자열의 길이를 알아내고자 할 때 예 12)와 같이 len(문자열) 함수를 사용한다. 문자열 s = "abcdef" 일 때 a = len(s)를 하면, 문자열 s의 길이 6을 a에 저장한다.

예 12) 문자열 길이

```
s = "abcdef"
a = len(s)              # 문자열 s의 길이를 a에 저장한다.
print(a)                # 문자열 s 길이 6이 출력된다.
```

(7) 지정한 문자열 개수 세기(문자열.count() 함수)

문자열.count() 함수는 문자열 내에서 지정한 문자열이 몇 개 있는지 개수를 한다. 한 문자 뿐만아니라 단어, 문장의 개수를 셀 수도 있다.

예 13) 문자열 개수 세기

```
s = "파이썬 연습, 프로그램 연습."
a = s.count("연습")       # 문자열 s에서 "연습"의 개수를 센다.
print(a)                  # 2가 출력된다.
```

(8) 문자 위치 찾기(문자열.find(), 문자열.index())

문자열 안에서 지정한 문자 또는 문자열의 위치를 찾을 때 문자열.find() 또는 문자열.index() 함수를 사용한다. 둘 다 괄호안에 지정한 문자 또는 문자열이 처음 나오는 위치를 알려주는데 만약 찾는 문자가 문자열 안에 없는 경우 find() 함수는 -1을 반환하고 index() 함수는 에러를 발생한다. 따라서 일반적인 문자 위치 찾기는 find() 함수가 편하고, 에러 발생시 예외처리로 대처하고자 하는 경우에는 index() 함수를 사용한다. 그리고 find(찾을 문자, 시작위치) 형태로 특정 위치부터 문자의 위치를 찾도록 할 수도 있다.

㉮ 14) 문자열 개수 세기

```
s = "파이썬 연습, 프로그램 연습."
a = s.find("프")              # 문자열 s에서 "프"의 위치를 a에 저장한다.
print(a)                      # 8이 출력된다.

x = 0
N = s.count("연습")
for i in range(N) :           # "연습" 개수 만큼 반복
    x = s.find("연습", x)     # "연습" 위치 찾아서 x에 저장
    print(x)
    x += 1                    # 다음 "연습"의 위치를 찾기 위해 x를 1증가
```

(9) 문자열 삭제(문자열.strip())

㉮ 15) 앞뒤 불필요한 문자 삭제

```
s = "***파이썬***"
s = s.strip("*")          # 문자열 s 앞뒤에서 "*"를 모두 삭제
print(s)                  # '파이썬'이 출력된다.

s = "   파이썬 연습    "
s = s.strip()             # 문자 지정이 없으면 앞뒤에 공백을 모두 삭제한다.
print(s)                  # '파이썬 연습'이 출력된다.
```

문자열.strip() 함수는 문자열 앞뒤로 불필요한 문자 또는 문자열을 삭제한다. 단, 중간에 있는 문자 또는 문자열은 삭제하지 않는다. 이것은 주로 문자열 앞뒤에 불필요한 공백이나 문자들이 있을 경우 이를 모두 삭제할 때 사용한다. ⑩ 15)와 같이 s = "***파이썬***"에서 "*"을 삭제하고 싶을 땐 s = s.strip("*")을 하면 된다. 그리고 s = "   파이썬 연습   "과 같이 앞뒤에 불필요한 공백을 삭제하고자 할 때 s = s.strip()과 같이 문자 지정 없이 사용하면 된다.

strip() 함수는 문자열 앞뒤(왼쪽과 오른쪽)에서 불필요한 문자를 모두 삭제하지만 특별히 왼쪽 또는 오른쪽에서만 삭제하고 싶으면 lstrip() 또는 rstrip() 함수를 사용하면 된다.

(10) 문자열 위치 정렬(문자열.center(), 문자열.ljust(), 문자열.rjust())

문자열을 가운데 정렬, 왼쪽 정렬 및 오른쪽 정렬을 하고자 할 때 문자열.center(자리수), 문자열.ljust(자리수) 및 문자열.rjust(자리수) 함수를 사용한다. 이는 ⑩ 16)과 같이 문자열 출력시 자리수를 지정하고 문자열의 위치를 깔끔하게 정렬하고자 할 때 활용할 수 있다. 즉, 문자열 자체를 정렬된 상태로 만들 때 사용한다. 그리고 지정한 자리수에 반칸을 다른 문자로 채울 수도 있다.

⑩ 16) 문자열 정렬

```
s = "파이썬"
print( s.center(10) )          # 총 10자리 가운데 정렬
print( s.ljust(10) )           # 총 10자리 왼쪽 정렬
print( s.rjust(10) )           # 총 10자리 오른쪽 정렬
print( s.center(10, '*') )     # 가운데 정렬, 빈칸을 '*'로 채우기
print( s.ljust(10, '*') )      # 왼쪽 정렬, 빈칸을 '*'로 채우기
print( s.rjust(10, '*') )      # 오른쪽 정렬, 빈칸을 '*'로 채우기
<결 과>
    파이썬
 파이썬
       파이썬
 ***파이썬****
 파이썬*******
 *******파이썬
```

(11) 문자열 대소문자 바꾸기(문자열.upper(), 문자열.lower() 함수)

영문 문자열을 모두 대문자 또는 모두 소문자로 바꾸고자 할 때 문자열.upper() 또는 문자열.lower() 함수를 사용한다. 그리고 첫글자만 대문자로 만들고 싶을 때는 문자열.capitalize() 함수를 사용한다.

㉮ 17) 문자열 대소문자 바꾸기

```
a = "python"
b = "PYTHON"
print( a.upper() )          # 문자열 a를 모두 대문자로 바꿔서 출력
print( b.lower() )          # 문자열 b를 모두 소문자로 바꿔서 출력
print( a.capitalize() )     # 문자열 a를 첫글자만 대문자로 출력
```

(12) 문자열 종류 판별(문자열.isalpha(), 문자열.isdigit(), 문자열.isalnum())

문자열이 글자로 구성된 문자열인지 숫자로 구성된 문자열인지 아니면 특수기호가 있는 문자열인지를 판별할 때 문자열.isalpha(), 문자열.isdigit() 또는 문자열.isalnum() 함수를 사용한다.

㉮ 18) 입력한 문자열 종류 판별

```
while 1 :
    s = input( "문자열 입력 : " )
    if s == '' : break              # 빈 문자열이면 반복 종료
    if s.isalpha() :                # 문자열이 글자이면 True, 아니면 False
        print( "글자입니다." )
    if s.isdigit() :                # 문자열이 숫자이면 True, 아니면 False
        print( "숫자입니다." )
    if s.isalnum() == False :       # 문자열이 글자 또는 숫자이면 True
        print( "특수기호가 있습니다." )      # 특수기호가 있으면 False
```

㉮ 18)은 입력한 문자열이 글자로만 구성되어 있는지 숫자로만 구성되어 있는지 특수기호가 포함되어 있는지 판별하는 것이다. 이처럼 문자열.isahpha() 함수는 문자열이 글자로만 구성되어 있을 때 True 이고, 숫자 또는 기호가 포함되어 있으면 False를 반환한다. 그리고 문자열.isdigit() 함수는 문자열이 숫자로만 구

성되어 있을 때에 True를 반환한다. 그리고 문자열.isalnum() 함수는 글자 또는 숫자로 구성되어 있으면 True, 특수기호가 포함되어 있으면 False를 반환한다. 특히 isalpha()와 isdigit() 함수는 문자열 안에 공백(' ') 또는 '\n' 같은 특수문자가 있어도 False를 반환하니 주의해야한다.

7.5 프로그래밍 연습 : 간단한 주소록 만들기

여기서 만들어 볼 주소록은 파일저장 및 읽어오기와 사용자 정의형 함수 등은 사용하지 않고 주소록 생성 및 입력, 주소록 검색, 출력, 삭제 기능만 간단하게 구현하도록 한다. 저장기능까지 추가하여 좀 더 활용성이 있는 주소록 프로그램은 나중에 8장의 파일 입출력과 9장의 사용자 정의형 함수를 공부한 후에 고급 프로그래밍 기법으로 작성하는 방법을 알아보겠다.

1) 문제 분석

다음과 같이 메뉴를 구성하여 선택한 항목에 따라 주소록을 생성하여 입력하고 검색, 출력 및 삭제를 하도록 한다. 이 때 주소록은 이름, 연락처, 주소를 한 사람의 리스트 항목으로 하여 이를 전체 주소 리스트에 추가할 것이다. 따라서 주소록 데이터를 관리하기 위해서는 2차원 리스트가 필요하다.

```
pp = [ ["이름", "연락처", "주소"], [...] , [...] , ...  ]
```

① 메뉴를 출력하고 메뉴를 선택한다.
② 메뉴에서 주소록 입력을 선택하면 개인의 이름, 전화번호, 주소를 문자열로 입력받아 개인의 정보 리스트를 생성하고 이를 리스트 pp에 추가한다.
③ 메뉴에서 전체 출력을 선택하면 리스트 pp에 저장된 사람들의 개인 정보를 모두 보여준다.
④ 메뉴에서 사람 검색을 선택하면 검색할 이름을 입력 받아 리스트 pp에서 해당 이름으로 개인 정보를 찾아서 출력한다.

⑤ 메뉴에서 삭제를 선택하면 삭제할 이름을 입력 받아 리스트 pp에서 해당 개인 정보를 모두 삭제한다.
⑥ 메뉴에서 프로그램 종료를 선택할 때까지 1번부터 다시 반복한다.

2) 프로그램 수식(알고리즘을 프로그램으로 구현)

(1) 메뉴를 출력하고 메뉴 선택

```
print("1. 주소록 입력  2. 전체 출력  3. 사람 검색  4. 삭제  5. 종료")
menu = int(input(">> 선택 : "))
if menu == 1 :
    # 입력 선택 시 할 일
elif menu == 2 :
    # 출력 선택 시 할 일
elif menu == 3 :
    # 검색 선택 시 할 일
elif menu == 4 :
    # 삭제 선택 시 할 일
else : break   # 프로그램 종료
```

(2) 입력 선택 시 할 일

```
# 입력 선택 시 할 일
print()
print("[ 개인 정보 입력 ]")
info = ["","",""]                # 개인 정보 리스트 생성
info[0] = input("이  름 > ")
info[1] = input("연락처 > ")
info[2] = input("주  소 > ")
pp += [info]                     # 개인 정보 리스트를 전체 리스트 pp 에 추가
print("** 입력하였습니다. **")
del info                         # 입력에 사용된 리스트 info 삭제
```

(3) 출력 선택 시 할 일

```
# 출력 선택 시 할 일
print()
print("[ 전체 주소록 출력 ]")
total = len(pp)                        #입력된 사람 수 체크
i = 0
for i in range(total) :
    print( "%s\t%15s\t%s" %(pp[i][0], pp[i][1], pp[i][2]) )
print("** 출력이 끝났습니다. **")
```

(4) 검색 선택 시 할 일

```
# 검색 선택 시 할 일
print()
print("[ 사람 검색 ]")
search_pp = input("이  름 > ")
total = len(pp)
i = count = 0
for i in range(total) :
    if search_pp in pp[i] :
        print( "%s\t%15s\t%s" %(pp[i][0], pp[i][1], pp[i][2]) )
        count += 1
if count == 0 :
    print("[ 명단에 없습니다. ]")
print("** 검색이 끝났습니다. **")
```

(5) 삭제 선택 시 할 일

```
# 삭제 선택 시 할 일
print()
print("[ 주소 삭제 ]")
search_pp = input("이   름 > ")
total = len(pp)
i = 0
for i in range(total) :
    if search_pp in pp[i] :
        del pp[i]
print("** 삭제가 끝났습니다. **")
```

3) 변수 정리

```
# 카운트 변수
i = 0

# 출력 변수
pp = []

# 입력 변수
menu = ""
info = []
total = 0
search_pp = ""
count = 0
```

4) 프로그램 작성

```
# 변수 생성
# 카운트 변수
i = 0
# 출력 변수
pp = []
# 입력 변수
menu = ""
info = []
total = 0
search_pp = ""
count = 0

while True :
    print("1. 주소록 입력  2. 전체 출력  3. 사람 검색   4. 삭제   5. 종료")
    menu = int(input(">> 선택 : "))
    if menu == 1 :
        # 입력 선택 시 할 일
        print()
        print("[ 개인 정보 입력 ]")
        info = ["","",""]
        info[0] = input("이  름 > ")
        info[1] = input("연락처 > ")
        info[2] = input("주  소 > ")
        pp += [info]
        print("** 입력하였습니다. **")
        del info

    elif menu == 2 :
        # 출력 선택 시 할 일
        print()
        print("[ 전체 주소록 출력 ]")
        total = len(pp)
```

```
        i = 0
        for i in range(total) :
            print( "%s\t%15s\t%s" %(pp[i][0], pp[i][1], pp[i][2]) )
        print("** 출력이 끝났습니다. **")
    elif menu == 3 :
        # 검색 선택 시 할 일
        print()
        print("[ 사람 검색 ]")
        search_pp = input("이  름 > ")
        total = len(pp)
        i = count = 0
        for i in range(total) :
            if search_pp in pp[i] :
                print( "%s\t%15s\t%s" %(pp[i][0], pp[i][1], pp[i][2]) )
                count += 1
        if count == 0 :
            print("[ 명단에 없습니다. ]")
        print("** 검색이 끝났습니다. **")
    elif menu == 4 :
        # 삭제 선택 시 할 일
        print()
        print("[ 주소 삭제 ]")
        search_pp = input("이  름 > ")
        total = len(pp)
        i = 0

        for i in range(total) :
            if search_pp in pp[i] :
                del pp[i]
        print("** 삭제가 끝났습니다. **")
    else : break   # 프로그램 종료

    print()

#end
```

[실행 예]

```
*IDLE Shell 3.9.2*
File Edit Shell Debug Options Window Help
= RESTART: C:₩Python39₩프로그램연습₩록ex7_4_주소.py
1. 주소록 입력  2. 전체 출력  3. 사람 검색   4. 삭제   5. 종료
>> 선택 : 1

[ 개인 정보 입력 ]
이   름 > 조연상
연락처 > 010-0000-1000
주   소 > 부산 사하구 하단동

** 입력하였습니다. **

1. 주소록 입력  2. 전체 출력  3. 사람 검색   4. 삭제   5. 종료
>> 선택 : 1

[ 개인 정보 입력 ]
이   름 > 홍길동
연락처 > 010-0001-2000
주   소 > 부산 동래구 명륜동

** 입력하였습니다. **

1. 주소록 입력  2. 전체 출력  3. 사람 검색   4. 삭제   5. 종료
>> 선택 : 2

[ 전체 주소록 출력 ]

조연상     010-0000-1000 부산 사하구 하단동
홍길동     010-0001-2000 부산 동래구 명륜동

** 출력이 끝났습니다. **

1. 주소록 입력  2. 전체 출력  3. 사람 검색   4. 삭제   5. 종료
>> 선택 : 3

[ 사람 검색 ]
이   름 > 조연상

조연상     010-0000-1000 부산 사하구 하단동

** 검색이 끝났습니다. **

1. 주소록 입력  2. 전체 출력  3. 사람 검색   4. 삭제   5. 종료
>> 선택 : |
Ln: 61  Col: 8
```

제7장	리스트의 특성 및 리스트 조작함수
제8장	**파일 입출력의 기초**
제9장	사용자 정의형 함수

제8장 파일 입출력의 기초

8.1 파일 열기와 닫기

1) 기본 개념

8장에서는 기본 입출력 중에서 보조기억장치에 파일을 다루는 법에 대하여 간략히 설명하겠다. 파이썬에서는 다양한 파일 입출력을 위하여 다양한 형태의 함수를 제공하고 있다. 그래서 일반 파이썬과 관련된 책에서는 파일 입출력을 위한 여러 가지 함수에 대해 자세히 설명하고 있다. 하지만 이에 관련된 내용은 초보자뿐만 아니라 고급 사용자가 다루야 할 내용까지 모두 포함되어 있어서 파이썬을 시작하는 사람에게는 오히려 어려워서 포기하게 하는 요소가 될 수 있다. 따라서 이 장에서는 초보자가 쉽게 파일 입출력에 접근할 수 있도록 가장 기초 수준에서만 파일 입출력을 다루도록 하겠다.

우선 파일 입출력을 위해서는 그 개념을 좀 알아둘 필요가 있다. 파이썬에서는 보조기억장치 내의 파일에 접근하기 위해서 파일스트림이라고 하는 좀 특별한 변수를 사용한다.

[그림 8-1] 파일 입출력 개념도

① 파일스트림 변수 준비
② 파일과 파일스트림 변수 연결(파일 열기)
③ 파일스트림 변수를 통해 데이터의 파일 입출력
④ 파일 닫기

파일 입출력은 개념도에서 나타낸 바와 같이 메모리 공간 내의 데이터를 보조 기억장치의 파일로 저장하거나 파일안의 내용을 메모리 공간에 저정하기 위하여 가장 먼저 파일스트림 변수를 준비한다. 그리고 준비된 파일스트림 변수와 보조 기억장치 내의 파일을 연결하여 파일 열기를 수행한다. 그런 다음 파일스트림 변수를 통해 데이터를 파일로 입출력을 수행하고 파일입출력이 끝나면 파일을 닫아서 종료한다. 간단하게 이 과정만 이해를 하면 파일 입출력은 어렵지 않다.

2) 파일 스트림(file stream) 변수

기본 개념에서 설명 했듯이 파일 입출력을 위해 가장 중요한 것은 파일 스트림 변수이다. 이는 파일 스트림 변수가 실질적으로 파일과 연결이 되어 있고, 파일 스트림 변수를 통해 데이터 입출력을 행하기 때문에 파일 입출력을 하기 위해서는 가장 먼저 파일 스트림 변수를 생성해서 준비해 두어야 한다.

파일 스트림 변수 생성은 다음과 같다.

```
fp = None
fin = fout = None
```

파일 스트림 변수는 다른 프로그래밍 언어에서는 매우 독특하게 생성을 하는데 파이썬에서는 일반 변수와 마찬가지로 생성하면 된다. 다만 파일 스트림 변수는 생성시 대입문 뒤에 None을 붙여서 사용할 준비를 해둔다. 이 때 변수이름을 위의 예와 같이 'fp'를 많이 사용하는데 이는 'file pointer'의 의미를 가지고 있다. 그 외에도 변수이름은 다양하게 둘 수 있으며, 보통은 파일 읽기용(fin)과 파일 출력용(fout) 등으로 나눠서 준비를 한다.

3) 파일 열기 : open() 함수

파일 스트림 변수를 생성하였으면 그 다음 수행할 작업은 파일을 열어서 파일스트림과 연결해 주는 것이다. 이때 open() 함수를 이용하여 파일을 열고 파일 스트림 변수와 연결을 해준다.

파일 열기 방법은 다음과 같다.

```
fp = open("파일경로 및 파일이름", "모드")

 * 모드
"rt" - 텍스트 읽기모드 : 기존 파일로 부터 텍스트 읽기
"wt" - 텍스트 쓰기모드 : 텍스트 쓰기를 할 파일을 새로 생성
"at" - 텍스트 추가 쓰기모드 : 기존 파일에 추가로 텍스트 쓰기
"rb" - 이진 읽기모드 : 기존 파일로부터 이진 데이터 읽기
"wb" - 이진 쓰기모드 : 이진 데이터 쓰기를 할 파일을 새로 생성
```

위의 형식과 같이 open() 함수를 사용하여 파일을 열고 대입문 (=)을 이용하여 파일 스트림 변수(fp)와 연결을 한다. 여기서 "모드"는 위에 나타낸 바와 같이 텍스트 읽기("rt"), 쓰기("wt")와 추가 쓰기("at"), 그리고 이진 읽기("rb"), 쓰기 모드("wb")가 있다. 여기서는 텍스트 읽기, 쓰기 모드만 잘 알아두고 이진모드는 더 고급 과정에서 공부하도록 하자. 특히 쓰기모드("wt")에서는 파일이 없으면 새로 생성하고, 기존 파일이 있으면 기존 파일은 지우고 다시 생성한다.

파일 열기 예는 다음과 같다.

```
fp = None                        # 파일스트림 변수 생성
fp = open("exam.txt", "wt")      # exam.txt 파일에 쓰기모드
```

파일 열기 예와 같이 작성을 하면 exam.txt 파일을 쓰기모드로 새로 생성하여 파일 스트림 변수(fp)에 연결한다. 이와 같이 파일 열기 작업이 끝나고 나면 파일 스트림 변수(fp)를 통해 텍스트 데이터를 파일로 쓸 준비가 완료된다.

4) 파일 닫기 : 파일스트림변수.close() 함수

파일은 열어서 데이터를 읽거나 쓰기 작업을 하고나면 프로그램 종료 전에 반드시 닫아주어야 한다. 파일 닫기 작업은 파일스트림 변수에 연결되어 있는 파일

을 끊고 닫아주는 작업으로 파일을 안전하게 보관하기 위한 중요 작업이다. 만약 파일 닫기를 하지 않는다면 프로그램이 종료되어도 파일은 계속 열려 있어서 다른 프로그램이 그 파일에 접근을 못하게 되는 경우가 발생할 수 있다. 파일은 여러 프로그램에서 동시에 열 수 없도록 되어 있기 때문에 파일 읽기 또는 쓰기가 완료되면 반드시 파일을 닫아 다른 프로그램이 파일을 사용할 수 있도록 해주어야한다.

파일 닫기 방법은 다음과 같다.

```
fp.close()
```

파일 닫기는 파일스트림변수.close() 로 파일이 연결되어 있는 파일스트림 변수에 콤마(.)를 찍고 close() 함수를 써서 닫기 작업을 수행한다. 위의 예 처럼 fp = open("exam.txt", "wt")으로 열려있는 파일을 fp.close()를 하게되면 파일스트림변수 fp에 연결된 파일을 닫고 연결을 끊는다.

보통 파일 열기는 프로그램의 앞부분에서 수행을 시키고 파일 닫기는 프로그램 종료 전에 수행을 하면 된다. 다음 프로그램의 예를 보자.

파일 열고 닫기의 예는 다음과 같다.

```
fp = None                        # 파일스트림변수 생성
fp = open("exam.txt", "wt")      # exam.txt 파일 열기,
                                 # 쓰기모드"w" 또는 "wt"
fp.write("Hello!!!")             # 파일에 문자열 쓰기

fp.close( )                      # 파일 닫기
```

이와 같이 프로그램을 작성하면 현재 소스가 있는 작업 폴더안에 exam.txt 파일을 만들고 "HELLO!!!"라는 문자열을 써준다. 프로그램 실행을 시킨 다음, 탐색기에서 파일이 생성되었는지 확인하고 윈도우의 메모장 프로그램으로 파일 내용을 살펴보자.

▮참고 : 특별히 파일이 저장되는 위치(Path)를 쓰지 않으면 파일을 읽거나 쓰기 작업을 하는 폴더는 기본적으로 현재 소스파일이 저장되는 폴더이다. 파일 쓰기 또는 파일 읽기를 하기 위해서는 반드시 현재 소스가 저장되어 있는 작업 중인 폴더를 꼭 알아두자.

특별히 저장 위치(Path)를 지정하고 하고 싶은 경우에는 "파일명"에 파일 경로까지 모두 포함해서 "c:/저장폴더/.../파일명" 형식으로 적으면 된다.

파일 경로를 지정한 열고 닫기 예는 다음과 같다.

```
fp = None
fp = open("c:/python39/exam.txt", "wt")
fp.write("Hello!!!")          # c:\python39\ 폴더에 exam.txt 파일 생성
fp.close( )
```

(5) 자동 파일 닫기, with open() as 파일스트림 변수 : 구문

앞에 설명한 파일을 열고 닫는 방법은 가장 기본적인 방법이지만 프로그램 내에서 빈번하게 파일을 열고 닫을 경우에 파일 닫기를 깜빡하고 하지 않는 경우가 종종 있다. 이런 경우 자칫하면 파일이 깨지거나 파일 접근 등에 문제가 발생하게 되어 곤란한 상황이 올 수가 있다.

이처럼 매번 close() 함수로 파일을 닫도록 하는 것이 귀찮거나 혹시 깜빡할 수 있는 상황이 있을 것 같다 싶을 경우 사용할 수 있는 방법이 with open() as 파일 스트림 : 구문이다.

```
with open("파일명", "모드") as 파일스트림변수 :
        파일읽기 쓰기 실행문
        파일읽기 쓰기 실행문
            ...
# 자동 파일 닫기, with as : 구문이후 들여쓰기 한 구간만 파일을 연다.

예 with open("exam.txt","wt") as fp :
        fp.write("Hello !!!")
        fp.write("파일쓰기 연습입니다..")
    print("파일쓰기가 끝나고 파일은 자동으로 닫혔습니다.")
```

예와 같이 with open() as fp : 구문은 콜론(:) 이후 들여쓰기 되어 있는 실행문 그룹 내에서만 파일을 열어서 파일 읽기 또는 쓰기를 할 수 있고 들여쓰기가

끝나면 자동으로 파일을 닫아주기 때문에 close() 함수를 사용할 필요가 없다. 프로그램 내에서 빈번하게 파일을 열었다 닫았다 할 때에는 매우 유용한 구문이므로 잘 기억을 해두도록 하자.

8.2 파일 쓰기 : 파일스트림.write() 함수

파일 스트림 변수를 생성하고 파일을 열어 연결시키고 나면 파일 쓰기 또는 읽기 작업을 수행할 수 있다. 파일 쓰기의 가장 기본적인 방법은 파일스트림.write() 또는 파일스트림.writelines() 함수를 사용하는 것이다.

파일스트림.write() 함수의 예는 다음과 같다.

```
fp.write("출력문자열 \n")
fp.write("출력문자열 변환기호 \n" %변수 )
```

파일 스트림 변수에 점(.)을 찍고 뒤에 write() 함수를 써서 파일스트림.wite("출력문자열 \n") 형식으로 출력문자열 내용을 파일스트림 변수에 연결되어 있는 파일로 출력해 준다. 따라서 파일 출력을 위한 준비(파일 스트림 변수 생성, 파일 열기)를 모두 한 후에 먼저 print() 함수로 화면에 내용을 출력해 보고 원하는 대로 올바르게 화면에 출력이 되면, print() 함수 대신에 파일스트림.write()를 넣어 파일 출력을 한다.

- 주의 1 : write() 함수는 문자열 출력만 지원한다. print() 함수와 같이 정수 또는 실수를 문자열로 자동 변환하지 않는다. 파일 출력시에 정수 또는 실수는 반드시 서식문자열에 의한 변환을 통해 파일 출력을 한다.
- 주의 2 : print() 함수에서는 출력이 끝난 후 출력 위치를 자동으로 다음 줄 처음으로 옮겨주지만 write() 함수는 출력이 끝난 후 출력 위치를 자동으로 다음 줄 처음으로 바꾸지 않는다. 즉, write() 함수는 출력이 끝난 후 다음 출력 시에 뒤에 계속 붙여서 출력을 한다. 따라서 출력문자열 출력 후 다음줄 처음으로 위치를 옮기기 위해서는 출력문자열 마지막에 '\n'을 반드시 프함시켜야 한다.

예제 7-1 프로그램은 앞서 4장에서의 예제 4-9 프로그램의 결과를 파일로 출력하도록 한 것이다. 변수 생성 과정 후에 파일스트림 변수를 생성하고 open() 함수를 이용하여 exam.txt 파일을 열어 연결하였다. 그런 다음 결과출력 부분에서 print()함수 대신 fp.write() 함수를 사용하여 결과를 파일로 출력하도록 하였다. 출력이 모두 끝나고 나면 fp.close() 함수로 파일을 닫는다. 이와 같이 앞에서 공부한 다양한 프로그램의 결과를 파일쓰기 방법으로 파일로 출력하는 연습을 하기 바란다.

예제 8-1 예제 4-17 프로그램의 결과를 파일로 출력하기

```
from math import *
L = 0.0
A = 0.0
a = 0.0
b = 0.0
fp = None

fp = open("ex4_17_result.txt", "wt")

print("* 직사각형 두 변 a, b 입력")
a = float( input("a(mm)=? ") )
b = float( input("b(mm)=? ") )

L = 2 * ( a + b )
A = a * b

fp.write("* 계산결과 \n")
fp.write("둘레 : %.4f mm \n" %L)
fp.write("면적 : %.4f mm^2 \n" %A)
print("** 결과는 파일로 저장하였습니다. **")

fp.close()
#end
```

파일스트림.writelines() 함수는 문자열로 구성돈 리스트를 파일에 한줄로 출력을 하는 함수이다. 예를 들어 리스트 a = ["123","456","789"]가 있으면 fp.writelines(a)를 통해 파일에는 123456789가 출력되어 있다. 그러나 각 문자열이 구분되지도 않고 리스트 안에 문자열 외에 정수 또는 실수가 있으면 에러가 발생하기 때문에 잘 사용되지 않는다.

파일스트림.writelines() 함수의 예는 다음과 같다.

```
fp = open("exam.txt","wt")
a = ["123", "456", "789"]
fp.writelines( a )            # 문자열로 구성된 리스트 a를 한줄에 출력
fp.close()

<exam.txt 파일 내용>
 123456789
```

연 습 문 제

1. 앞의 4장, 5장에서 연습해 본 많은 프로그램의 결과를 파일로 출력하여 보자.

2. 각도 x를 0도부터 360도 까지 변화 할 때, sin x값을 파일로 출력하고, 엑셀에서 그래프를 그려라.

8.3 파일 읽기 : 파일스트림.read(), 파일스트림.readline() 파일스트림.readlines() 함수

파일로부터 데이터를 읽어오는 가장 기본적인 방법은 파일스트림.read() 함수를 사용하는 것이다.

1) 파일스트림.read() 함수 : 파일 전체 읽어 오기

```
변수  = 파일스트림.read()

㉠ fp = open("exam.txt","rt")      # 읽기모드 "r" 또는 "rt"
   a = fp.read()                  # 파일 내용 전체를 읽어서 a에 문자열로 저장
   print(a)
   fp.close()
```

파일스트림.read() 함수는 파일 내용을 문자열로 모두 읽어 들인다. 따라서 위의 예와 같이 a = fp.read()를 하면 파일스트림 fp에 연결된 exam.txt의 내용을 문자열의 형태로 모두 읽어 변수 a에 저장한다.

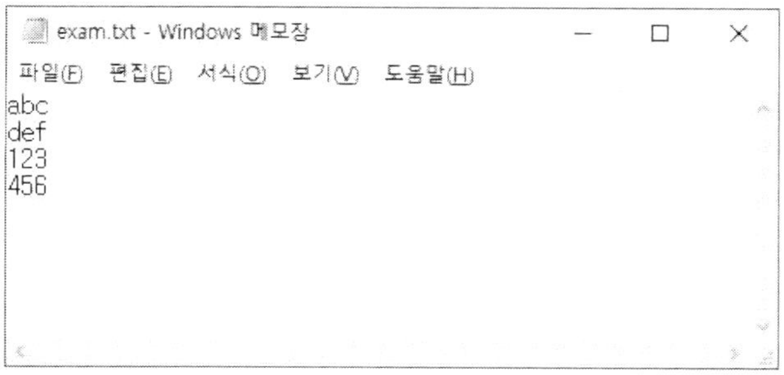

[그림 8-2] exam.txt 파일

먼저 [그림 8-2]와 같이 소스가 저장 되어 있는 폴더에 exam.txt 파일을 만들어서 저장하여 두자. 그런 다음 위의 파일스트림.read() 사용 예를 실행 한다.

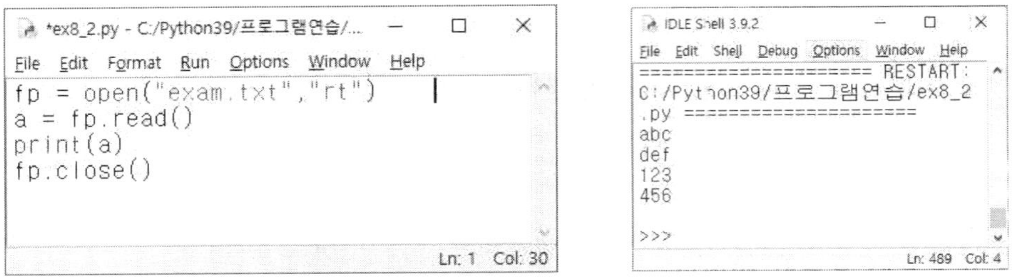

[그림 8-3] 프로그램 실행 결과

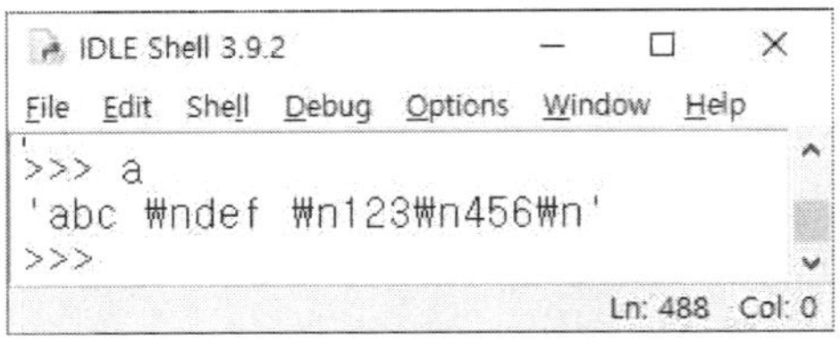

[그림 8-4] 예제 프로그램 실행 후 변수 a의 안의 실제 내용

[그림 8-3]과 [그림 8-4]는 예제 프로그램을 실행한 결과이다. 이와 같이 파일스트림.read() 함수는 파일내용 전체를 문자열로 읽어서 변수 a에 저장한다. 따라서 파일스트림.read() 함수는 파일 전체 내용을 하나의 문자열로 읽어오기 때문에 상황에 따라서는 엔터로 구분되어 있는 데이터를 하나하나 처리하고자 할 때는 불편한 점이 많다.

이처럼 [그림 8-2]의 exam.txt 파일의 내용과 같이 엔터로 구분이 된 데이터를 한 줄씩 읽어서 처리를 해야할 경우에는 파일스트림.readline() 함수를 사용한다.

2) 파일스트림.readline() 함수 : 파일 내용을 한 줄씩 읽어 오기

파일스트림.readline() 함수를 사용한 ㉮ 1)을 보면 a = fp.readline()으로 파일 내용을 읽어 변수 a에 저장 후 출력하도록 하였다. 이 프로그램 예로 [그림 8-2]의 exam.txt 파일을 읽어오면, 파일 가장 처음 줄에 있는 "abc"만 출력을 한다. 이와 같이 파일스트림.readline() 함수는 실행할 때 마다 파일 내용을 한 줄씩 읽어오기 때문에 ㉮ 2)와 같이 반복문 인 while문과 함께 사용해서 파일 안의 데이터를 한줄씩 읽어서 처리할 수 있다.

그러나 이러한 방식으로 파일로부터 여러 개의 데이터를 불러와서 처리하는 것이 종종 불편할 때가 있다.

그래서 파이썬에서는 파일 내용 전체를 읽어 엔터로 구분된 한 줄씩 문자열로 구분하여 리스트의 형태로 생성하는 파일스트림.readlines() 함수를 제공한다.

```
변수 = 파일스트림.readline()

예 1) fp = open("exam.txt","rt")      # 읽기모드 "r" 또는 "rt"

   a = fp.readline()             # 파일 내용 한줄을 읽어서 a에 문자열로 저장
   print(a)

   fp.close()

예 2) fp = open("exam.txt","rt")

   while True :
       a = fp.readline()
       if a=="" : break            #파일 끝이면 반복 종료
       print(a)

   fp.close()
```

3) 파일스트림.readlines() 함수

전체 파일 내용을 한 줄씩 리스트로 생성한다

```
변수 = 파일스트림.readlines()

예 fp = open("exam.txt","rt")    # 읽기모드 "r" 또는 "rt"

   a = fp.readlines()            # 전체 파일 내용 읽어서 한줄씩 문자열로
                                   리스트로 생성하여 리스트 a에 저장
   print(a)

   fp.close()
```

예와 같이 a = fp.readlines()를 실행하면 read() 함수처럼 전체 내용을 읽어오지만, 엔터로 구분되어 있는 문자열을 한 줄씩 분리하여 리스트로 생성을 한다. 따라서 위의 예를 실행해 보면 a는 다음과 같이 문자열 리스트로 출력이 된다.

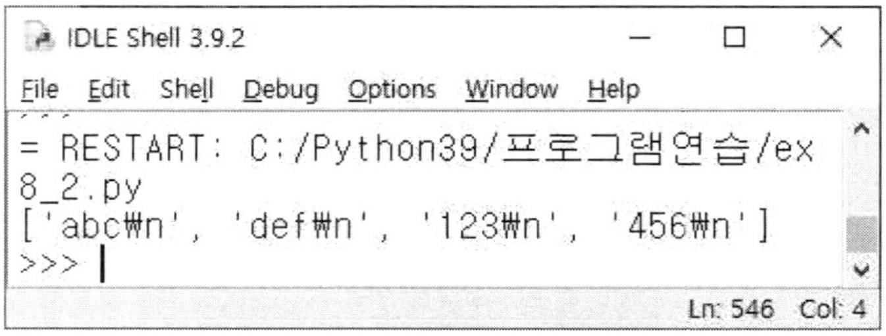

[그림 8-5] readlines() 함수로 파일읽기 결과

실수값 읽어오기의 예는 다음과 같다.

예 1) float() 함수 이용해서 문자열을 실수로 변환

```
fp = open("exam.txt","rt")      # 읽기모드 "r" 또는 "rt"

while True :
    a = fp.readline()           # 문자열 한 줄 읽기
    if a == "" : break          # 파일 끝이면 종료

    a = float( a )              # 실수값으로 변환해서 a에 저장
    print(a)                    # 정수값으로 변환할때는 a = int( a )

fp.close()
```

예 2) map() 함수 이용해서 문자열 리스트를 실수값 리스트로 변환

```
fp = open("exam.txt","rt")  # 읽기모드 "r" 또는 "rt"

a = fp.readlines()          # 여러 데이터를 문자열 리스트로 읽어 옴.
a = list(map(float, a))     # 문자열 리스트를 실수값 리스트로 변환
print(a)                    # 정수값으로 변환할때는 a = list(map(int, a))

fp.close()
```

파일 읽기는 항상 문자열의 형태로 읽어 온다. 따라서 정수 또는 실수를 읽어 올때는 반드시 ㉠ 1) int(), float() 함수 또는 ㉠ 2) map() 함수 이용하여 파일로부터 읽어 온 문자열을 정수 또는 실수로 변환을 해야한다.

▌주의 : 여기서 조심해야할 점은 int(), float() 함수는 문자열에 숫자가 아닌 영문자 또는 여러 기호가 포함되어 있으면 에러가 발생한다. 따라서 exam.txt 파일 안에 숫자만 넣고 위의 예제들을 실행해 본다.

8.4 여러 가지 에러 처리하기 : 예외 처리

1) 파일 없음 예외 처리

파일 읽기의 경우 fp = open("파일명", "rt") 또는 fp = open("파일명", "r") 로 파일을 연다. 그러나 읽기모드로 열 때는 반드시 작업 폴더안에 파일이 생성되어 있어야 한다. 만약 파일이 없으면 [그림 8-6]과 같은 에러가 발생한다.

보통 프로그램 작성시에는 에러에 대한 예외 처리라고 하여 파일이 없어서 에러가 발생할 경우에 이에 대한 대비를 하는 것이 좋다.

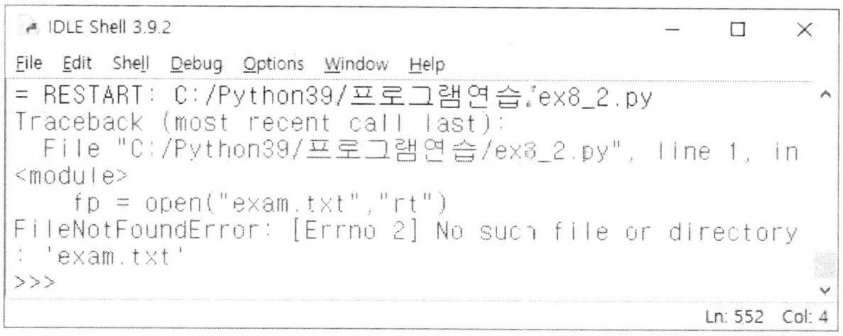

[그림 8-6] 읽기 모드로 파일 열기할 때 파일이 없을 경우의 에러

이와 같이 파일을 읽기 모드로 열 때 파일이 없을 경우에는 [그림 8-6]과 같은 에러가 발생하게 된다. 이럴 때 에러를 발생시키지 않고 그냥 깔끔하게 프로그램을 종료하도록 하기 위해서 파이썬의 예외 처리 구문에 대해 알아보자.

예외처리 구문이란 try - except 구문으로 try문 안에 있는 실행문을 수행하는 도중에 오류가 발생하면 수행을 멈추고 except문 내에 있는 실행문을 수행하도록 하는 구문이다. 이것은 여러 가지 실행 오류가 발생했을 때, 그 오류에 따라 적절하게 대응을 하도록 하기 위한 것으로 특히 파일을 읽어 올 때나 수식 계산 중에 발생할 수 있는 여러가기 오류에 대해 프로그램을 바로 멈추지 않고 능동적으로 대처할 수 있도록 하는 매우 편리한 기능이다.

(1) 예외 처리 구문 1 : 발생할 오류가 하나뿐인 경우

```
try :
    실행문              # 기본적으로 수행할 실행문들..
    실행문
      ...
except :
    실행문              # try 구문 내의 실행문 중 어떤 오류가 발생하면
    실행문              # 수행할 실행문들..
      ...
```

예외 처리 구문의 첫 번째는 위와 같이 try : 구문 내에 있는 실행문들을 수행하는 도중에 어떤 오류가 발생하면 현재 실행문의 수행을 멈추고 except : 구문 안에 있는 실행문을 수행한다.

㉠ 1) 간단한 파일 읽기 오류에 대한 예외 처리

```
fp = None
try :
    fp = open( "exam.txt" , "rt" )

    a = fp.read()
    print(a)

    fp.close()
except :
    print("파일이 없습니다.")
```

이것은 프로그램 작성자가 try : 구문에서 발생할 수 있는 오류 하나를 명확히 예상할 수 있을 때 또는 실행문 중에서 어떤 오류가 발생하면 무조건 프로그램을 종료하고자 할 경우에 간단하게 사용할 수 있는 예외 처리 구문이다.

예를 들면 ⓔ 1)과 같이 파일 열기를 할 때에 파일이 없어서 발생할 수 있는 오류라는 것이 충분히 예상될 경우에 간단하게 사용할 수 있다. ⓔ 1)은 파일이 있으면 파일 내용 전체를 출력하고, 파일이 없을 경우 "파일이 없습니다."라는 메시지를 출력하고 프로그램을 종료한다.

ⓔ 2) 입력한 파일 내용을 화면에 출력

```
fp = None
while True :          # 입력한 파일이 없으면 파일명을 계속 물음.
    try :
        fname = input("파일명 ?  ")
        fp = open( fname, "rt" )
        break
    except :
        print("파일이 없습니다. 다시 입력하세요.")
        continue

a = fp.read()
print(a)

print("파일읽기를 정상적으로 수행하였습니다.")
fp.close()
```

ⓔ 2)의 경우 파일명을 입력받아 파일을 열고 내용을 출력해주는 프로그램이다. 여기서 입력한 파일이 없으면 프로그램을 덤추지 않고 다시 파일명을 묻도록 처리하였다.

ⓔ 3)은 파일에서 실수값을 읽어 오는 프로그램 예로 앞서 예외 처리가 없을 경우에는 파일 안에 숫자가 아닌 문자열이 있을 경우 에러를 발생하고 프로그램이 종료되지만, ⓔ 3) 예외 처리를 통해 숫자가 아닌 문자열에 의해 실수값 변환시 오류가 발생하면 저장하지 않고 다음 줄 내용을 읽어 오도록 처리하였다. 따라서 예 3)은 파일 안에 숫자와 문자가 같이 있을 경우 숫자만 읽어서 화면에 출력을 한다.

㉮ 3) float() 함수 이용해서 문자열을 실수로 변환

```
try :
    fp = open("exam.txt","rt")        # 읽기모드 "r" 또는 "rt"

    while True :
        try :
            a = fp.readline()          # 문자열 한 줄 읽기
            if a == "" : break         # 파일 끝이면 종료

            a = float( a )             # 실수값으로 변환해서 a에 저장
            print(a)                   # 정수값으로 변환할때는 a = int( a )
        except :                       # 실수값 변환 오류시 다음 줄 읽기
            continue

    fp.close()
except :
    print("파일이 없습니다..")
```

(2) 예외 처리 구문 2 : 오류 종류에 따른 예외 처리

```
try :
    실행문              # 기본적으로 수행할 실행문들..
    실행문
     …
except 오류종류1 :
    실행문              # try 구문 내의 실행문 중 오류1이 발생하면
    실행문              # 수행할 실행문들..
     …
except 오류종류2 :
    실행문              # try 구문 내의 실행문 중 오류2가 발생하면
    실행문              # 수행할 실행문들..
     …
```

〈표 8-1〉 대표적인 오류의 종류

오 류	설 명
FileExistsError	이미 존재하는 파일 또는 폴더를 다시 생성
FileNotFoundError	오픈하려는 파일 또는 폴더가 없을 때
ImportError	모듈을 불러올 수 없을 때
IndexError	리스트에서 잘못된 인덱스를 인덱싱
KeyError	딕셔너리에서 잘못된 Key를 인덱싱
KeyboardInterrupt	ctrl+c 키가 눌러졌을 때
NameError	변수가 없을 때
RecursionError	함수의 재귀호출시 문제가 발생했을 때
RuntimeError	구문이 동시에 중복 실행될 때
SyntaxError	구문 오류가 발생했을 때
TypeError	데이터형이 잘못되었을 때
ValueError	잘못된 데이터 값일 때
ZeroDivisionError	0으로 나눌 때
IOError	파일 입출력에 문제가 있을 때

이처럼 try구문 내에서 발생할 오류 하나를 충분히 예상될 경우에는 간단한 예외 처리 구문을 통해 대비를 할 수가 있다. 하지만 try구문 내에 있는 여러 실행문 중에서 다양한 오류가 발생할 수 있는 경우에는 ㉮ 1)의 방법과 같이 프로그램을 종료하도록 할 수도 있지만, 오류의 종류에 따라 처리를 다르게 할 경우도 있다.

두번째 예외 처리 구문은 오류의 종류에 따른 예외처리 구문이다. 이것은 except문에 오류의 종류를 명확히 적어서 특정 오류가 발생했을 때 수행할 실행문들을 정의해주는 것이다. 보통 프로그램 실행 중에 발생할 수 있는 오류는 <표 8-1>과 같다.

㉮ 4)는 오류의 종류에 따라 예외 처리를 한 예로 x1 또는 x2에 수를 입력하지 않고 영문자나 여러 기호를 입력하면 float() 함수에서 ValueError가 발생하여 "수를 입력하세요.."를 출력을 하도록 하였다. 그리고 x2에 0을 입력하면 0으

로 나누기를 하게 되어 ZeroDivisionError가 발생한다. 이 때는 "x2는 0을 입력하면 안됩니다."를 출력하도록 하였다. 이와 같이 try구문에서 여러 종류의 오류가 발생할 수 있을 때 오류 종류에 따라서 각기 다른 예외처리가 가능하다.

그 외에 try - except - else - finally 구문에 의해 오류가 발생했을 경우, 오류가 없을 경우 등을 명확히 구분해서 실행문을 수행하도록 하는 예외 처리 방법도 있다.

㉾ 4) 두 실수를 입력 받아 나누기

```
try :
    x1 = float( input("x1 ? ") )
    x2 = float( input("x2 ? ") )

    y = x1/x2

    print("%.4f / %.4f  = %.4f" %(x1, x2, y))

except ValueError :
    print("수를 입력하세요..")

except ZeroDivisionError :
    print("x2는 0을 입력하면 안됩니다..")
```

(3) 예외 처리 구문 3 : 오류가 있을 경우와 없을 경우 명확히 구분

```
try :
    실행문              # 기본적으로 수행할 실행문들..
    실행문
      …
except 오류종류 :
    실행문              # try 구문 내의 실행문 중 오류가 발생하면
    실행문              # 수행할 실행문들..
      …
else :
    실행문              # try 구문 내의 실행문 중 오류가 없으면
```

```
    실행문          # 수행할 실행문들..  생략가능
      ...
finally :
    실행문          # 위의 처리 후 무조건 수행할 실행문들..
    실행문          # 생략가능
      ...
```

예를 들어 앞에 ㉮ 1)의 간단한 오류처리의 예제를 보면 fp = open("exam.txt", "rt") 에서만 오류가 날 수 있다. 이런 경우 ㉮ 5)와 같이 오류가 날 수 있는 실행문만 try구문으로 예외처리를 하고 나머지 실행문인 파일 내용을 읽어서 출력하는 부분은 try구문의 실행문에 오류가 없을 경우 수행을 하도록 else 구문 안에 작성할 수도 있다.

㉮ 5) 예 1)프로그 램의 다른 오류 처리 방법

```
fp = None
try :
    fp = open( "exam.txt" , "rt" )

except :                    # 파일 열기에 문제가 있을 경우 실행
    print("파일이 없습니다.")

else :                      # 파일 열기에 문제가 없을 경우 실행
    a = fp.read()
    print(a)

    fp.close()
```

물론 ㉮ 1)과 같이 파일열기에 문제가 없을 경우의 실행문들도 try구문 안에 작성을 하여도 상관 없다. try - except - else - finally 예외처리 구문은 try구문에 오류가 있을 때(except)와 오류가 없을 때(else), 그리고 오류에 상관 없이(finally) 수행할 일들을 보다 명확하게 구분해서 작성하고 싶을 때 사용하면 된다.

연 습 문 제

1. 앞의 6장에서 연습한 리스트를 이용한 프로그램의 결과를 파일 입출력을 이용하여 프로그램을 작성해 보자.

2. 7장 프로그래밍 연습에서 만든 간단한 주소록에 파일 입출력으로 데이터 저장기능을 추가하여 프로그램을 완성해 보자. 이 때 여러 가지 문자열 조작기능도 이용해서 자신만의 주소록을 만들어 보기 바란다.

제7장	리스트의 특성 및 리스트 조작함수
제8장	파일 입출력의 기초

제9장 사용자 정의형 함수

9.1 함수의 개념

함수는 어떤 특정 작업을 수행하기 위한 하나의 명령체계로서 파이썬에서는 매우 중요한 요소 중의 하나이다. 다른 프로그래밍 언어에서는 특정 작업을 위한 기능을 명령어라는 체제로 통합해 두고 있다. 그러나 다른 프로그래밍 언어에서의 명령어는 사용자가 그 기능이 마음에 들지 않거나 좀 더 확장을 하고 싶다고 하더라도 변경을 하지 못하고 제공되는 형태로만 사용할 수 있어 프로그래밍에 제한이 많다고 할 수 있다. 이를 위해 보통 다른 프로그래밍 언어에서는 서브프로그래밍 기법을 많이 활용한다.

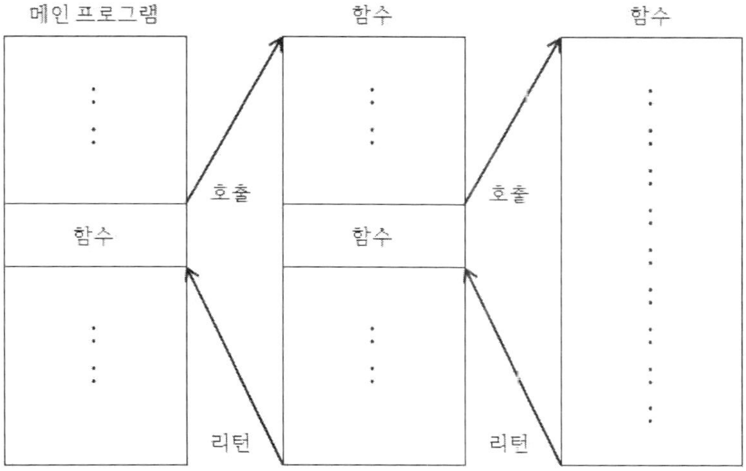

[그림 9-1] 함수의 개념도

파이썬은 이러한 서브프로그래밍 기법을 좀 더 확장하고 강력하게 발전시켜 함수라는 형태로 두고 있으며, 특정 작업을 위한 기능을 모두 함수의 형태로 둠으로써 언제든지 사용자가 원하는 형태로 기능을 수행할 수 있도록 하였다.

따라서 파이썬에서 명령어는 가장 기본적인 몇 가지만 예약어라는 형태로 두고 대부분의 특정 작업을 위한 기능을 함수라는 형태로 만들었다. 이렇게 함으로써 사용자가 필요할 때 이미 만들어져 있는 함수를 가져오거나 새로 제작하여 원하는 기능을 수행하도록 함으로써 프로그래밍의 제한을 없애고 모듈화가 가능하도록 하였다.

▌참고 : 함수는 서브프로그램의 발전된 형태이다.

- 특정 작업을 위한 기능을 사용자가 원하는 형태로 만들 수 있다.
- 특정 작업을 위한 기능들을 함수 형태로 만들어 모아서 모듈로 저장해 두고, 언제든지 import를 통하여 불러와서 사용할 수 있다.
- 새로운 프로그램 개발 시에 사용자가 미리 만들어 놓은 함수를 언제든지 가져와서 사용할 수 있다.

파이썬에서 함수는 크게 내장 함수, 외장 함수, 사용자 정의형 함수로 구분된다. 내장 함수는 각종 기본적인 기능을 수행할 수 있도록 파이썬에 내장된 함수들을 말한다. 그리고 외장 함수는 파이썬에서 바로 번역을 할 수 없지만 외부에 모듈로 두어 import 명령 또는 from - import 명령으로 불러서 사용할 수 있는 함수이다. 이에 대한 것은 3장에서 설명하였으므로 참고하기 바라며, 이 장에서는 사용자 정의형 함수에 대해 설명하도록 하겠다.

사용자 정의형 함수는 말 그대로 사용자가 직접 특정 기능을 수행하도록 예약어와 내장 및 외장 함수 등을 이용하여 제작한 함수를 말한다. 이는 단독으로는 프로그램으로 수행을 하지는 못하지만 메인 프로그램에서 필요할 때, 호출해서 실행할 수 있다. 보통 메인 프로그램 내에서 모든 기능을 하도록 프로그래밍을 하게 되면 프로그램 내용이 매우 많을 때 프로그램을 분석하기 어렵게 되기 때문에 나중에 수정 또는 편집하기가 어렵게 된다.

그리고 또 다른 프로그램을 작성할 때 같은 기능을 위한 내용을 일일이 다시 작성해야하는 번거로움이 발생할 수 있다. 이 때 특정 기능 부분을 사용자 정의형 함수로 따로 작성하게 되면 프로그램 분석도 편하고 새로운 프로그램을 만들 때 미리 작성해 놓은 사용자 정의형 함수를 바로 불러서 사용하면 되기 때문에 프로그램 개발에도 매우 효율적이다.

```
def 함수1() :          # 사용자 정의형 함수인 함수1() 생성
    실행문
    실행문             # 들여쓰기 부분이 함수1() 내용
     ...
                       # 함수1() 내용이 끝나면 리턴
#메인 프로그램
실행문
함수1()                # 함수1() 호출 : 함수1() 내용 실행
실행문                 # 함수1() 내용이 끝나면 호출 다음부터 실행
...
```

파이썬은 def 명령으로 사용자정의형 함수를 생성하여 들여쓰기로 함수 내용을 작성한다. 그러면 실행시 def 부분은 바로 실행하지 않고 들여쓰기가 안되어 있는 메인 프로그램 부분을 실행하면서 생성한 함수를 호출하였을 때 함수내용을 실행하고 들여쓰기가 끝나서 함수내용이 끝나면 메인 프로그램에서 함수를 호출한 다음부터 다시 수행을 한다. 9.3절에서 이에 대한 사항을 자세히 다루도록 하겠다.

사용자 정의형 함수의 장점은 다음과 같다.

① 메인 프로그램을 간략화하여 프로그램 분석이 쉽다.
② 다른 프로그램을 새로 작성할 때, 미리 만들어 놓은 함수를 불러서 사용하면 되기 때문에 프로그램 개발을 빠르고 효율적으로 할 수 있다.

9.2 지역변수와 전역변수

파이썬에서 변수는 선언(생성) 장소에 따라 크게 지역변수와 전역변수 그리고 매개변수로 구분할 수 있다. 지역변수는 특정 함수 내에서만 사용되는 변수로 다른 함수에서는 그 내용에 접근하지 못하는 변수를 말한다. 따라서 지역변수는 함수

내에서 변수를 생성하여 그 함수 안에서만 데이터를 저장하고 읽을 수 있다. 예제 9-1에서는 def add(a,b) : 으로 add() 함수를 생성하고 함수는 return c를 하면서 끝난다. 이 때 add() 함수내에서만 사용하고 있는 지역변수는 a, b, c이다.

그리고 전역변수는 모든 함수에서 사용 가능한 변수로 함수 밖에서 변수를 생성하여 어디서나 데이터를 사용할 수 있도록 한 것으로 예제 9-1에서는 메인 프로그램 부에서 사용하는 변수 x, y, z가 전역변수이다.

매개변수는 값을 함수로 전달하기 위하여 사용되는 변수로 함수 생성 시에 함수 이름 다음에 붙이는 소괄호 ( ) 안에서 생성된 변수를 말한다. 이 때 매개변수는 함수내에서 지역변수로 사용이 된다. 예제 9-1에서는 add() 함수 생성시 소괄호 안에 있는 변수 a와 b가 매개변수이자 add() 함수의 지역변수가 된다.

예제 9-1 / 지역변수, 전역변수, 매개변수

```
from math import *
# 전역변수 x, y, z 생성
x = 0
y = 0
z = 0

def add( a, b ) :               # add() 함수 생성, 매개변수 a, b
    c = 0                       # 지역변수 c 생성
    c = a + b                   # 매개변수 a, b 는 지역변수로 사용됨.
    return c
                                # 메인 프로그램 부
x = 10; y = 20                  # x, y, z 는 전역 변수임.
z = add(x, y) + 50              # x, y 내용을 add()함수 호출 하면서 전달
print(" x: %d, y: %d, z: %d " %( x, y, z))
```

예제 9-2는 에서 add() 함수 안에 생성하여 사용하고 있는 변수 z는 메인 프로그램 부분의 변수 z와 서로 다른 독립적인 변수이다. 이처럼 지역변수는 전역변수와 같은 이름을 가진다 하더라도 각 함수에서 독립적으로 사용된다. 따라서 예제 9-2에서 add() 함수 내의 변수 z는 30을 저장하게 되고, 메인 프로그램 내

의 변수 z는 80을 저장하게 된다. 그러나 add() 함수내의 변수 x, y는 변수 z와는 다르게 대입문으로 값을 저장하지 않기 때문에 지역변수로 생성되지 않는다. 따라서 변수 x와 y는 add() 함수 내에서도 전역변수로서 그 내용을 읽을 수가 있다.

이처럼 전역변수는 다른 함수 내에서 사용할 수 있지만 함수 내에서 전역변수를 사용할 때는 조심할 필요가 있다.

예제 9-2 / 지역변수와 전역변수 이름이 같은 경우

```
from math import *
# 전역변수 x, y, z 생성,
x = 0
y = 0
z = 0

def add() :                    # add()함수 생성
    z = 0                      # 지역변수 z가 된다.
    z = x + y                  # 전역변수 x, y 읽기 가능
    return z

#메인 프로그램 부
x = 10; y = 20               # 전역변수 x, y
z = add() + 50
print(" x: %d, y: %d, z: %d " %( x, y, z))
```

▌주의 : 함수 내에서 전역변수에 값을 저장하고자 할 때는 반드시 global 명령으로 전역변수임을 알려야한다. global 명령으로 전역변수임을 알리지 않고 어떤 값을 저장하면 전역변수에 값이 저장 되는 것이 아니라 전역변수와 같은 이름을 가지는 지역변수가 생성이 된다.

이는 파이썬의 변수 생성 특징 때문으로 대입문으로 상수값, 변수값, 수식 결과값을 변수에 저장할 때 값의 데이터 형태에 따라 변수를 새로 생성하기 때문이다.

전역변수와 지역변수의 이름이 같으면 함수안에서는 지역변수로 사용이 되고 같은 이름으로 있는 전역 변수에는 아무런 영향을 주지 않는다.

예제 9-3 함수 내에서 전역변수의 사용(global 명령)

```
from math import *
x = y = z = 0                  # 전역변수 x, y, z 생성

# add() 함수 생성
def add() :
    global x, y, z             # 함수내에서 전역변수 x, y, z 사용
    z = x + y

# 메인 프로그램 부분
x = 10
y = 20
add()                          # add() 함수 호출하여 z 계산 z는 30이 된다.
print( " x : %d,  y : %d,  z : %d" %(x, y, z))
```

따라서 예제 9-3과 같이 함수 내에서 전역변수를 그대로 사용하고자 한다면 반드시 global x, y, z와 같이 변수 x, y, z가 전역변수임을 알려야한다. 이와 같이 하면 함수 내에서 변수에 값을 저장하더라도 global로 지정된 변수는 지역변수가 되지 않고 전역변수로 사용이 된다.

사용자 정의형 함수를 작성할 때는 지역변수, 전역변수, 매개변수를 잘 구분해서 사용하는 것이 중요하다. 보통 프로그래밍 초보일 경우에는 사용자 정의형 함수를 작성할 때 전역변수가 매우 편하게 느껴진다. 그러나 나중에 사용자 정의형 함수를 다른 프로그램 개발 시에 이용하려고 한다면 전역변수 보다는 지역변수와 매개변수의 사용이 더욱 효율적이고 중요하다는 것을 알게 될 것이다.

① 지역변수 : 함수 내에서 변수를 생성하고 그 함수 안에서만 사용한다. 전역 변수와 이름이 같을 경우 지역변수로 사용하고, 전역 변수 내용에는 영향을 주지 않는다.

② 전역변수 : 함수 밖에서 변수를 생성한다. 모든 함수에서 사용이 가능하다. 함수 안에서는 global 로 전역변수임을 알려준다.
③ 매개변수 : 지역변수의 일종으로 함수 생성시 함수의 소괄호 ( ) 안에서 생성하여, 함수 호출시 값을 전달하는 매개체 역할을 한다.

9.3 함수의 생성 및 호출

(1) 함수 생성(정의) 형식

```
def  함수이름 ( 매개변수 , 매개변수, ... ) :
     실행문
     실행문
       ...
     return 리턴값          # 함수 종료, 리턴값이 없는 경우 생략 가능
```

사용자 정의형 함수는 함수 생성의 형식에 따라 def 명령으로 생성(정의)을 한다. def 다음 함수이름을 적고 소괄호()와 콜론(:)을 적어 함수를 생성한다. 이 때 값을 전달받을 것이 있는 경우 소괄호 안에 전달 받을 값의 개수만큼 매개변수를 콤마(,)로 구분해서 넣어 주면 된다.

함수 생성을 완료한 후 함수의 내용은 반드시 들여쓰기를 하여 실행문들의 줄을 맞춰서 작성한다. 파이썬에서는 들여쓰기로 실행문 그룹을 형성하기 때문에 들여쓰기 줄맞춤이 매우 중요하다.

함수 종료 시에 함수를 통해 어떤 값을 전달할 필요가 있을 경우, return 명령으로 함수가 가진 데이터 저장공간에 값을 저장을 하여 값을 전달할 수 있다. 이 값을 리턴값이라고 부르는데 리턴값은 함수가 자체적으로 가지는 값이 된다. 예를 들면 math 모듈에 있는 sin(x) 함수를 호출하고 나면 그 결과를 함수가 가지고 있어야 이를 출력하거나 다른 변수에 저장하여 이용할 수가 있다. return 명령은 함수를 종료하는 명령으로, 이 때 리턴값을 써주면 함수를 종료하면서 그

값을 함수가 가지고 있도록 한다.

리턴값이 없을 경우에는 그냥 return 만 사용하여 함수를 종료하거나 return 을 생략해도 된다.

예제 9-3과 같이 전역변수만 사용하는 경우 add() 함수를 종료할 때 함수 자체에 저장할 리턴값이 없으므로 add() 함수 종료 시에 return 명령도 생략하였다. 이는 일반 사용자 정의형 함수도 마찬가지 이다. 하지만 함수의 끝임을 명확히 하기 위하여 return 명령을 적어도 상관이 없다.

예제 9-4 add() 함수 생성 예

```
from math import *
x = y = z = 0                  # 전역변수 x, y, z 생성

# add() 함수 생성
def add() :
    c = x + y                  # 지역변수 c의 결과를 전달하기 위해서는
    return c                   # return c 로 함수를 종료 한다.
# 메인 프로그램 부분
x = 10
y = 20
z = add()                       # add() 함수 호출하고 실행 결과 z에 저장
print( " x : %d,  y : %d, z : %d " %(x, y, z))
```

예제 9-4에서 add() 함수의 결과는 지역변수인 c에 저장하기 때문에 add() 함수는 결과 값을 전달하기 위한 공간이 필요하다. 따라서 함수 종료 시 return c 를 하여 c값을 함수가 끝나면서 가지고 가도록 하였다. add() 함수가 종료되면 메인 프로그램부분에서 add() 에는 return c에 의해 add() 함수는 리턴값을 가지고 있게 되며 대입문(=)에 의해 전역변수 z에 그 값을 저장한다.

예제 9-5에서 add() 함수를 생성할 때, 메인 프로그램 부분에서 사용하는 변수 x, y값을 전달하기 위하여 매개변수 a와 b를 함수 소괄호 ( ) 안에 생성하고 있다. 이는 메인 프로그램 부분에서 add() 함수를 호출할 때 매개변수를 통해 변수

x와 y의 값을 add() 함수로 전달 할 수 있다.

그리고 함수 호출 결과값을 여러 개 받아와야 하는 경우에 파이썬에서는 꼭 참조에 의한 함수 호출법이 아니더라도 리스트를 리턴값으로 사용해서 할 수가 있다. 따라서 참조에 의한 함수 호출을 잘 몰라도 프로그램 작성에는 전혀 문제가 없다.

예제 9-5 add() 함수 생성 예 (매개변수를 통한 값의 전달)

```
from math import *
x = y = z = 0                  # 전역변수 x, y, z 생성

def add( a, b ) :              # 매개변수 a, b 생성
    c = a + b                  # 지역변수 c 생성
    return c

# 메인 프로그램 부분
x = 10                         # 전역변수 x, y 생성
y = 20
z = add(x, y)                  # add() 함수 호출시 x, y 값을 전달.
print( " x : %d,  y : %d, z : %d " %(x, y, z))
```

▌참고 : 매개변수와 return 명령을 이용하여 함수에 값을 전달하고 결과를 받아오는 방식을 값에 의한 함수 호출법이라고 한다. 그 외에 참조에 의한 함수 호출법이 있는데 이는 리스트의 공유 개념을 알아야 이해를 할 수 있는 부분이라 기초 과정인 여기서는 다루지 않겠다.

9.4 모 듈

(1) 파이썬 소스 프로그램의 기본 형태

```
# 모듈 또는 외장함수 불러오기
from math import *
...

# 전역변수 생성 및 초기화
...

# 사용자 정의형 함수 생성, 반드시 메인 프로그램 부분 앞에 생성해야 함.
def 함수1 ( ) :
    실행문
    실행문
     ...
    return

def 함수2 ( ) :
    실행문
    실행문
     ...
    return
...

# 메인 프로그램 부분,
실행문
실행문
실행문
...
```

파이썬으로 제작하는 소스 프로그램의 가장 기본적인 형태는 3.2에서 설명한 간단한 프로그램 구조에 사용자 정의형 함수 생성 부분이 포함되어 위와 같이 나타낼 수 있다. 변수생성 및 초기화 부분이 전역변수를 생성하고 초기화하는 부분이 되었으며 전역변수 생성 후에 사용자 정의형 함수를 작성한다. 물론 전역변수 생성부와 사용자 정의형 함수를 생성하는 부분을 바꿔도 되지만, 전역변수는 메인 프로그램 부분 뿐만 아니라 여러 사용자 정의형 함수에서도 사용할 수 있기 때문에 어떤 전역 변수들을 사용하고 있는지 쉽게 파악하기 위하여 먼저 생성을 하는 것이 좋다.

사용자 정의형 함수가 끝나면 메인 프로그램 부분을 작성한다. 실제 실행시에 사용자 정의형 함수들은 def 명령이 있는 줄만 참고를 하고 메인 프로그램 내에서 함수가 호출이 될 때 그 내용을 수행한다.

▮주의 : 사용자 정의형 함수는 반드시 메인 프로그램 부분보다 앞에 작성을 해야 사용자 정의형 함수를 인식하여 호출할 수 있다.

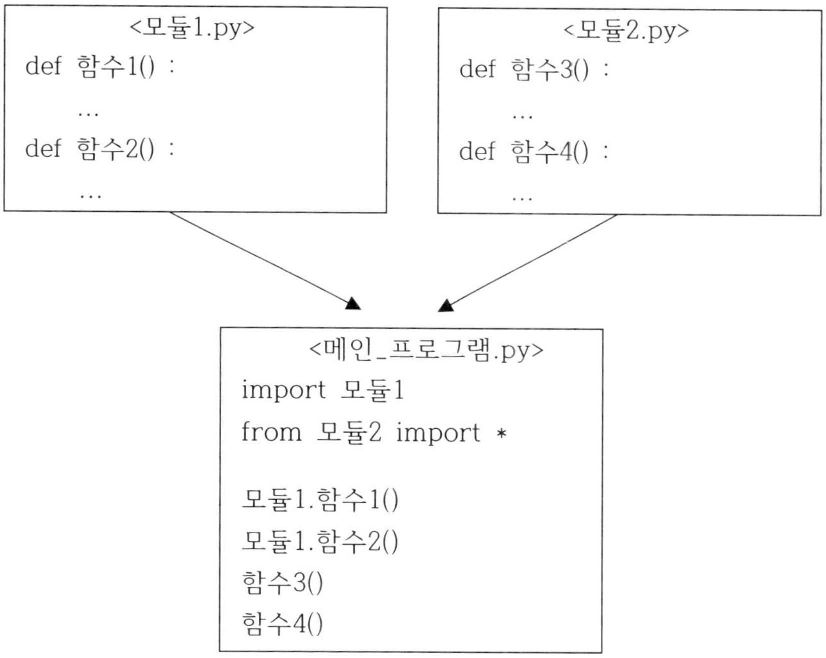

[그림 9-2] 모듈과 프로그램

보통 사용자 정의형 함수는 메인 프로그램 부분을 작성하면서 필요에 따라 만들어서 사용할 수도 있고 프로그램 작성 초기에 미리 사용자 정의형 함수를 계획하여 작성하고 메인 프로그램을 만들 수도 있다. 전체 프로그램이 커지고 복잡한 작업들이 많을수록 후자의 방법을 사용하게 된다.

파이썬 프로그램의 기본 형태는 간단하게 프로그래밍을 할 때 많이 사용하는 방법으로 때에 따라서는 굳이 사용자 정의형 함수없이 모든 작업을 메인 프로그램 부분에 작성할 수도 있다. 그러나 프로그램을 혼자 또는 여러 사람이 계획하에 작성하는 경우에는 되도록 대부분의 기능을 사용자 정의형 함수로 만들어서 작성하게 되고, 이를 모듈로 하여 메인 프로그램 작성시 import로 불러서 사용하도록 한다.

모듈은 [그림 9-2]에 나타낸 바와 같이 여러 기능을 미리 사용자 정의형 함수로 만들어서 모듈명.py로 작업 폴더 또는 파이썬 설치시 시스템 PATH에 등록해 놓은 폴더에 저장해 놓은 것으로 메인 프로그램에서 import 명령으로 모듈을 불러와서 모듈.함수명() 형태로 사용할 수 있다. 이 때 모듈은 저장하는 파일이름 자체가 모듈명이 된다.

그리고 사용자 정의형 함수들이 있는 모듈 파일의 파일 확장자가 .py라는 것은 모듈도 하나의 파이썬 프로그램 소스 라는 것이다. 즉, 파이썬 프로그램의 기본 형태로 제작된 프로그램의 경우 그 안에 만들어 놓은 여러 가지 사용자 정의형 함수들도 필요에 따라 다른 프로그램 작성시 import하여 사용할 수 있다는 것이다.

여기서 import로 불러들인 함수는 반드시 모듈.함수()의 형식으로 사용해야하지만 from 모듈 import *로 불러온 함수는 모듈을 붙이지 않고 함수이름으로만 바로 사용을 할 수 있다. 그러나 from-import를 통해 불러올 경우 함수이름이 중복되서 원하지 않는 다른 내용이 수행될 수도 있으니 몇몇 특별한 경우를 제외하고는 import 모듈을 불러서 모듈.함수()의 형태로 사용하는 것이 함수의 중복 방지 등을 위해서 좋다.

앞서 작성한 예제 9-5 프로그램을 모듈로 불러서 add() 함수를 사용해 보자. 예제 9-6을 ex9_5.py로 저장하고, 새 프로그램 창에서 import ex9_5를 하여 불러오고, import 할 때는 .py는 붙이지 않는다. 새 프로그램 내에서 ex9_5를 모듈로 불러온 다음 모듈.함수()의 형태로 ex9_5.add() 함수를 사용하였다.

이때 모듈과 프로그램은 모두 같은 폴더에 저장이 되어 있거나 모듈은 파이썬 설치시 지정해 놓은 PATH에 저장이 되어야 한다. 그런후 새 프로그램을 실행하면 ex9_5 모듈의 함수가 정상적으로 불러와서 실행이 된다.

예제 9-6 / 모듈과 프로그램 예

[ex9_5.py로 저장]

```
*ex9_5.py - C:/Python39/프로그램연습/ex9_5.py (3.9.2)*
File Edit Format Run Options Window Help
from math import *

def add(a, b) :
    z = 0
    z = a + b
    return z

z = 0
x = 10; y = 20
z = add(x, y)
print("x: %d, y: %d, z: %d " %(x, y, z))
                                        Ln: 13  Col: 0
```

[ex9_5모듈 불러오기]

```
*ex9.py - C:/Python39/프로그램연습/ex9.py (3...
File Edit Format Run Options Window Help
import ex9_5

x = ex9_5.add(2, 5)
y = ex9_5.add(1.5, x)

print(x)
print(y)

                                        Ln: 8  Col: 0
```

```
IDLE Shell 3.9.2
File Edit Shell Debug Options Window Help
Python 3.9.2 (tags/v3.9.2:1a79785, Feb 19 20
21, 13:44:55) [MSC v.1928 64 bit (AMD64)] on
win32
Type "help", "copyright", "credits" or "lice
nse()" for more information.
>>>
===================== RESTART: C:/Python39/
프로그램연습/ex9.py ======================
x: 10, y: 20, z: 30
7
8.5
>>>
                                        Ln: 8  Col: 4
```

[그림 9-3] 예제 9-6 실행결과

그러나 실행 결과를 보면 한가지 이상한 점이 ex9_5 안에 add()함수 뿐만 아니라 ex9_5.py 소스를 작성하면서 만들어 놓은 메인 프로그램 부분까지 실행이 되어 결과가 나와 있다. 이는 import 시 사용자 정의형 함수만 불어오는 것이 아니고 모듈 안에 모든 내용을 불러오는데, 그 때 메인 프로그램 부분도 불러와서 실행을 한다는 것이다.

따라서 나중에 사용자 정의형 함수들을 모듈로써 다른 프로그램에도 사용하고자 할 때에는 메인 프로그램 부분을 삭제하거나 소스 프로그램의 메인 프로그램 부분이 모듈로 불러올 때는 실행되지 않도록 할 필요가 있다.

9.5 main() 함수의 생성

(1) main() 함수의 생성과 실행

```
if __name__ == "__main__" :    # 소스 파일 실행 여부 체크
    실행문
    실행문                      # 메인 프로그램 내용
      ...
      ...
```

소스 프로그램으로써 실행이 된 것인지 모듈로서 실행이 된 것인지 판별하는 것이 if __name__ == "__main__" : 구문이다. 파이썬의 특별한 내부 변수인 __name__ 은 파이썬 소스 프로그램을 실행시켰을 때 "__main__"이 저장되고, import에 의해 모듈로 불러오게 되면 "모듈이름"이 저장된다. 따라서 내부 변수 __name__을 체크해서 그 내용이 "__main__" 이면 실행문을 수행하도록 작성을 하면 if __name__ == "__main__" : 구문 안에 있는 내용들이 소스 프로그램을 실행하였을 때 실행할 메인 프로그램 내용이 된다. 그리고 메인 프로그램 내용은 소스 파일이 모듈로 실행이 되었을 때는 실행이 되지 않는다.

if __name__ == "__main__" : 구문 안에서 수행할 실행문들을 main() 함수로 정의해서 작성하고 if __name__ == "__main__" : 구문이 참일 때 main()

함수를 호출하도록 하면 사용자 정의형 함수들과 main()함수 안의 메인 프로그램 부분을 더욱 명확히 구분할 수 있게 된다.

```
def  main() :          # 메인 프로그램 부분을 main() 함수로 정의
    실행문
    실행문             # 메인 프로그램 내용
      ...
      ...

if __name__ == "__main__" :   # 소스 파일 실행 여부 체크
    main()                    # main() 함수 호출
```

(2) main() 함수를 통한 진보된 프로그램 형태

```
# 모듈 또는 외장함수 불러오기
from math import *
...
# 전역변수 생성 및 초기화
...

# 사용자 정의형 함수 생성
def 함수1 ( ) :
    실행문
    실행문
     ...
    return

def 함수2 ( ) :
    실행문
    실행문
     ...
    return
```

```
# main() 함수 : 메인 프로그램 내용
def main() :
    실행문
    실행문
    ...

if __name__ == "__main__" :   # 프로그램 실행시 main()함수 호출
    main()
```

C/C++ 언어에서는 기본적으로 main() 함수를 통해 프로그램을 작성하도록 되어 있지만 파이썬은 그렇지가 않다. 하지만 이와 같이 구성을 하면 마치 C/C++ 언어에서 프로그램을 작성하듯이 프로그래밍을 할 수 있다. 이것은 모듈과 메인 프로그램 관계에서 소스 파일이 모듈로서 사용되는지 메인 프로그램으로 사용되는지에 따라 메인 프로그램 부분을 실행 할 것인지 안 할 것인지를 결정하는 문제를 해결할 뿐만 아니라, 프로그램이 복잡해지고 커지게 되었을 때 매우 효율적으로 프로그래밍을 할 수 있다.

매우 간단한 프로그램을 작성할 때는 굳이 사용자 정의형 함수뿐만 아니라 main() 함수까지 생성해서 작성할 필요는 없다. 하지만 되도록 간단한 프로그램부터 사용자 정의형 함수를 만들어 쓰려고 하고 좀 더 체계적인 프로그래밍을 하려고 해야 여러분의 프로그래밍 실력이 빠르게 성장할 것이다.

예제 9-7 main() 함수를 생성한 프로그램 예

```
from math import *

# add() 함수 생성
def add( a, b ) :             # 매개변수 a, b 생성
    c = a + b                 # 지역변수 c 생성
    return c

def main() :                      # 메인 프로그램 부분
```

```
    x = 10                          # 지역변수 x, y, z 생성
    y = 20
    z = add(x, y)                   # add() 함수 호출하여 계산
    print( " x : %d,  y : %d, z : %d " %(x, y, z))

if __name__ == "__main__" :    # 프로그램 실행 체크 및 main() 함수 호출
    main()
```

[프로그램 : ex9_6.py]

ex9_6.py - C:₩Python39₩프로그램연습₩ex9_6.py (3.9.2)

File Edit Format Run Options Window Help

```
from math import *

def add( a, b ) :
    c = a + b
    return c

def main() :
    x = 10
    y = 20
    z = add(x, y)
    print( " x : %d,  y : %d, z : %d " %(x, y, z))

if __name__ == "__main__" :
    main()
```

Ln: 1 Col: 0

[ex9_6 모듈 불러오기]

ex9_6_import.py - C:/Python39/프로그램연습/ex...

File Edit Format Run Options Window Help

```
import ex9_6 as ex

x = ex.add(10,30)
y = ex.add(1.5, 2.5)

print(x)
print(y)
```

Ln: 9 Col: 0

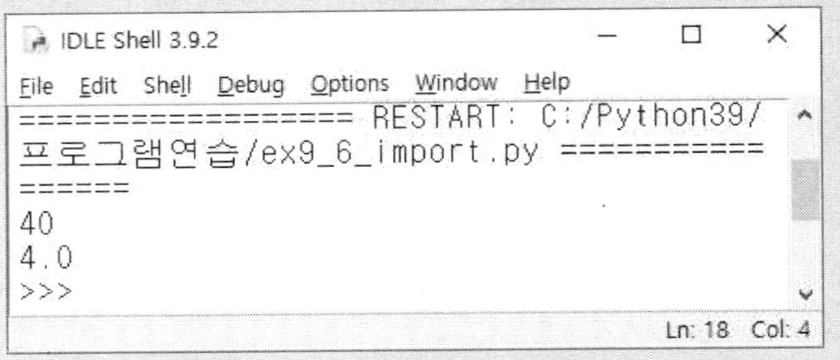

[그림 9-4] 예제 9-7 실행결과

[그림 9-4]는 예제 9-7 프로그램을 모듈로 불러와서 add()함수를 사용한 예이다. 이와 같이 main() 함수로 메인 프로그램을 작성한 예제 9-7 프로그램을 다른 프로그램에서 모듈로 불러와서 사용하면 [그림 9-3]과 같이 모듈내의 메인 프로그램 부분은 실행되지 않고 모듈안에 작성한 add() 함수만 불러와서 사용할 수 있다.

▌참고 : import ~ as

import로 모듈을 불러오는 경우 모듈이름이 길면 모듈안에 함수를 사용할 때 매번 긴 모듈이름을 적고 함수를 적는 것이 귀찮을 때가 많다. 이러한 경우에 [import 모듈이름 as 식별이름] 형태로 모듈이름을 실제 프로그램에서 사용할 식별이름으로 바꿔서 쓸 수 있다.

```
import ex9_6 as ex           # ex9_6 모듈을 불러와서 ex로 이름을 둠.

x = ex.add(10, 30)           # ex9_6.add() 대신 ex.add() 로 사용함.
y = ex.add(1.5, 2.5)
....
```

따라서 [그림 9-4]에서 import ex9_6 as ex 는 ex9_6모듈을 불러와서 프로그램내에서 사용시 ex9_6 모듈을 ex로 사용한다는 것이다. 이렇게 하면 매번 ex9_6.add()로 호출하지 않고 간략하게 ex.add()로 호출하면 된다.

9.6 함수 만들기 프로그래밍 연습

이 절에서는 사용자 정의형 함수를 만들어서 사용하는 예를 연습해 보도록 하자. 문제분석 후 작성한 프로그래밍 수식과 변수 정리 부분을 메인 프로그램 내에서 작성하지 않고 사용자 정의형 함수로 만들어서 호출하는 방식을 사용한다. 즉, 사용자 정의형 함수는 프로그램 흐름도에서 각 부분을 함수화 하여 사용하는 것이라고 생각하면 이해가 쉬울 것이다.

초급과정에서는 일단 수식계산부를 사용자 정의형 함수로 작성하는 연습을 한다. 단, 이때 사용자 정의형 함수는 하나의 결과 값만 리턴이 가능하므로 여러 개의 결과를 얻어야할 경우에는 각각의 결과를 얻기 위한 함수를 통해 저장하도록 한다.

예제 9-8 직사각형의 두 변의 길이를 알 때, 둘레와 면적을 구하라.

① 문제분석 - 두 변의 길이를 각각 a, b 라고 하자
필요공식 - 둘레 : L = 2 (a + b)
- 면적 : A = ab

② 프로그래밍 수식
L = 2 * (a + b)
A = a * b

③ 변수 정리
# 출력 변수
L = A = 0.0
# 입력 변수
a = b = 0.0

(1) 프로그램 작성 예 1 - 단순한 형태

```
from math import *

L = A = 0.0
a = b = 0.0

# 수식 계산부 함수
def calc_Length() :
    L = 2 * ( a + b )
    return L

def calc_Area() :
    A = a * b
    return A

#메인 프로그램 부분
print("* 직사각형 두 변 a, b 입력");

a = float( input("a(mm)=? ") )
b = float( input("b(mm)=? ") )

L = calc_Length()
A = calc_Area()

print()
print("* 계산결과")
print("둘레 : %.4f mm" %L)
print("면적 : %.4f mm^2" %A)
```

▌주의 : 사용자 정의형 함수 내에서 전역변수를 사용할때는 반드시 global 명령으로 전역변수임을 명시해야 한다. 그렇게 해야 사용자 정의형 함수 안에서 전역변수 안에 값을 저장할 수 있다.

(2) 프로그램 작성 예 2 - main() 함수 이용

```
from math import *

def calc_Length(a, b) :
    L = 2 * ( a + b )
    return L

def calc_Area(a, b) :
    A = a * b
    return A

def in_data( msg ) :
    data = float( input(msg) )
    return data

def out_result(L, A) :
    print()
    print("* 계산결과")
    print("둘레 : %.4f mm" %L)
    print("면적 : %.4f mm^2" %A)

def main() :                    # 메인 프로그램 부분
    a = b = 0.0                 #  지역변수 생성
    L = A = 0.0
    print("* 직사각형 두 변 a, b 입력")

    a = in_data("a(mm) =? ")    # 값 입력함수 호출
    b = in_data("b(mm) =? ")

    L = calc_Length(a, b)       # 수식 계산 함수 호출
    A = calc_Area(a, b)

    out_result(L, A)            # 결과 출력 함수 호출

if __name__ =="__main__" : # main() 함수 호출
    main()
```

예제 9-9 5장에서의 sin x 함수값을 급수로 구하라.

```
from math import *

def SinD( deg ) :
    i = j = 0
    fac = f = 0.0

    deg *= 3.14159265 / 180.0      # deg->rad 변환

    f = 0.0
    for i  in range(50) :
        fac = 1.0
        for j in range(2*i+1) :
          fac *= j+1
        f += (-1)**i * deg**(2*i+1) / fac
    return f

def main() :                             # 메인 프로그램 내용
    R = 0.0
    x = 0.0

    x = float( input("각도(deg)?") )

    R = SinD( x )

    print("sin 값 = %.4f " %R)

if __name__ == "__main__" :
    main()
```

예제 9-10 / 리스트 관련 사용자 정의형 함수 - 최대, 최소값 구하기

```
from math import *

max_data = min_data = 0
data = [0]*10

def MaxMin( d_list ) :
    global max_data, min_data
    i = 0
    max_data  = min_data = d_list[0]
    for i in range(10) :
        if  max_data < d_list[i] :
            max_data = d_list[i]
        if  min_data > d_list[i] :
            min_data = d_list[i]
def main() :
    i = 0
    for i in range(10) :
        data[i] = float( input("data[%d] :? " %i) )

    MaxMin(data);

    print("최대값 = %.4f " %max_data )
    print("최소값 = %.4f " %min_data )

if __name__ =="__main__" :
    main()
```

▌ 참고 : 파이썬은 함수 체계 이외에 좀더 향상된 구조적 프로그래밍이 가능하도록 C++에서 사용하는 클래스(class)라는 체계도 지원을 한다. 그러나 이 교재에서는 파이썬을 이용한 프로그래밍의 기초를 다루다 보니 더 진보된 프로그래밍을 할 수 있도록 해주는 클래스는 여기서 다루지 않는다. 본 교재를 통해 파이썬 프로그래밍의 기초를 충분히 이해한 독자는 다른 책을 통해서 꼭 클래스까지 공부하기 바란다.

연 습 문 제

1. 급수를 이용한 cos x 함수를 사용자 정의형 함수로 만들어라.

2. 6.5의 두 행렬 더하기를 사용자 정의형 함수를 이용하여 프로그래밍 하라.

3. 6.5의 두 행렬 곱하기를 사용자 정의형 함수를 이용하여 프로그래밍 하라.

제IV편

주요 모듈을 통한 파이썬 활용하기

제10장	터틀(turtle) 그래픽 모듈 활용하기
제11장	수치해석(numpy) 모듈 활용하기

10.1 터틀 그래픽 시작하기

컴퓨터에서 선 또는 원 등을 그리는 작업을 하는 그래픽 프로그래밍은 원래 고수준의 컴퓨터 프로그래밍 실력이 요구되는 분야이다. 그러나 최근에는 다양한 그래픽 라이브러리들이 공개되어 이를 통해 그림 뿐만 아니라 사진 및 3D 그래픽까지 편하게 다룰 수가 있게 되었다.

파이썬에서도 다양 그래픽 또는 이미지를 다루는 PIL 라이브러리가 있지만 우선 가장 기초적인 터틀(turtle) 그래픽 라이브러리를 소개하도록 하겠다. 터틀 그래픽은 파이썬에서 기본적으로 제공해주는 그래픽 관련 외장 함수 모듈로 별도의 설치없이 프로그램 내에서 import 명령으로 모듈을 불러서 바로 사용할 수 있다.

예제 10-1 / 터틀 그래픽 창 띄우기

```
import turtle as tt          # 모듈이름 turtle 대신 tt 로 사용.

tt.setup(820, 620)           # 터틀 그래픽 창 820x620 크기로 띄우기
tt.screensize(800, 600)      # 실제 그래픽 영역의 크기 800x600 설정
...
...                          # 선, 원 그리기 등의 그래픽 처리
...

tt.done()                    # 터틀 그래픽 창 글때까지 기다림.
```

예제 10-1과 같이 세개의 실행문을 실행하면 [그림 10-1]과 같이 가로 800, 세로 600 크기를 가지는 터틀 그래픽 창이 뜬다. 예제에서 import로 turtle 모듈을 불러서 모듈이름을 tt로 둔다. 이는 모듈이름이 길 경우 간략하게 사용하기 위한 것으로 터틀 그래픽 모듈 안의 여러 함수들을 사용할 때 모듈이름을 turtle 대신 tt로 사용하면 된다. tt.setup(820,620) 함수는 창틀을 포함한 그래픽 창의 크기를 설정하는 함수로 소괄호 안에 원하는 창의 크기를 (가로 크기, 세로 크기) 로 넣어주면 설정한 크기로 터틀 그래픽 창을 띄워준다. 크기 지정 없이 tt.setup()을 하면 기본 설정 값 (약 940,820)으로 창을 띄운다. 단, 가장 상단의 타이틀 영역은 창 크기에 포함되지 않는다.

[그림 10-1] 800 x 600 크기의 터틀 그래픽 창

tt.screensize(800,600)은 그래픽 작업 영역을 설정하는 것으로 작업영역을 800x600의 크기로 설정을 하였다. setup()에서는 창 전체 크기를 설정하고 screensize()는 실제 그림 영역의 크기 설정하는 것으로 그림 영역의 크기가 창 전체 보다 크면 창 우측 및 하단에 슬라이드 바가 나타난다. 그래서 그림 영역의 크기를 800x600의 크기로 하면 보통 창의 크기는 그 보다 약 20정도 이상 약간 크게 잡아야 한다.

마지막 tt.done()은 그래픽 창을 끝낼 때까지 기다리도록 하는 함수로 그래픽 창 안에서 마우스 또는 키보드로 여러 가지 이벤트 처리를 하고자 할 때 메인 프로그램 가장 끝에 써넣어 준다.

이와 같이 그래픽을 사용할 화면의 크기를 설정하고 마지막에 tt.done() 함수 또는 tt.mainloop() 함수로 여러 이벤트를 대기하며 터틀 그래픽을 사용할 준비가 되었다. 이 때 최초 시작 좌표는 항상 원점(0, 0)이다.

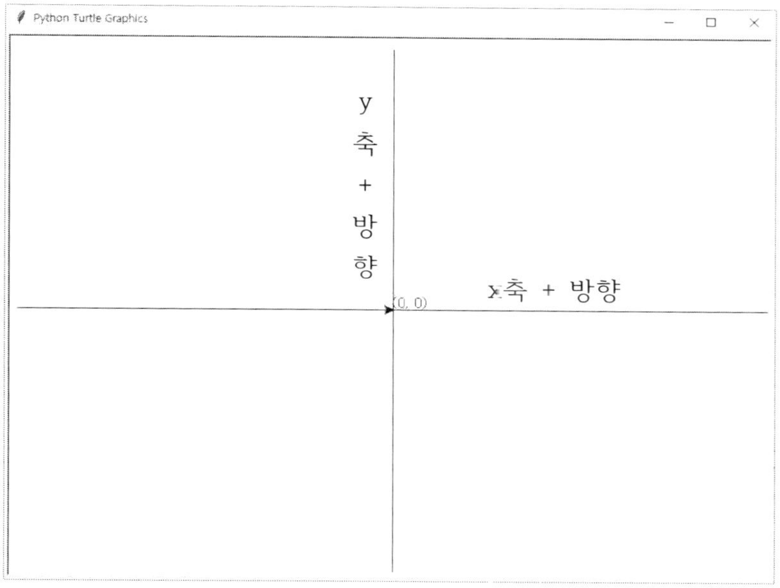

[그림 10-2] 터틀 그래픽 창의 좌표

[그림 10-2]는 터틀 그래픽의 기본 좌표를 나타낸 것으로 화면 중앙이 원점(0, 0) 이고 원점에서 오른쪽이 x축의 +방향, 위쪽이 y축의 +방향이다. 따라서 화면 크기를 800×600으로 설정하였을 경우 x축 좌표는 -400에서 +400 까지 이고, y축 좌표는 -300에서 300까지이다. 그러나 screensize() 함수로 설정한 영역을 넘더라도 마우스 등으로 창을 크게 키우면 그려진 내용을 볼 수 있다.

<표 10-1>부터 <표 10-5>에 터틀 그래픽 관련 주요 함수를 정리하였고 이 함수들을 이용하여 다양한 그래픽 처리가 가능하다. 10.2 절부터 예제를 통하여 여러 함수를 다루는 방법을 보도록 하자.

〈표 10-1〉 터틀 그래픽 창 관련 함수

함 수	설 명
.setup(wxsize, wysize)	윈도우 창 전체 크기 설정
.screensize(xsize, ysize)	작업영역 크기 설정
.done()	이벤트 처리 등을 기다리며 창을 끝낼 때까지 대기
.mainloop()	.done() 함수와 같음
.clear()	화면 모두 지우기
.reset()	화면을 모두 처음 상태로 리셋
.title("창 제목")	그래픽 창의 "창 제목" 설정

〈표 10-2〉 펜 이동 및 그리기 함수

함 수	설 명
.forward(거리),	설정 거리만큼 전진 이동 .fd()
.back(거리),	설정 거리만큼 후진 이동 .bk()
.left(각도),	왼쪽으로 설정 각도만큼 회전 .lt()
.right(각도),	오른쪽으로 설정 각도만큼 회전 .rt()
.setheading(각도)	x축 기준 설정 각도만큼 반시계 방향 회전
.penup()	펜 올리기(그리지 않는 모드) .pu(), .up()
.pendown()	펜 내리기(그리기 모드) .pd(), .down()
.goto(x, y)	좌표 x, y 위치로 펜 이동
.circle(반지름)	설정 반지름으로 원 그리기
.write("출력문자열")	현재 커서 위치에 출력문자열 쓰기
.stamp()	현재 위치에 펜모양 찍기
.speed(속도)	그리기 속도설정(0, 10 : max , 1 : min)

〈표 10-3〉 펜 설정 함수

함 수	설 명
.shape('펜모양')	펜 모양 설정 ('arrow', 'blank', 'circle', 'classic', 'square', 'triangle', 'turtle')
.pensize(펜두께)	펜 두께 설정 .width()
.pencolor('펜색상') 또는 .pencolor((r, g, b))	펜 색상 설정 ('red', 'green', 'blue', 'black' 등) 또는 ((r, g, b) 여기서 r,g,b : 0 ~ 1 사이 값)
.bgcolor('배경색') 또는 .bgcolor((r, g, b))	배경 색상 설정 ('red', 'green', 'blue', 'black' 등) 또는 ((r, g, b) 여기서 r,g,b : 0 ~ 1 사이 값)
.color('펜색', '채우기색')	펜 색과 도형 내부 채우기 색 설정
.bigin_fill(), .end_fill()	도형 내부에 색 채우기
.hideturtle()	펜 모양 감추기
.showturtle()	펜 모양 보이기
.turtlesize(펜크기)	펜 모양 크기 설정 .shapesize()

〈표 10-4〉 좌표 관련 함수

함 수	설 명
.position()	현재 팬의 (x, y) 위치 .pos()
.xcol()	현재 펜의 x 위치
.ycol()	현재 펜의 y 위치
.distance(x, y)	현재 위치에서 점 x, y 를 잇는 선분의 거리
.towards(x, y)	현재 위치에서 점 x, y 를 잇는 선분의 각도
.heading()	현재 펜모양의 방향(각도)
.home()	펜모양의 위치와 각도를 초기화

〈표 10-5〉 이벤트 함수

함 수	설 명
.listen()	키 입력모드 실행되어 입력된 키에 반응
.onkeypress(함수, "키")	"키"가 눌러진 경우 함수 호출
.onscreenclick(함수, 버튼)	마우스버튼이 화면에서 눌러지면 함수 호출
.ondrag(함수, 버튼)	펜모양에 마우스버튼 누르고 움직이면 함수 호출
.ontimer(함수, 시간)	설정된 시간(ms)마다 함수 호출, 1000 = 1초
.numinput('제목','메세지')	수를 입력하기 위한 창을 띄움
.textinput('제목','메세지')	문자열을 입력하기 위한 창을 띄움

10.2 직선 그리기 : .left()와 .forward() 함수 이용

예제 10-2 직선 그리기 forward(), left() 함수 이용

```
import turtle as tt

tt.setup(820, 620)
tt.screensize(800, 600)      # 800x600 창 설정
tt.title("직선 그리기")        # 창 타이틀 제목 "직선 그리기" 표시

tt.speed(10)                 # 그리기 속도 최대(10)

tt.pencolor('blue')          # 펜의 색을 파란색으로 지정

tt.left(0)                   # 현재 방향에서 각도 0도 왼쪽으로 회전
tt.forward(100)              # 현재 위치에서 거리 100

tt.done()
```

[결 과]

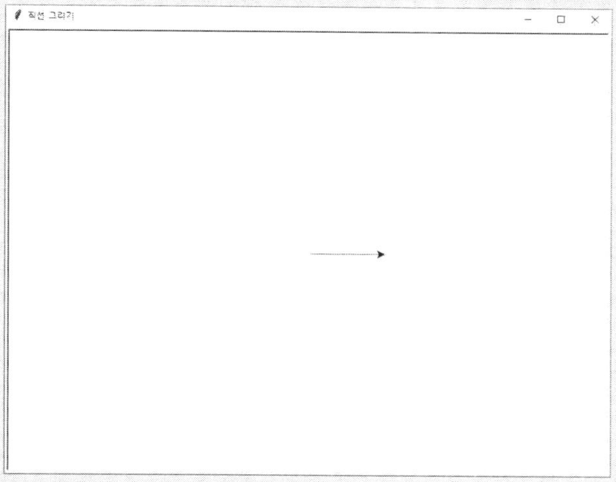

예제 10-2는 현재 위치에서 각도 0도, 거리 100 만큼 파란색 직선을 그리는 프로그램이다. tt.pencolor('blue') 로 펜의 색을 파란색으로 지정하고 tt.left(0)과 tt.forward(100) 함수를 이용해서 현재 위치와 방향에서 0도 방향으로 거리 100 만큼 직선을 그리도록 하였다. 여기서 tt.left(각도) 함수는 현재 방향에 대해 왼쪽으로 회전 각도를 설정하는 함수이고 tt.forward(거리) 함수는 현재 위치에서 설정된 방향(각도)로 지정한 거리만큼 이동하면서 선을 그리는 함수이다. 따라서 tt.left(0)과 tt.forward(100) 함수는 초기위치 (0,0), 초기 방향 0도에 대해서 0도 방향으로 거리 100만큼 직선을 그린다.

예제 10-3 / 사각형 그리기 forward(), left() 함수 이용

```
import turtle as tt

tt.setup(820, 620)
tt.screensize(800, 600)      # 800x600 창 설정
tt.title("직선 그리기")      # 창 타이틀 제목 "직선 그리기" 표시

tt.speed(10)                 # 그리기 속도 최대(10)
tt.pencolor('blue')          # 펜의 색을 파란색으로 지정
```

```
tt.left(0)                    # 현재 방향에서 각도 0도 왼쪽으로 회전
tt.forward(100)               # 현재 위치에서 거리 100

tt.left(90)                   # 현재 방향에서 각도 90도 왼쪽으로 회전
tt.forward(100)               # 현재 위치에서 거리 100

tt.left(90)                   # 현재 방향에서 각도 90도 왼쪽으로 회전
tt.forward(200)               # 현재 위치에서 거리 200

tt.left(90)                   # 현재 방향에서 각도 90도 왼쪽으로 회전
tt.forward(200)               # 현재 위치에서 거리 200

tt.left(90)                   # 현재 방향에서 각도 90도 왼쪽으로 회전
tt.forward(200)               # 현재 위치에서 거리 200

tt.left(90)                   # 현재 방향에서 각도 90도 왼쪽으로 회전
tt.forward(100)               # 현재 위치에서 거리 100

tt.done()
```

[결 과]

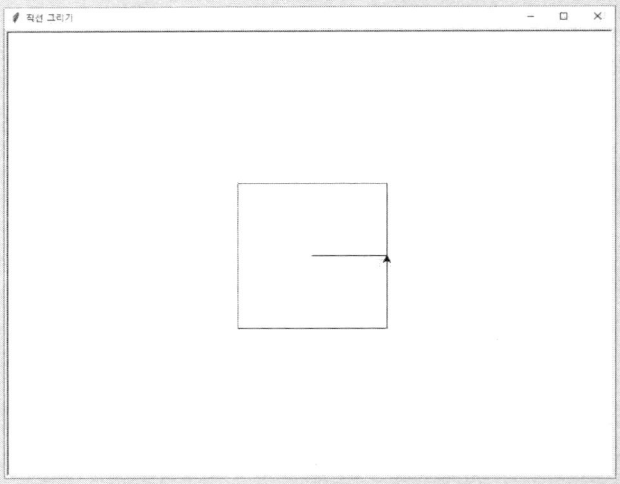

예제 10-3과 같이 tt.left()와 tt.forward() 함수를 계속 사용하여 각도를 왼쪽으로 90도씩 회전시키면서 직선을 그리면 사각형의 형태를 그릴 수 있다. 이때

반대방향으로 회전을 시키고 싶으면 tt.right() 함수를 사용하면 된다.

▌참고 : 상대좌표 이동 방식
보통 상대좌표 이동 방식은 현재 위치와 방향(각도)을 기준으로 하여 이동할 방향(각도)과 거리를 지정하여 좌표를 이동하는 방식으로 파이썬에서는 .left(각도) 또는 .right(각도)와 .forwadr(거리) 또는 .back(거리) 함수를 사용하여 상대좌표를 지정하여 직선을 그리며 이동할 수 있다.

이를 이용하여 내각이 60도, 한변의 길이 200인 정삼각형을 그려보면 예제 10-4와 같이 나타낼 수 있다. 그리고 예제 10-5와 같이 반복문과 함께 사용하여 정다각형을 그릴 수 있다.

예제 10-4 정삼각형 그리기 forward(), left() 함수 이용

```
import turtle as tt

tt.setup(820, 620)
tt.screensize(800, 600)      # 800x600 창 설정
tt.title("직선 그리기")       # 창 타이틀 제목 "직선 그리기" 표시

tt.speed(10)                 # 그리기 속도 최대(10)

tt.pencolor('blue')          # 펜의 색을 파란색으로 지정

tt.left(0)                   # 현재 방향에서 각도 0도 왼쪽으로 회전
tt.forward(100)              # 현재 위치에서 거리 100

tt.left(120)                 # 현재 방향에서 각도 120도 왼쪽으로 회전
tt.forward(200)              # 현재 위치에서 거리 200

tt.left(120)                 # 현재 방향에서 각도 90도 왼쪽으로 회전
tt.forward(200)              # 현재 위치에서 거리 200

tt.left(120)                 # 현재 방향에서 각도 90도 왼쪽으로 회전
tt.forward(100)              # 현재 위치에서 거리 100

tt.done()
```

[결 과]

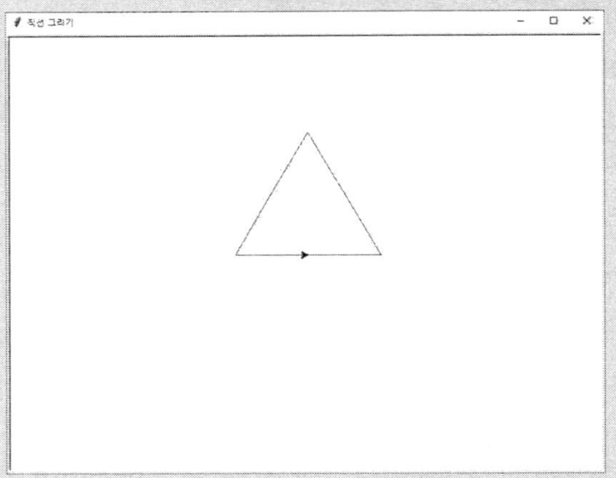

예제 10-5 정다각형 그리기 forward(), left() 함수 이용

```
import turtle as tt
a = 0
size = 0

tt.setup(820, 620)
tt.screensize(800, 600)      # 800x600 창 설정
tt.title("직선 그리기")        # 창 타이틀 제목 "직선 그리기" 표시

tt.speed(10)                  # 그리기 속도 최대(10)

tt.pencolor('blue')           # 펜의 색을 파란색으로 지정

a = int( input("몇각형 : ") )
size = float( input("한 변의 길이 : ") )

for i in range(a) :
    tt.left(360/a)
    tt.forward(size)

tt.done()
```

[결 과]

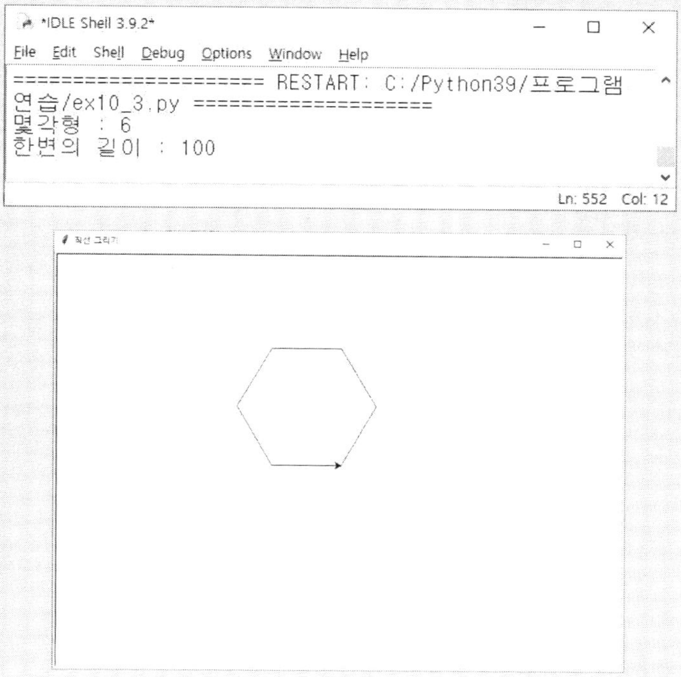

▌펜 모양 : 선 그리기를 할 때 기본적으로 화살표 모양의 팬이 화면에 나타난다. 펜 모양은 .shape('펜모양') 함수를 이용하여 다른 것으로 바꿀 수 있으며 'arrow', 'blank', 'circle', 'classic', 'square', 'triangle', 'turtle' 총 7가지가 준비되어 있다. 그리고 크기는 .shapesize(크기) 또는 .turtle(크기) 함수로 설정할 수 있다. 예제 10-6은 거북('turtle')모양으로 펜 모양을 바꾸고 크기를 3을 준 결과이다.

예제 10-6 / 펜 모양과 크기 바꾸기

```
import turtle as tt

tt.setup(820, 620)
tt.screensize(800, 600)
tt.title("직선 그리기")
```

```
tt.speed(10)

tt.pencolor('blue')

tt.shape('turtle')            # 팬 모양을 'turtle' (거북) 모양으로 설정
tt.shapesize(3)               # 펜 모양의 크기를 3으로 함. (기본 1)

tt.left(0)                    # 현재 방향에서 각도 0도 왼쪽으로 회전
tt.forward(100)               # 현재 위치에서 거리 100

tt.done()
```

[결 과]

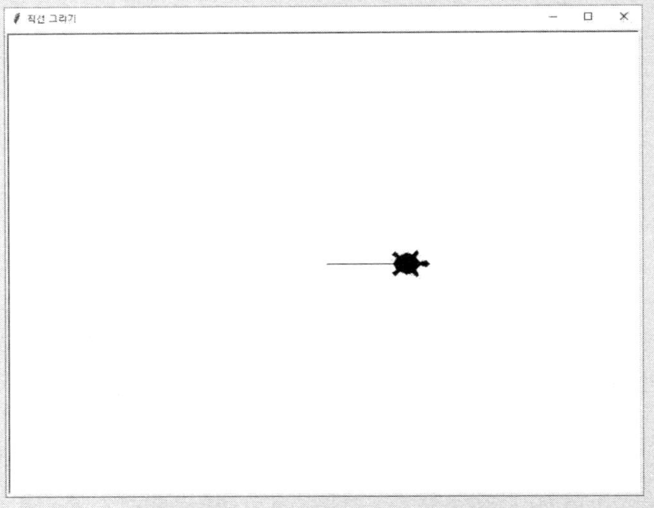

▌펜 모양 감추기 또는 보이기 : .shape() 함수로 설정한 여러 가지 펜 모양을 감추고자 할때에는 .shape('blank')로 펜 모양이 나타나지 않도록 할 수도 있지만 .hideturtle()과 .showturtle()를 이용하여 설정된 펜 모양을 감추거나 나타나게 할 수 있다. 예제 10-7은 펜 모양이 나타나지 않고 선만 화면에 나타나도록 한 결과이다.

예제 10-7 / 펜 모양과 크기 바꾸기

```
import turtle as tt

tt.setup(820, 620)
tt.screensize(800, 600)
tt.title("직선 그리기")

tt.speed(10)

tt.pencolor('blue')

tt.hideturtle()              # 펜 모양 감추기

tt.left(0)                   # 현재 방향에서 각도 0도 왼쪽으로 회전
tt.forward(100)             # 현재 위치에서 거리 100

tt.done()
```

[결 과]

10.3 직선 그리기 : .goto(), .penup(), .pendown() 함수 이용

예제 10-8 직선 그리기 .goto(), .penup(), .pendown() 함수 이용

```
import turtle as tt

tt.setup(820, 620)
tt.screensize(800, 600)       # 800x600 창 설정
tt.title("직선 그리기")        # 창 타이틀 제목 "직선 그리기" 표시

tt.speed(10)                  # 그리기 속도 최대(10)

tt.pencolor(1.0, 0.0, 0.0)    # 펜의 색을 (r,g,b)값으로 붉은색 지정

tt.penup()                    # 펜 올리기 (그리지 않기) 모드
tt.goto(-100,-100)            # 펜을 좌표 (-100, -100)으로 이동

tt.pendown()                  # 펜 내리기 (그리기) 모드
tt.goto(200, 50)              # 펜을 좌표 (200, 50) 으로 이동

tt.done()
```

[결 과]

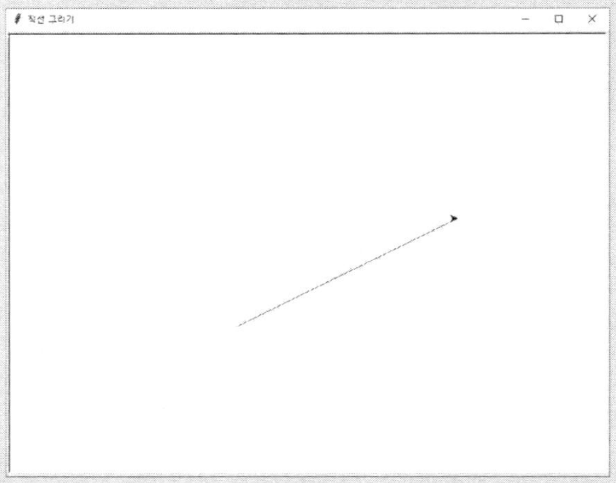

예제 10-8은 .goto() 함수를 이용하여 펜을 화면상에 절대 좌표 위치로 이동시켜 선을 그린 것이다. 이때 .penup() 함수는 펜을 올리는 함수로 이동시 선을 그리지 않고 펜만 이동을 한다. 그리고 .pendown() 함수는 펜을 내리는 함수로 이후에는 이동시 선을 그리면서 이동을 한다. 따라서 예제 10-8에서 tt.penup()으로 펜을 올려 선을 그리지 않는 모드로 만들고, tt.goto(-100, -100)에 의해 펜만 좌표 (-100, -100) 으로 이동을 한 다음에, tt.pendown()으로 펜을 내려 그리기 모드상태에서 tt.goto(200, 50)에 의해 좌표 (200, 50)까지 선을 그린다. 즉, 좌표 (-100, -100)을 시작점으로 하여 좌표 (200, 50)을 끝점으로 하는 선을 그리게 된다. 이때 초기에 tt.penup()을 하지 않으면 원점(0, 0)부터 좌표(-100, -100) 까지도 선을 그리게 된다. 따라서 선을 그리지 않고 펜을 이동만 할 경우에 .penup() 함수를 사용하고, 선을 그릴때는 .pendown() 함수를 사용하여 필요한 부분에만 선을 그리도록 할 수 있다.

▌참고 : 절대 좌표 이동 방식

절대 좌표 이동 방식은 화면상에서 원점(0, 0)을 기준으로 x의 절대 위치와 y의 절대위치를 지정하여 이동하는 방식으로 터틀 그래픽에서는 .goto(x, y) 함수로 절대 좌표 (x, y)를 지정하여 펜을 이동할 수 있다.

예제 10-9 / 사각형 그리기 .goto(), .penup(), .pendown() 함수 이용

```
import turtle as tt

tt.setup(820, 620)
tt.screensize(800, 600)
tt.title("직선 그리기")

tt.speed(10)
tt.pencolor(1.0, 0.0, 0.0)

tt.penup()                # 펜 올리기 (그리지 않기) 모드
tt.goto(-100,-100)        # 펜을 좌표 (-100. -100)으로 이동

tt.pendown()              # 펜 내리기 (그리기) 모드
```

```
tt.goto(100, -100)
tt.goto(100, 100)
tt.goto(-100, 100)
tt.goto(-100, -100)

tt.done()
```

[결 과]

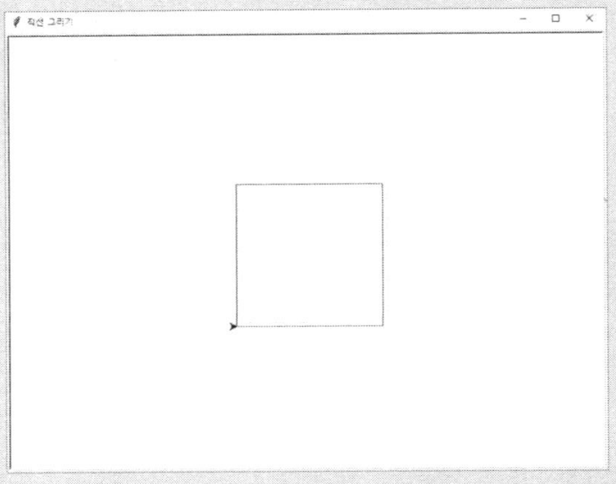

예제 10-9는 이러한 절대 좌표 이동방식을 사용하여 사각형을 그리는 예를 보여준다. 사각형을 그리는 시작점(-100,-100)까지는 tt.penup()을 하여 선은 그리지 않고 펜만 tt.goto(-100, -100)으로 이동하고, tt.pendown()으로 그리기를 시작한다. 그리고 사각형의 네 모서리 점인 (100, -100), (100, 100), (-100, 100), (-100, -100)으로 tt.goto() 함수에 의해 순차 이동을 하면서 사각형을 완성하였다. 사각형을 여러개 그려야할 경우 매번 이렇게 .goto() 함수로 사각형을 그리면 불편하다. 따라서 이러한 경우에 예제 10-10에 나타낸 것과 같이 Rectangle(left, bottom, right, top)이라는 사용자 정의형 함수를 만들어서 활용하면, 여러개의 사각형을 그릴 때 좌측 하단의 모서리 위치와 우측 상단 모서리 위치를 지정하여 편하게 사각형을 그릴 수 있다.

예제 10-10 / 사각형 그리기 함수 만들어서 활용하기

```
import turtle as tt

def Rectangle( left, bottom, right, top ) :
    tt.penup()
    tt.goto(left, bottom)

    tt.pendown()
    tt.goto(right, bottom)
    tt.goto(right, top)
    tt.goto(left, top)
    tt.goto(left, bottom)
    return

tt.setup(820, 620)
tt.screensize(800, 600)
tt.title("직선 그리기")

tt.speed(10)
tt.hideturtle()

tt.pencolor('red')
Rectangle(-30, -50, 30, 50)          # 좌측 하단 모서리 -30, -50
                                     # 우측 상단 모서리 30, 50 인 사각형
tt.pencolor('blue')
Rectangle(0, 0, 100, 100)            # 좌측 하단 모서리 0, 0
                                     # 우측 상단 모서리 100, 100 인 사각형
tt.pencolor('black')
Rectangle(-200, -200, 200, 200)      # 좌측 하단 모서리 -200, -200
                                     # 우측 상단 모서리 200, 200 인 사각형
tt.done()
```

[결 과]

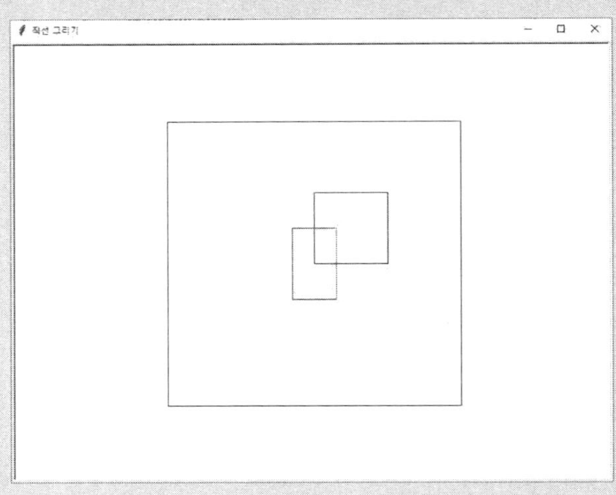

예제 10-11 그래프 틀 그리기

```
import turtle as tt

def MoveTo( x, y ) :            # 좌표 x, y 로 선 그리지 않고 이동
    tt.penup()
    tt.goto(x, y)
    return

def LineTo( x, y ) :            # 현재 좌표에서 좌표 x, y까지 선 그리기
    tt.pendown()
    tt.goto(x, y)
    return

def Rectangle( left, bottom, right, top ) :
    MoveTo(left, bottom)
    LineTo(right, bottom)
    LineTo(right, top)
    LineTo(left, top)
    LineTo(left, bottom)
    return

def Graph( left, bottom, right, top ) :
    tt.pensize(3)
```

```
    Rectangle(left, bottom, right, top)         # 사각틀 그리기

    tt.pensize(1)
    MoveTo( left, 0 )                           # x축 선 그리기
    LineTo( right, 0 )

    MoveTo( 0, bottom )                         # y축 선 그리기
    LineTo( 0, top )

    tt.penup()
    tt.goto(2,-16)
    tt.write('0', font =('', 10, '') ) #글자크기 10으로 '0' 출력
    return

# 메인 프로그램
tt.setup(820, 620)
tt.screensize(800, 600)
tt.title("그래프 그리기")

tt.speed(10)
tt.hideturtle()

tt.pencolor('black')
Graph( -300, -250, 300, 250 )

tt.done()
```

[결 과]

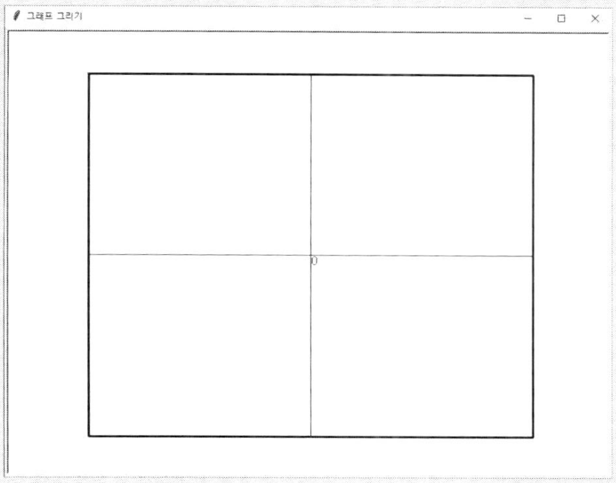

예제 10-11은 사각형 그리기와 선 그리기를 활용하여 그래프의 틀을 그려주는 함수 Graph()를 사용자 정의형 함수로 만들어서 (-300, -250, 300, 250) 크기를 가지는 그래프 틀을 그리는 프로그램 예이다. 나중에 여러 수학 함수들의 그래프를 그리는 연습을 하기 위한 기본 틀을 생성하는 Graph() 함수로 좌측 하단 모서리와 우측 상단 모서리를 (left, bottom, right, top)의 형식으로 지정하여 선 두께 3으로 테두리를 그리고, 선 두께 1로 x축 선과 y축 선을 가운데에 그리도록 하였다. 그리고 중심을 원점으로 하여 '0'을 표시하였다. 이 때 선그리기 편의를 위하여 MoveTo() 함수 와 LineTo() 함수도 사용자 정의형 함수로 생성하여 사용한다.

▌참고 : 예제 10-11과 같이 선그리기를 MoveTo()와 LineTo()로 사용자 정의형 함수로 만들어서 사용하면 선 그릴 때 마다 매번 .penup(), .pendown() 함수를 사용할 필요가 없다. 즉, MoveTo() 함수로 지정 좌표까지 펜 이동만 하고, LineTo() 함수로 지정 좌표까지 선 그리기를 매우 편리하게 사용할 수 있다.

10.4 원 그리기 : .circle() 함수 사용

예제 10-12 .circle(반지름) 함수를 사용한 원그리기 예

```
import turtle as tt

tt.setup(820, 620)
tt.screensize(800, 600)          # 800x600 창 설정
tt.title("원 그리기")             # 창 타이틀 제목 "원 그리기" 표시

tt.speed(10)                     # 그리기 속도 최대(10)

tt.pencolor(1.0, 0.0, 0.0)       # 펜의 색을 (r,g,b)값으로 붉은색 지정

tt.circle(100)                   # 반지름 100 원그리기

tt.done()
```

[결 과]

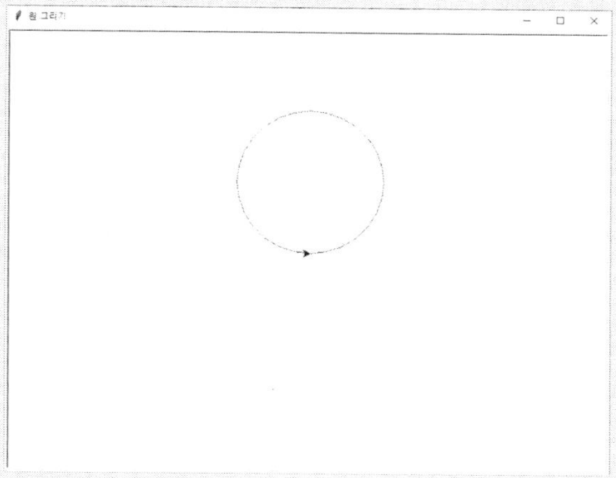

예제 10-12는 터틀 그래픽에서 제공하는 .circle(반지름) 함수를 사용한 원그리기 예이다. 이와 같이 .circle() 함수에 반지름 값을 지정하여 원을 그릴 수 있지만, 한가지 특이한 점이 현재 위치가 중심점이 아니고 원의 둘레를 그리는 시작점이라는 것이다. 따라서 tt.circle(100)을 하게 되면 현재 위치를 원을 그리는 시작점으로 하여 초기 방향 0도 방향으로 반지름 100인 원의 둘레를 그리게 된다. 따라서 예제 10-13과 같이 .left(각도) 함수를 이용하여 tt.left(90) 그리는 방향을 90도씩 돌리면서 tt.circle(100)으로 반지름 100인 원을 그리면 재밌는 결과를 얻을 수 있다.

예제 10-13 .circle(반지름) 함수를 사용한 원그리기 예

```
import turtle as tt

tt.setup(820, 620)
tt.screensize(800, 600)
tt.title("원 그리기")

tt.speed(10)

tt.pencolor(1.0, 0.0, 0.0)
```

```
tt.circle(100)                    # 반지름 100 원그리기

tt.left(90)
tt.circle(100)

tt.left(90)
tt.circle(100)

tt.left(90)
tt.circle(100)

tt.done()
```

[결 과]

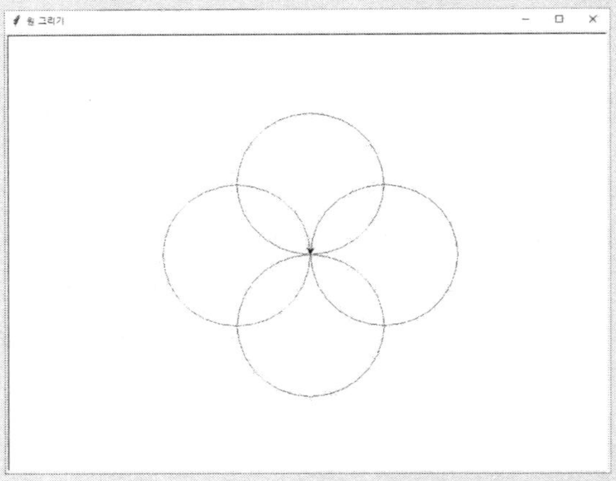

예제 10-14 .circle(반지름) 함수를 사용한 원그리기 예

```
import turtle as tt

tt.setup(820, 620)
tt.screensize(800, 600)
tt.title("원 그리기")

tt.speed(10)

tt.pencolor(1.0, 0.0, 0.0)
```

```
for i in range(10) :
    tt.left(360/10)
    tt.circle(100)

tt.done()
```

[결 과]

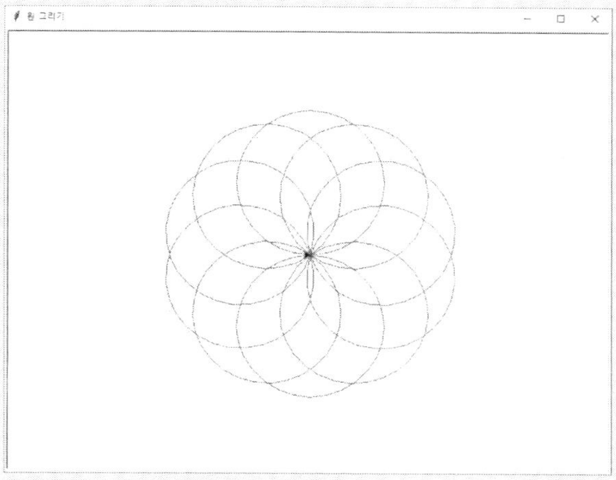

예제 10-14는 .circle() 함수의 이러한 특성을 이용해서 10개의 원을 36도씩 회전시켜 그린 것이다. .left() 함수로 원을 그리는 시작 방향을 36도씩 증가시키면서, 반지름 100인 원을 10번 반복해서 그린 것이다. 그런데 실행을 시켜보면 원 그리기는 그리는 속도를 최대로 했음에도 불구하고 매우 느리게 그려내는 것을 볼 수가 있다. 이는 파이썬의 터틀 그래픽 한계로 이해하길 바란다. 파이썬은 많이 느리다. 빠르게 그려내길 원한다면 다른 그래픽 라이브러리(모듈)을 사용하던지 C/C++ 프로그래밍을 해야할 것이다.

예제 10-15 / 중심점과 반지름으로 원 그리기

```
import turtle as tt

def Circle( x, y, Radius ) :  # 중심점과 반지름으로 원그리기 함수 생성
    tt.penup()
    tt.goto(x+Radius, y)      # 중심점 (x,y) 에 대해 그리기 시작점 이동
    tt.setheading(90)         # 절대 방향(각도) 설정(x축에 대해 90도)
```

```
    tt.pendown
    tt.circle(Radius)          # 원 그리기
    tt.penup()
    tt.goto(x,y)               # 그리기 끝낸 후 펜 위치를 중심으로 이동
    tt.pendown()
    return

tt.setup(820, 620)
tt.screensize(800, 600)
tt.title("원 그리기")

tt.speed(10)

tt.pencolor('red')
Circle(0, 0, 100)              # 중심점 0, 0 반지름 100인 원 그리기

tt.pencolor('blue')
Circle(50, 50, 50)             # 중심점 50, 50 반지름 50인 원 그리기

tt.done()
```

[결 과]

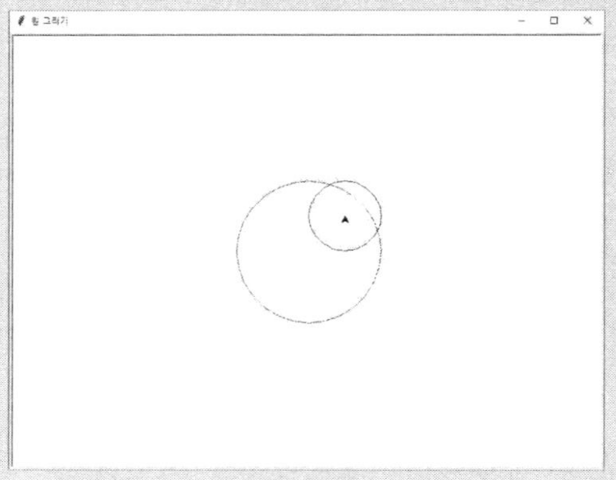

그러나 공학에서는 터틀 그래픽의 기본 원그리기 방법보다는 중심점과 반지름 값으로 원을 그려야 하는 경우가 많다. 이와 같이 중심점과 반지름으로 원을 그려야하는 경우에는 예제 10-15와 같이 중심점과 반지름을 지정하여 원을 그리는 함수를 직접 만들어서 사용해야 한다. 예제 10-15에서는 Circle(x, y, Radius)의 형태로 중심과 반지름을 지정하여 원을 그리도록 사용자 정의형 함수를 생성하였다. 그리고 원을 다 그리고 나면 펜을 원의 중심으로 이동하도록 하였다.

연 습 문 제

1. Circle() 사용자 정의형 함수의 내용을 분석하여, 어떻게 중심과 반지름으로 원을 그리도록 하였는지 설명하여라.

10.5 글자 출력하기 : .write() 함수 사용

터틀 그래픽 화면에 글자를 쓰고자 할때는 .write() 함수를 사용한다. .write("출력 문자열", font = ('',글자크기,'')) 형태로 현재 펜의 위치에 출력 하고자 하는 문자열을 지정한 글자크기로 그래픽 화면에 출력을 한다. 여기서 font 설정은 생략하여 .write("출력 문자열") 형태로 출력을 하면 글자크기는 터틀 그래픽 기본값으로 문자열을 출력한다. font 옵션은 font = ('글꼴', 글자크기, 'normal')의 형태로 글자모양, 크기, 굵기 등을 지정할 수 있다. 그러나 기본 글꼴에 글자 크기만 바꾸고자 한다면 font = ('', 글자크기, '')의 형태로 글꼴과 굵기는 빈 문자열('')을 두면 된다.

이때 출력할 위치는 .goto(x,y) 함수로 지정을 하며 출력문자열은 좌측하단을 시작점으로 하여 오른쪽으로 출력한다. 여기서 현재 위치에 문자열을 가운데로 위치 시키고 싶은 경우에는 .write("출력 문자열", align = 'center')과 같이 align(정렬) 옵션으로 'center'를 주면 된다. align(정렬)옵션 기본은 'left'로 왼쪽 정렬이며 'center' (가운데 정렬) 또는 'right' (오른쪽 정렬)을 줄 수 있다. 그리고 글자의 색은 .pencolor() 또는 .color() 함수로 지정한다.

예제 10-16 다양하게 글자 출력하기

```
import turtle as tt

tt.setup(820, 620)
tt.screensize(800, 600)
tt.title("글자 출력하기")

tt.speed(10)

tt.pencolor('black')
tt.penup()
tt.goto(0,50)
tt.write("글자 출력 하기")

tt.pencolor('red')
tt.goto(0,30)
```

```
tt.write("글자 출력 하기")

tt.goto(0, 0)
tt.write("글자 출력 하기", align = 'center')   #가운데 정렬

tt.pencolor('blue')
tt.goto(0, -30)
tt.write("글자 출력 하기", font = ('',12,'') )   #글자크기 설정

tt.pencolor('blue')
tt.goto(0, -50)
tt.write("글자 출력 하기", align = 'center', font = ('',12,'') )

tt.goto(0, -80)
tt.write("글자 출력 하기", font = ('궁서체',12,'bold') )  #폰트 전체 설정

tt.done()
```

[결 과]

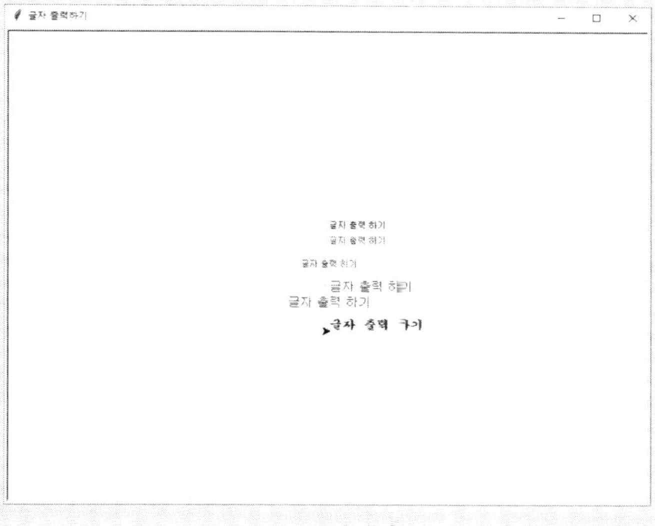

예제 10-16은 .write() 함수를 사용하여 터틀 그래픽 화면에 다양하게 글자를 출력하는 예를 나타내었다.

▌참고 : .write() 함수는 print() 함수처럼 변스안의 내용을 문자열로 자동변환해서

문자열로 출력하지 않는다. 따라서 서식문자열 (" 변환기호 " %변수)의 형태로 변수 값을 문자열로 변환하여 출력을 할 수 있다. 이 때문에 print() 함수도 되도록 서식 문자열 출력 방식으로 연습을 하길 바란다.

10.6 그래픽 프로그래밍 연습 : sin 그래프 그리기, 그림 그리기, 거북이 경주 게임

1) sin(x) 그래프 그리기

가로 600, 세로 500 사이즈의 예제 10-11의 그래프 틀 안에 -180도에서 180도 까지 sin(x)의 그래프를 그려보자.

(1) 문제분석 및 수식정리

① -180도부터 180도까지 sin(x) 값을 구한다.

```
for i in range(361) :              # i를 0~360 까지 변화시키면서 반복
  x = i-180                        # x를 -180~180 으로 변화
  y = sin(x * 3.14159265/180)      # y에 sin(x) 값 저장
```

② 중요 : a.의 x 위치에서의 y 값을 화면상의 좌표 범위에 맞도록 변환을 해야 한다. 만일 a에서 구한 x, y 값으로 그래프를 그리면 나타나지가 않는다.

```
for i in range(361) :              # i를 0~360 까지 변화시키면서 반복
  x = i-180                        # x를 -180~180 으로 변화
  y = sin(x * 3.14159265/180)      # y에 sin(x) 값 저장

  x *= 300/180                 # 180도가 x좌표 300이그로 300/180배를 함.
  y *= 125                     # y를 125배 확대
```

어떤 함수를 화면상의 그래프로 표시할때는 화면상에 잘 보일 수 있도록 반드시 좌표범위의 변환이 필요하다.

(2) 프로그램 작성

```
import turtle as tt
from math import *

def MoveTo( x, y ) :          # 좌표 x, y 로 선 그리지 않고 이동
    tt.penup()
    tt.goto(x, y)
    return

def LineTo( x, y ) :          # 현재 좌표에서 좌표 x, y까지 선 그리기
    tt.pendown()
    tt.goto(x, y)
    return

def Rectangle( left, bottom, right, top ) :
    MoveTo(left, bottom)
    LineTo(right, bottom)
    LineTo(right, top)
    LineTo(left, top)
    LineTo(left, bottom)
    return

def Graph( left, bottom, right, top ) :
    tt.pensize(3)
    Rectangle(left, bottom, right, top)        # 사각틀 그리기

    tt.pensize(1)
    MoveTo( left, 0 )                          # x축 선 그리기
    LineTo( right, 0 )
    MoveTo( 0, bottom )                        # y축 선 그리기
    LineTo( 0, top )

    tt.penup()
    tt.goto(2,-16)
    tt.write('0', font =('', 10, '') )         # 글자크기 10으로 '0' 출력
    return
```

```
# 변수 정리

lt = -300; bt = -250; rt = 300; tp = 250
i = 0; x = 0; y = 0.0

# 메인 프로그램

tt.setup(820, 620)
tt.screensize(800, 600)
tt.title("sin(x) 그래프 그리기")

tt.speed(10)
tt.hideturtle()

tt.pencolor('black')
Graph( lt, bt, rt, tp )       # 그래프 틀 그리기


# sin(x) 그래프 그리기

tt.pencolor('blue')           # 펜을 파란색으로 변경

for i in range(361) :
    x = i-180                               # x를 -180~180 으로 변화
    y = sin(x * 3.14159265/180)    # y에 sin(x) 값 저장

    x *= 300/180          # 180도가 x좌표 300이므로 300/180배를 함.
    y *= 125                                # y를 125배 확대

    if i == 0 :               # 시작점은 그리지 않고 이동
       MoveTo( x, y )
    else :                    # 두 번째 점부터 선을 그리기
       LineTo( x, y )

tt.done()
```

[결 과]

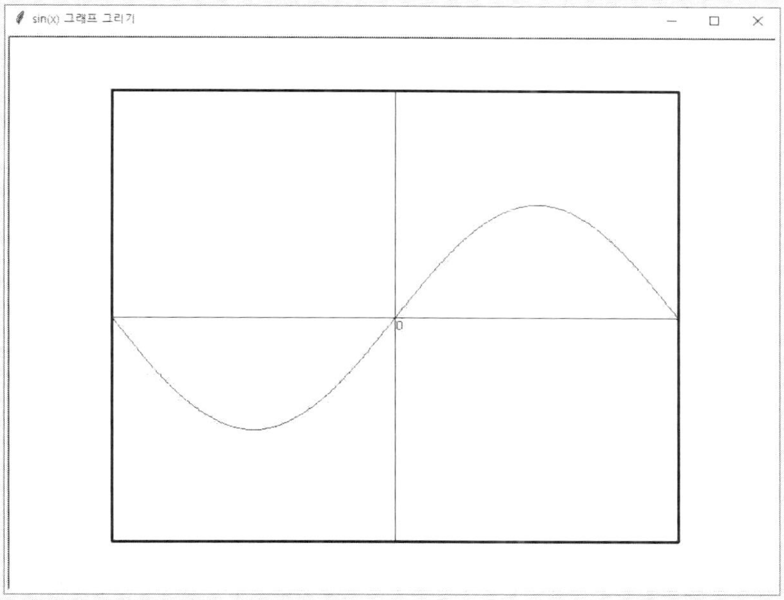

2) 그림 그리기 프로그램

터틀 그래픽 창 안에서 마우스로 그림을 그리는 프로그램을 작성해 보자.

(1) 터틀 그래픽에서 마우스 사용법 예

터틀 그래픽에서는 .onscreenclick(), .onclick(). .ondrag() 함수 등을 이용해서 마우스의 버튼 눌림에 따라 여러 가지 작업들 할 수 있다. .onscreenclick(함수이름, 마우스버튼번호) 함수는 화면상에서 마우스버튼을 누르면 수행할 함수를 호출한다. 이때 마우스 버튼은 왼쪽이 1, 가운데가 2 그리고 오른쪽이 3번이고 호출할 함수는 소괄호() 없이 함수이름만 쓴다. 따라서 위의 예와 같이 tt.onscreenclick (function1, 1)을 하게되면 화면상에서 마우스의 왼쪽 버튼을 누르면 function1(x, y) 함수를 호출한다. 여기서 왼쪽 버튼이 눌러졌을 때 호출할 function1(x, y) 함수는 사용자 정의형 함수로 작성을 하여 수행할 내용을 만들어 주면 된다. 이때 function1(x, y) 의 매개변수 x와 y를 통해 마우스의 현재 위치가 전달되어 함수 내에서 현재 마우스 위치를 이용하여 선그리기 또는 원그리기 등을 할 수가 있다.

```
import turtle as tt

def function1(x, y) ;        # 화면에서 마우스 왼쪽 버튼을 눌렀을 때
    ...                      # 수행할 함수의 내용 x, y에 마우스 위치가
    ...                      # 저장되어 있음.
    return

def function2(x, y) ;      # 펜모양 위에서 마우스 왼쪽버튼 누른 상태에서
    ...                    # 마우스를 움직이면 수행할 함수의 내용.
    ...                    # x, y에 마우스 위치가 저장되어 있음.
    return

# 메인 프로그램
tt.setup(820,620)
tt.screensize(800,600)


tt.onscreenclick( function1 , 1 )  # 화면에서 마우스 왼쪽 버튼 누르면
                                    # function1() 함수 호출
tt.ondrag( funtion2 , 1 ) # 펜모양에서 마우스 왼쪽 버튼 누른 상태에서
                          # 마우스 움직이면 function2() 함수 호출
tt.done()
```

(2) 마우스 왼쪽 버튼이 눌러졌을 때 수행할 일 정의

```
def m_left_bt(x, y) ;          # 버튼 눌러진 위치까지 선그리기
  global r, g, b
  tt.pencolor(r, g, b)
  tt.pendown()                 # 펜 내리고 마우스 x, y 위치로
  tt.goto(x,y)                 # 선 그리면서 이동
  return
```

마우스 왼쪽 버튼이 눌러졌을 때 현재 펜의 색으로 선을 그리도록 m_left_bt (x, y) 함수를 작성한다. 이때 팬 색상은 전역변수로 지정하여 함수내에서는

global r, g, b 명령으로 변수 값을 사용할 수 있도록 하였다.

(3) 마우스 가운데 버튼이 눌러졌을 때 수행할 일 정의

```
def m_mid_bt(x, y) ;                    # 컬러선택
  global r, g, b
  c = tt.numinput('color', '0:black 1:red 2:blue 3:green', 0)
  if c == 1 :
     r = 1; g = 0; b = 0
  elif c == 2 :
     r = 0; g = 0; b = 1
  elif c == 3 :
     r = 0; g = 1; b = 0
  else :
     r = 0; g = 0; b = 0
  return
```

마우스의 가운데 버튼이 눌러지면 펜의 색을 선택할 수 있도록 m_mid_bt(x, y) 함수를 작성한다. [그림 10-3]과 같은 tt.numinput()을 통해 번호 입력창을 띄우고 입력된 번호에 따라 전역변수 r, g, b,의 값을 설정하도록 하였다.

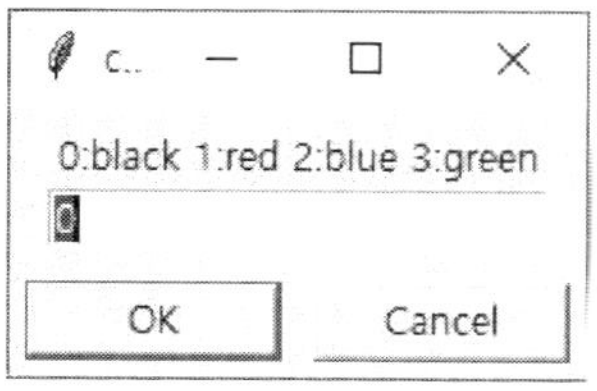

[그림 10-3] tt.numinput() 함수에 의한 숫자 입력 창

▌참고 : 터틀 그래픽에서는 수를 입력하기 위해 .numinput('제목','메세지', 기본값) 함수를 제공한다. '제목'은 창의 이름이고 '메세지'는 입력할 대상에 대한 설명을 적는 부분이다. 그리고 기본값을 설정할 수 있다. 그리고 문자열을 입력하고자 할 경우에는 .textinput('제목','메세지') 함수를 사용하던 된다.

(4) 마우스 오른쪽 버튼이 눌러졌을 때 수행할 일 정의

```
def m_right_bt(x, y) ;          # 버튼 눌러진 위치까지 팬만 이동
    global r, g, b
    tt.pencolor(r, g, b)
    tt.penup()                  # 펜 올리고 마우스 x, y, 위치로
    tt.goto(x,y)                # 펜만 이동
    return
```

마우스의 오른쪽 버튼이 눌러지면 선을 그리지 않고 펜간 이동하도록 m_right_bt (x, y)함수를 작성한다.

(5) 전체 프로그램 작성

```
import turtle as tt

def m_left_bt(x, y) :           # 버튼 눌러진 위치까지 선그리기
    global r, g, b
    tt.pencolor(r, g, b)
    tt.pendown()                # 펜 내리고 마우스 x, y 위치로
    tt.goto(x,y)                # 선 그리면서 이동
    return

def m_mid_bt(x, y) :            # 컬러선택
    global r, g, b
    c = tt.numinput('color', '0:black 1:red 2:blue 3:green')
    if c == 1 :
        r = 1; g = 0; b = 0
    elif c == 2 :
        r = 0; g = 0; b = 1
    elif c == 3 :
        r = 0; g = 1; b = 0
    else :
        r = 0; g = 0; b = 0
    return

def m_right_bt(x, y) :          # 버튼 눌러진 위치까지 팬만 이동
    global r, g, b
```

```
    tt.pencolor(r, g, b)
    tt.penup()                    # 펜 올리고 마우스 x, y, 위치로
    tt.goto(x,y)                  # 펜만 이동
    return

# 전역 변수 생성
r = 0; g = 0; b = 0

#메인프로그램
tt.setup(820,620)
tt.screensize(800,600)

tt.onscreenclick( m_left_bt , 1 )
tt.ondrag( m_left_bt , 1 )

tt.onscreenclick( m_mid_bt , 2 )
tt.onscreenclick( m_right_bt , 3 )

tt.done()
```

[결 과]

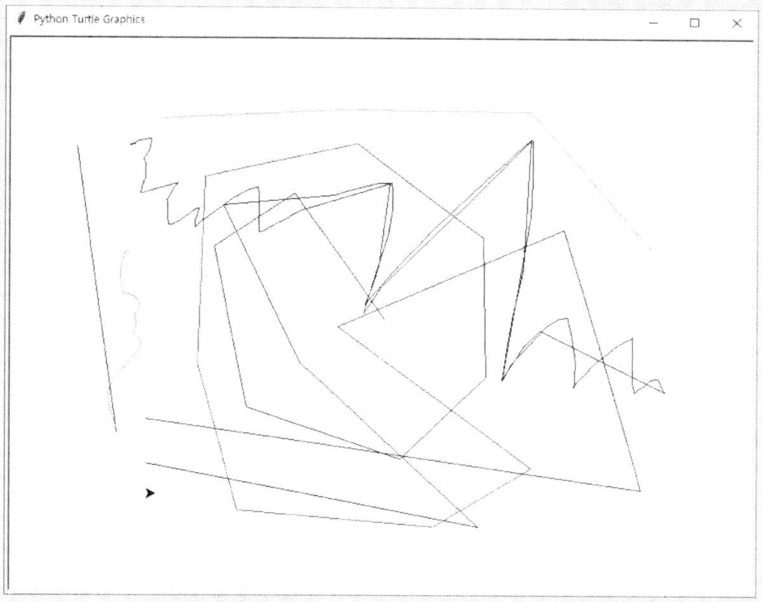

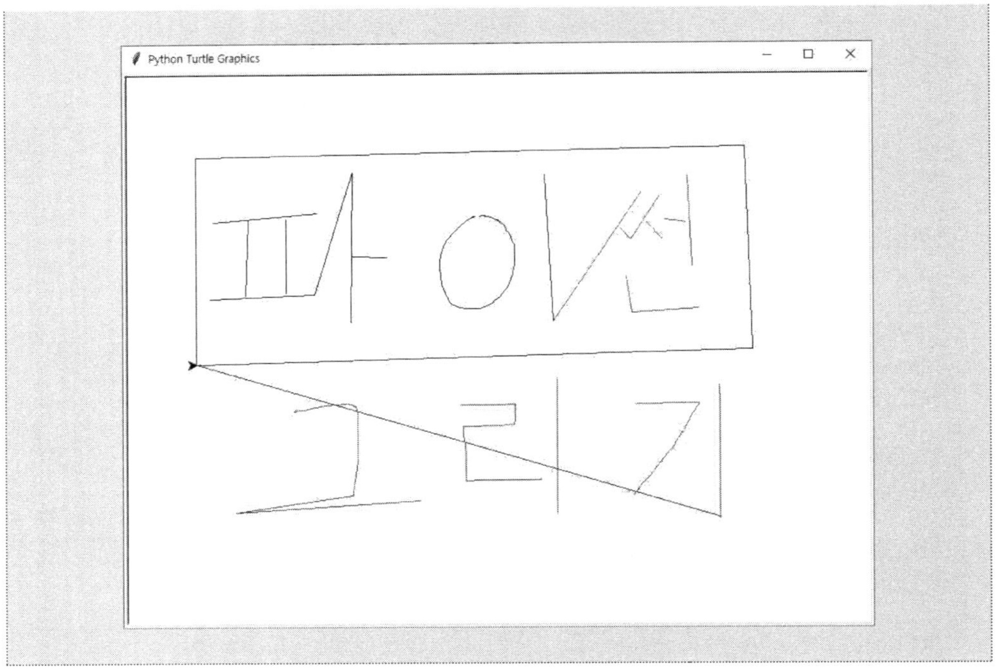

3) 거북이 경주 게임

거북이 세 마리로 경주를 해보자. 한 마리는 유저가 마우스 버튼을 눌러 움직이게 하고 두 마리는 컴퓨터가 0.1초마다 무작위로 움직이게 한다.

(1) 여러 개의 펜 사용하기

거북이 세 마리를 화면에서 독립적으로 움직이게 하려면 독립적인 펜이 3개 필요하다. 이와 같이 한 터틀 그래픽 화면에서 여러 개의 팬을 사용하기 위해 .Turtle() 함수를 사용한다.

예제 10-17 독립적인 펜 3개 준비하기

```
import turtle as tt
tt.setup(820, 620)
tt.screensize(800, 600)
```

```
t0 = tt.Turtle()                      # 독립적인 팬 t0, t1, t2 준비
t1 = tt.Turtle()
t2 = tt.Turtle()

t0.penup()
t0.shape('turtle')
t0.shapesize(3)
t0.left(90)
t0.goto(-200, 0)

t1.penup()
t1.shape('turtle')
t1.shapesize(3)
t1.left(90)
t1.goto(0, 0)

t2.penup()
t2.shape('turtle')
t2.shapesize(3)
t2.left(90)
t2.goto(200, 0)

tt.done()
```

[결 과]

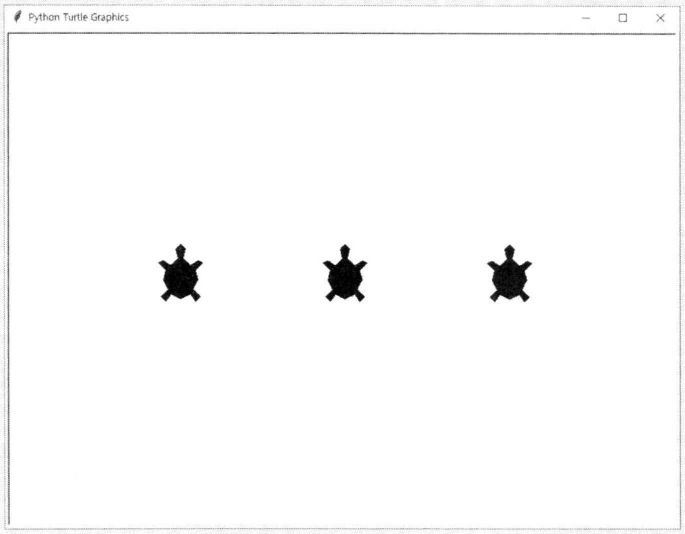

예제 10-17은 .Turtle() 함수를 사용하여 독립적 팬 3개를 준비하고, 각 팬모양을 거북이 모양으로 하여 각각 원하는 위치에 배치를 한 것이다.

```
t0 = tt.Turtle()                    # 독립적인 팬 t0, t1, t2 준비
t1 = tt.Turtle()
t2 = tt.Turtle()
```

이처럼 팬변수 = tt.Turtle()를 하면 개별적인 팬변수를 통해서 팬이동 및 그리기 등의 모든 작업을 할 수가 있다.

(2) 거북이 경주 게임 시작 화면 구성

예제 10-18은 거북이 경주 게임의 화면을 구성하고 거북이를 3마리 준비시키는 프로그램의 예이다. 거북이는 계속 그려야하기 때문에 Draw_turtle()로 함수를 작성하는 것이 좋다. 그리고 시작 화면 역시 메인 프로그램안에 넣는 것보다 예제와 같이 Init_game() 함수를 통해 게임화면을 초기화 하였다.

예제 10-18 거북이 경주 게임 화면 구성

```
import turtle as tt

# 전역변수 생성
tm = tt.Turtle()                         # 펜 tm, t0, t1 세 개 준비
t0 = tt.Turtle()
t1 = tt.Turtle()

my_x, my_y = 0, -300                     # 각 펜의 좌표 설정
pc_x = [-100, 100]
pc_y = [-300, -300]

def Draw_turtle( x, y, tp, color) :      # 거북이 그리기 함수
    tp.penup()
    tp.shape('turtle')
    tp.shapesize(3)
    tp.setheading(90)
    tp.color(color)
```

```
    tp.goto(x, y)
    return

def Init_game() :                                  # 게임화면 초기화
    tt.setup(420, 820)
    tt.screensize(400, 800)
    tt.title("거북이 경주")
    tt.hideturtle()
    tt.penup()                                     # 결승선 그리기
    tt.pensize(5)
    tt.goto(-200,300)
    tt.pendown()
    tt.goto(200,300)
    Draw_turtle(my_x, my_y, tm, 'blue')            # 거북이 그리기
    Draw_turtle(pc_x[0], pc_y[0], t0, 'red')
    Draw_turtle(pc_x[1], pc_y[1], t1, 'red')
    return

# 메인 프로그램
Init_game()

tt.done()
```

[결 과]

(3) 마우스 왼쪽 버튼을 누를 때마다 내 거북이 움직이기

onscreenclick() 함수를 사용하여 마우스버튼을 누를 때 마다 내 거북이를 움직이도록 다음과 같이 함수를 구성하여 예제 10-18에 추가한다. 이때 버튼을 누를 때 마다 0~7까지 랜덤하게 이동량을 주도록 하였다.

```
import random

def my_turtle_move(x, y) :
    global my_x, my_y, tm
    if my_y < 320 :
        my_y += random.randrange(8)
    Draw_turtle(my_x, my_y, tm, 'blue')
    return

tt.onscreenclick(my_turtle_move, 1)
```

(4) 다른 거북이 움직이기

다른 거북이들은 ontimer() 함수를 이용해서 0.1초에 한번씩 램덤하게 전진을 하도록 함수를 구성한다.

```
import random

def pc_turtle_move() :
    global pc_x, pc_y, t0, t1
    if pc_y[0] < 320  :
        pc_y[0] += random.randrange(16)
    Draw_turtle(pc_x[0], pc_y[0], t0, 'red')
    if pc_y[1] < 320  :
        pc_y[1] += random.randrange(16)
    Draw_turtle(pc_x[1], pc_y[1], t1, 'red')
    if pc_y[0] < 320 or pc_y[1] < 320 :
        # 100ms 마다 pc_turtle_move() 함수를 호출
        tt.ontimer(pc_turtle_move, 100)
    return

pc_turtle_move()
```

(5) 전체 프로그램

```
import turtle as tt
import random
import time

# 전역변수 생성
tm = tt.Turtle()                          # 펜 tm, t0, t1 세 개 준비
t0 = tt.Turtle()
t1 = tt.Turtle()

my_x, my_y = 0, -300                      # 각 펜의 좌표 설정
pc_x = [-100, 100]
pc_y = [-300, -300]

def Draw_turtle( x, y, tp, color) :       # 거북이 그리기 함수
    tp.penup()
    tp.shape('turtle')
    tp.shapesize(3)
    tp.setheading(90)
    tp.color(color)
    tp.goto(x, y)
    return

def Init_game() :
    tt.setup(420, 820)
    tt.screensize(400, 800)
    tt.title("거북이 경주")
    tt.hideturtle()
    tt.penup()
    tt.pensize(5)
    tt.goto(-200,300)
    tt.pendown()
    tt.goto(200,300)
```

```
    Draw_turtle(my_x, my_y, tm, 'blue')
    Draw_turtle(pc_x[0], pc_y[0], t0, 'red')
    Draw_turtle(pc_x[1], pc_y[1], t1, 'red')
    return

def my_turtle_move(x, y) :              # 내 거북이 움직임
    global my_x, my_y, tm
if my_y < 320 :
    my_y += random.randrange(8)
    Draw_turtle(my_x, my_y, tm, 'blue')
    return

def pc_turtle_move() :                  # 다른 거북이 움직임
    global pc_x, pc_y, t0, t1
    if pc_y[0] < 320  :
        pc_y[0] += random.randrange(16)
    Draw_turtle(pc_x[0], pc_y[0], t0, 'red')
    if pc_y[1] < 320  :
        pc_y[1] += random.randrange(16)
    Draw_turtle(pc_x[1], pc_y[1], t1, 'red')
    if pc_y[0] < 320 or pc_y[1] < 320 :
        tt.ontimer(pc_turtle_move, 100)
    return

def gane_start() :
    tt.onscreenclick(my_turtle_move, 1)
    pc_turtle_move()
    return

# 메인 프로그램
Init_game()
time.sleep(1)
game_start()

tt.done()
```

[결 과]

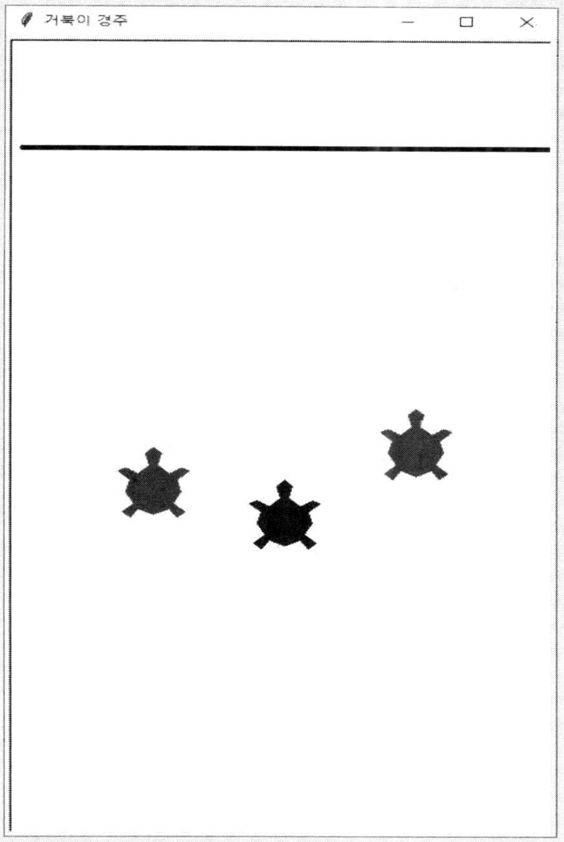

▌참고 : 이 프로그램은 거북이들이 결승선을 통과하면 멈추도록 단순하게 되어있다. 어느 거북이가 승리를 하였는지 판단하고 다시 경주를 시작할 수 있게 여러분이 완성을 해보기 바란다.

제10장	터틀(turtle) 그래픽 모듈 활용하기
제11장	**수치해석(numpy) 모듈 활용하기**

11.1 수치해석 모듈 시작하기

수치해석 모듈은 행렬 계산등을 빠르게 처리하도록 C/C++ 언어로 제작해서 파이썬에서 사용할 수 있도록 한 것이다. 앞서 리스트를 이용하여 간단한 통계 및 행렬 등을 계산하는 방법을 공부하였지만 파이썬의 리스트를 통한 계산은 상당히 느리기 때문에 파이썬에서는 "numpy"라고 하는 행렬 전용 수치해석 모듈을 통해서 빠르게 처리할 수가 있다.

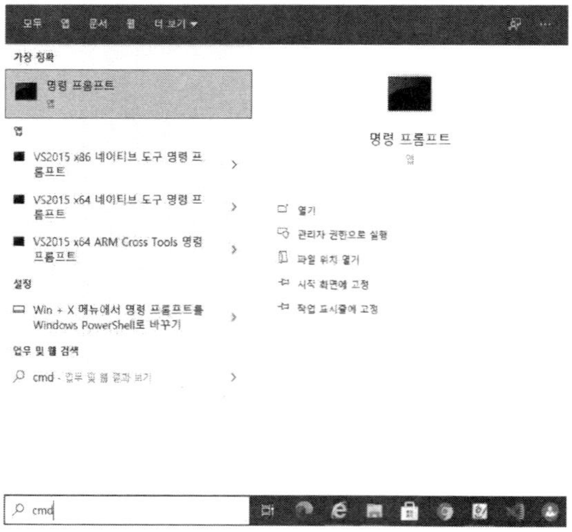

[그림 11-1] 명령 프롬프트(cmd) 실행하기

numpy 모듈은 파이썬을 설치할 때 기본적으로 설치가 되지 않기 때문에 이를 사용하기 위해서는 모듈을 찾아서 설치를 할 필요가 있다. numpy를 설치하기 위하여 먼저 [그림 11-1]과 같이 윈도우의 명령프롬프트 "cmd"를 실행을 한다. 명령 프롬프트에서 [그림 11-2]와 같이 [pip install numpy]라고 입력하면, numpy 모듈을 사용할 수 있도록 자동으로 다운로드를 하여 설치를 한다. 혹시 pip 버전이 안맞거나 업그레이드가 필요하여 설치에 실패를 한다면 [python -m pip install --upgrade pip]를 입력하여 pip 버전을 업그레이드 한 후 numpy 모듈을 다시 설치해주면 된다. 그리고 자동으로 다운로드하여 설치가 되지 않는다면 pypi(https://pypi.org/) 사이트에서 numpy 검색 후, 다운로드하여 [python -m pip install 파일경로이름]으로 설치할 수 있다.

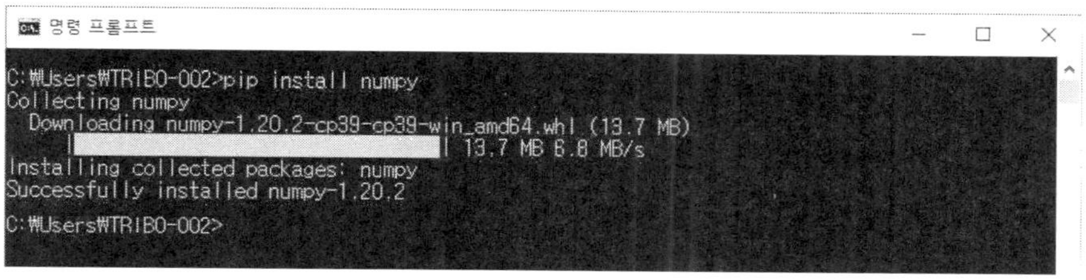

[그림 11-2] 명령 프롬프트(cmd)에서 numpy 모듈 설치

▌참고 1 : 파이썬에서 기본적으로 제공하지 않는 여러 가지의 많은 모듈(라이브러리)는 위와 같이 명령프롬프트에서 [pip install 모듈이름]을 하여 대부분 자동으로 찾아서 설치를 한 후에 사용을 한다.

▌참고 2 : numpy 모듈은 자체적으로 행렬 연산, 통계 계산, 푸리에 변환 등이 가능하지만 numpy는 Scipy, Sympy, matplotlib 등 다른 파이썬 모듈과 함께 쓰이는 경우가 많다. Scipy 또는 Sympy는 numpy를 기본으로하여 더 고차원적인 수치해석을 위해 사용되고, matplotlib는 numpy와 함께 다양한 그래프를 쉽게 작성하는데 사용된다. 이 교재에서는 수치해석의 가장 기본이 되는 numpy에 대해서만 알아보도록 한다.

numpy가 설치가 되었으면 파이썬에서 제대로 사용이 되는지 살펴보자. [그림 11-3]과 같이 파이썬 쉘에서 [import numpy as np]를 입력하여 모듈을 불러온다. 보통 numpy는 많은 사용자들이 np로 줄여서 사용을 하기 때문에 import 시에 as np를 뒤에 붙여서 불러오기를 한다. 그런 다음 [np.zeros((3,3))]을 입력해 보자. 그러면 [그림 11-3]과 같이 array() 안에 3x3으로 2차원 리스트 형태의 행렬이 모두 0.으로 초기화 되어 나타나면 numpy는 정상적으로 설치가 되어 사용할 준비가 된 것이다.

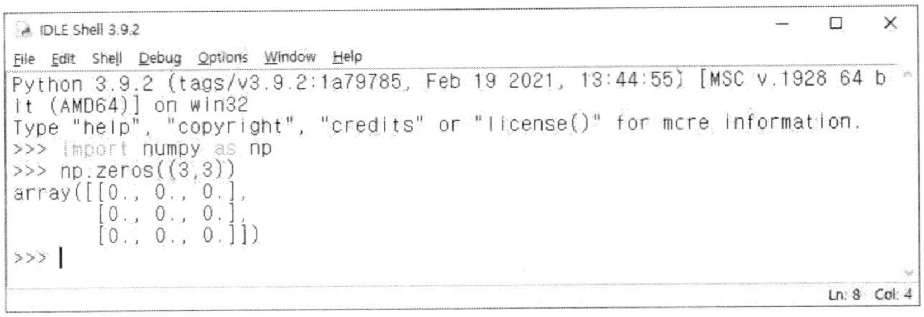

[그림 11-3] 쉘에서 numpy 모듈 불러오기

11.2 array 자료구조

numpy 모듈은 array(행렬 또는 배열)라고 하는 자료 구조를 통해서 모든 데이터를 다루고 있다. 즉, numpy는 행렬의 형태로 데이터를 다루도록 되어 있는 행렬 전문 모듈이라고 할 수 있다. 앞의 6장에서 행렬을 리스트로 다루는 방법을 소개했지만, 리스트는 수학적인 문제를 다룰 때에 계산 속도도 느릴뿐만 아니라 리스트의 특성 때문에 2차원 또는 다차원의 리스트를 생성하는 것도 불편하고 공유 문제 등도 조심해야할 필요가 있었다.

numpy는 아예 array, 즉 행렬(배열)이라는 새로운 자료 구조를 통해서 2차원 및 다차원의 행렬을 쉽게 생성하고, 행렬과 관련된 여러 가지 수학적 문제 등을 다룰 때에 빠르고 편리하게 사용할 수 있도록 하였다. 다라서 numpy를 사용하기 위해선 가장 먼저 array를 생성할 필요가 있다.

1) array 생성

(1) 행렬 = np.array(리스트)

array를 생성하는 가장 기본적인 방법은 [행렬=np.array(리스트)]의 형식으로 np.array() 함수를 사용하는 것이다. 이때 array() 함수 안에 1차원 리스트를 넣으면 1차원 행렬을 생성하고 2차원 리스트를 넣으면 2차원 행렬을 생성한다.

따라서 행렬 생성 예 1에 나타낸 바와 같이 a = np.array([0, 1, 2, 3])을 하게되면 요소 4개짜리 1차원 행렬 데이터를 가지는 행렬 a를 생성한다. 그리고

x = array([[0,0,0,0],[0,0,0,0],[0,0,0,0]])을 하면 4x3짜리 2차원 행렬 데이터를 가지는 행렬 x를 생성한다.

① 행렬 생성 예 1

```
a = np.array( [0, 1, 2, 3] )          # 1차원 행렬 a 생성

x = np.array( [[0, 0, 0, 0],          # 2차원 행렬 x 생성
               [0, 0, 0, 0],
               [0, 0, 0, 0]] )
```

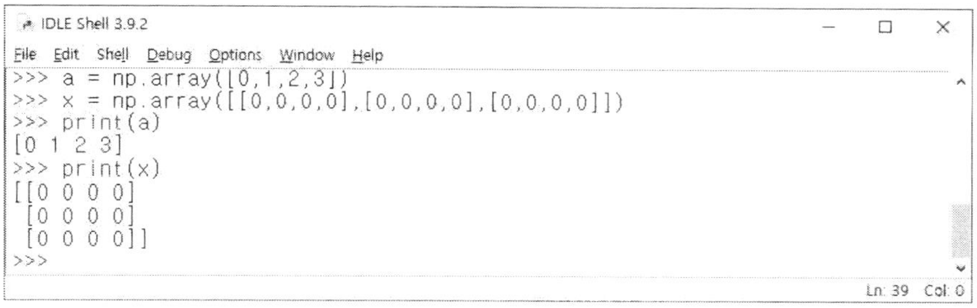

[그림 11-4] 행렬 생성 및 출력

[그림 11-4]는 쉘에서 1차원 및 2차원 행렬을 생성한 후, print() 함수로 출력한 결과이다. 여기서 print() 함수로 행렬변수를 출력하면 리스트와는 다르게 1차원 또는 2차원 행렬의 형태로 데이터를 출력하고 있다.

② 행렬 생성 예 2

```
a = np.array( [0, '1', 2] )           # 데이터가 정수와 문자열이 혼합
print(a)                              # 모든 데이터를 문자열로 저장
===========================
['0' '1' '2']
```

행렬 생성 예 2와 3을 쉘에서 입력 해보자. 예 2와 같이 정수와 문자열 혼합하여 행렬을 생성하면 행렬변수는 안에 있는 데이터를 모두 문자열의 형태로 바

꿔서 저장한다. 그리고 예 3과 같이 정수와 실수가 혼합된 경우에는 모든 데이터를 실수로 바꿔서 저장한다.

③ 행렬 생성 예 3

```
b = np.array( [0, 1.0, 2] )              # 데이터가 정수와 실수가 혼합
print(b)                                 # 모든 데이터를 실수로 저장
===========================
[0. 1. 2.]
```

▌주의 : array는 리스트와 다르게 모두 동일한 데이터의 형태만 다루도록 되어 있다. 따라서 정수와 실수가 혼합되어 있으면 모두 실수로만 다루게 되고, 수와 문자열이 혼합되면 모두 문자열로 다루게 된다.

그리고 행렬 생성 예 4와 같이 dtype 옵션으로 데이터 형태를 지정해줄 수 있다. 여기서 데이터의 형태는 파이썬에서 기본적으로 제공하는 int, float, str 뿐만 아니라 <표 11-1>의 numpy의 데이터 형을 모두 사용할 수 있다.

④ 행렬 생성 예 4

```
a = np.array( [0, 1, 2], dtype = float )
print(a)
===========================
[0. 1. 2.]
```

〈표 11-1〉 numpy의 데이터 형태

유 형		데이터 형	설 명
정수형	부호있는 정수	int8, int16, int32, int64	8, 16. 32, 64bit 크기를 갖는 정수(음수, 양수)
	부호없는 정수	uint8, uint16, uint32, uint64	8, 16, 32, 64bit 크기를 갖는 양의 정수
실수형		float32, float64	32, 64bit 크기의 실수
복소수형		complex64, complex128	64, 128bit 크기의 복소수

⑤ 행렬 생성 예 5

```
a = np.array( [0, 1, 2], dtype = np.float32 )
a.dtype
============================
dtype('float32')
```

행렬 생성 예 5는 numpy의 float32(32bit 실수형) 데이터 형을 갖는 행렬 a를 생성한 것으로, a.dtype을 해보면 확인해 볼 수 있다.

▌참고 : np.array() 함수는 보통 주어진 각 요소의 값들이 일정하지 않거나 규칙성이 없을 때, 직접 리스트로 나열하여 행렬을 생성할 때 사용하는 것으로 가장 일반적인 행렬 생성 함수이다.

(2) 행렬 생성 함수에 의한 행렬 생성 및 초기화

6장에서 공부한 리스트에서 2차원 이상의 행렬을 다루기 위한 리스트를 생성하는 것이 매우 불편하였다. 그래서 일정한 값 또는 규칙성 있는 값으로 초기화를 할 경우에도 일일이 사각괄호 안에 값을 나열해서 리스트를 생성하는 것이 가장 나은 방법이라고 할 수 있었다.

numpy에서도 ①의 np.array() 함수를 통해 값이 일일이 나열된 리스트를 가지고 행렬을 생성할 수 있다.

〈표 11-2〉 일정한 값으로 초기화하는 행렬 생성 함수

함 수	설 명	예
np.zeros((M,N), ..)	MxN 행렬 생성 후 모두 0 초기화	np.zeros((3,4))
np.ones((M,N), ..)	MxN 행렬 생성 후 모두 1 초기화	np.ones((3,4))
np.full((M,N), n, ..)	MxN 행렬 생성 후 모두 n 초기화	np.full((3,4), 2)
np.empty((M,N), ..)	빈 MxN 행렬 생성	np.empty((3,4))
np.eye(N, ..)	NxN 단위 행렬 생성	np.eye(3)
_like(array, ..)	지정 array 와 같은 크기 행렬 생성 후 초기화	np.zeros_like(a)

하지만 일정한 값 또는 규칙성 있는 값으로 초기화를 할 경우에 다양한 크기의 다차원 행렬을 매우 쉽고 편리하게 생성할 수 있도록 여러 가지 행렬 생성 함수를 제공하고 있다.

<표 11-2>는 일정한 값으로 초기화를 하는 행렬 생성 함수들을 나타낸 것으로, 여기서 행렬의 크기와 형태는 튜플로 나타낸다. 예를 들어 3x4 짜리 2차원 행렬의 경우 (3, 4)이 된다. 그리고 3x3x4 짜리 3차원 행렬의 경우는 (3,3,4)가 된다. numpy에서 행렬의 차원은 제한이 없이 만들 수 있지만 일반적으로 1, 2 차원이 가장 많이 사용되고 3차원 이상은 잘 사용되지 않는다.

① 행렬 생성 예 6

```
# 행렬의 MxN은 반드시 소괄호를 써서 튜플 형태 (M, N)으로 지정한다.

# 모두 0. (실수)으로 초기화 된 3x4 행렬 생성

a = np.zeros( (3, 4) )
print(a)
================================
[[0. 0. 0. 0.]
 [0. 0. 0. 0.]
 [0. 0. 0. 0.]]

# 모두 0 (정수)으로 초기화 된 3x4 행렬 생성, 실수가 아닌 다른 데이터 형으로
  초기화를 할 경우 dtype 옵션을 사용한다.

a = np.zeros( (3, 4) , dtype = int )
print(a)
================================
[[0 0 0 0]
 [0 0 0 0]
 [0 0 0 0]]

# 모두 1. 로 초기화 된 3x4 행렬 생성

a = np.ones( (3, 4) )
print(a)
================================
[[1. 1. 1. 1.]
 [1. 1. 1. 1.]
 [1. 1. 1. 1.]]
```

```
# 모두 10 으로 초기화 된 3x4 행렬 생성

a = np.full( (3, 4), 10 )
print(a)
================================
[[10 10 10 10]
 [10 10 10 10]
 [10 10 10 10]]

# 빈 3x4 행렬 생성, 초기값은 임의로 들어간다.

a = np.empty( (3, 4) )
print(a)
================================
[[1. 1. 1. 1.]                # 초기값은 임의의 값이 들어가므로
 [1. 1. 1. 1.]                  1.이 아닐 수도 있다.
 [1. 1. 1. 1.]]

# 행렬 a와 같은 크기의 행렬, 모두 0으로 초기화

a = np.empty( (3, 4) )
b = np.zeros_like( a )
print(b)
================================
[[0. 0. 0. 0.]
 [0. 0. 0. 0.]
 [0. 0. 0. 0.]]

# 행렬 a와 같은 크기의 행렬, 모두 5 로 초기화

a = np.empty( (3, 4) )
b = np.full_like( a, 5 )
print(b)
================================
[[5. 5. 5. 5.]
 [5. 5. 5. 5.]
 [5. 5. 5. 5.]]
```

<표 11-3>은 규칙적인 간격으로 요소의 값이 변할 경우에 사용하는 행렬 생성 함수이다. 여기서 np.arange() 함수의 경우 끝점을 지정하는 것이 아니라, 끝점+1을 지정해야하는 것을 주의한다. 다음 예 7을 통하여 각 함수의 사용법을 알아보자.

〈표 11-3〉 규칙적인 값으로 초기화하는 행렬 생성 함수

함 수	설 명
np.arange(시작점, 끝점+1, 간격)	시작점부터 끝점까지 지정간격 만큼 증가시켜 행렬 생성
np.linspace(시작점, 끝점, n개)	시작점부터 끝점사이를 n개 만큼 균일하게 등분하여 행렬 생성
np.logspace(시작점, 끝점, n개)	시작점부터 끝점사이를 로그스케일로 n개 만큼 등분하여 행렬 생성

② 행렬 생성 예 7

```
# 0 ~ 9 까지 1씩 증가된 행렬 생성

a = np.arange(10)            # 시작점과 간격 생략가능. 끝점+1 주의
print(a)                     # 간격을 생략하면 1씩 증가 됨.
================================
[0 1 2 3 4 5 6 7 8 9]

# 0 ~ 18 까지 2씩 증가된 행렬 생성

a = np.arange( 0, 19, 2 )       # 주의 : 끝점+1을 해야하므로 19 임.
print(a)
================================
[ 0  2  4  6  8 10 12 14 16 18]

# 0 ~ 1을 균일하게 5등분 한 행렬

a = np.linspace( 0, 1, 5 )
print(a)
================================
[0.   0.25 0.5  0.75 1.  ]

# 0 ~ 1을 로그스케일로 5등분 한 행렬

a = np.logspace( 0, 1, 5 )
print(a)
================================
[ 1.          1.77827941  3.16227766  5.62341325 10.        ]
```

〈표 11-4〉 임의의 값(난수)으로 초기화하는 행렬 생성 함수

함 수	설 명
np.random.rand(M, N)	0 ~ 1에서 난수를 추출하여 MxN 행렬 생성
np.random.randint (시작점, 끝점+1, (M,N))	시작점부터 끝점사이에서 정수 난수를 추출하여 MxN 행렬 생성
np.random.randn(M, N)	0 ~ 1에서 정규분포로 난수를 추출하여 MxN 행렬 생성

▌주의 : 난수 행렬 생성시 크기 M, N 지정 주의

③ 행렬 생성 예 8

```
# 0 ~ 1 사이 난수를 추출하여 행렬 생성

a = np.random.rand( 3, 4 )
print(a)
==================================
[[0.45573878 0.82847212 0.24284075 0.95627648]
 [0.11574725 0.72465928 0.7389233  0.53438173]
 [0.59110755 0.79016767 0.7686154  0.46381325]]

# 0 ~ 99 사이의 정수 난수를 추출하여 행렬 생성

a = np.random.randint( 0, 100, (3, 4) )
print(a)
==================================
[[62 79 29 20]
 [91 95 75 21]
 [64 38 60 62]]

# 0 ~ 1 사이 정규분포로 난수를 추출하여 행렬 생성

a = np.random.randn( 3, 4 )
print(a)
==================================
[[ 0.28321135 -0.66407719  1.42776212 -0.58503372]
 [-0.58478586  0.36729444 -0.54458119 -2.25780953]
 [-0.97666593 -0.35402827  1.8521801  -0.26220646]]
```

이외에도 여러 형태의 난수를 추출하여 행렬을 생성하는 함수들이 있지만, 이 교재에서는 가장 많이 사용하는 3가지만 소개를 한다. 여기에 없는 특정 분포에 따른 난수 추출 행렬생성 함수는 https://numpy.org/doc/stable/reference/random/generator.html 문서를 참조하기 바란다.

(3) 생성된 행렬의 속성

생성된 행렬의 속성은 행렬변수.shape 및 행렬변수.dtype으로 알아볼 수 있다. 행렬변수.shape는 MxN 행렬의 크기를 튜플로 (M, N)으로 가지고 있고, 행렬변수.dtype는 행렬 안에 있는 요소들의 데이터 형을 가지고 있다.

〈표 11-5〉 생성된 행렬의 속성 변수

행렬의 속성 변수	설 명
행렬.shape	행렬의 크기 (M, N)
행렬.dtype	행렬 요소들의 데이터 형태

① 행렬의 속성

```
a = np.array( [[0.1, 0.3, 0.2, 0.1],
               [1.3, 1.5, 1.1, 0.9],
               [0.5, 0.2, 0.5, 1.0]] )

print( a.shape )
print( a.dtype )
==================================
(3, 4)
float64
```

(4) 행렬 공유 및 복사

numpy의 행렬도 리스트와 비슷한 특성을 가지고 있기 때문에 대입문을 이용해서 행렬2 = 행렬1를 하면, 행렬1을 행렬2에 복사 저장하는 것이 아니라 행렬2는 행렬1을 공유하게 된다. 즉, 행렬 간의 대입문은 복사 저장이 아니라 행렬 공유이다.

① 행렬 공유 및 복사의 예

```
a = np.array([1,2,3,4,5])
b = a                       # 행렬 a와 행렬 b 공유
c = a.copy()                # 행렬 a를 행렬 c에 복사

b[1] = 9

print(a)
print(b)
print(c)
==================================
[1 9 3 4 5]                 # 행렬 a 도 같이 바뀌어 있다.
[1 9 3 4 5]                 # 행렬 b
[1 2 3 4 5]                 # 행렬 c 는 독립적이다.
```

예를 들면 a = np.array([1,2,3,4,5])로 행렬 a를 생성하고, b = a를 하면 행렬 b는 행렬 a와 공유를 하게된다. 따라서 b[1] = 9로 행렬 b의 1번 요소에 9를 저장하면, 행렬 a의 1번 요소도 같이 값이 바뀌어 있다. 여기서 행렬 a를 공유하지 않고 내용만 복사하고 독립적인 행렬을 생성하고 싶으면 행렬.copy() 함수를 사용하여 c = a.copy()라고 해야 한다.

따라서 행렬 간에 대입문을 사용한 경우에는 두 행렬이 독립적이지 않고 항상 공유하고 있다는 사실을 잘 기억해두자.

(5) 행렬 형태 재구성 하기

1차원 행렬을 2차원 행렬로 재구성 하거나 행렬의 형태를 바꾸고자 할 때 행렬.reshape(행크기, 열크기) 함수를 사용한다.

① 행렬 재구성 예

예를 들면 a = np.arange(1, 16)을 하여 1부터 15까지 1씩 증가된 1차원 행렬 a를 생성하고, b = a.reshape(3, 5)를 하면 1차원 행렬 a를 3x5 형태의 2차원 행렬로 순서대로 재구성하여 2차원 행렬 b를 생성한다. 하지만 행렬 a와 행렬 b는 서로 독립적이지 않고 요소를 서로 공유하고 있다는 사실에 주의할 필요가 있다. 즉, 행렬 b의 요소값을 변경하면 그 위치에 해당하는 행렬 a의 요소값도 같이 변경이 된다.

```
# 1부터 15까지 1차원 행렬 a 생성
a = np.arange(1, 16)

# 행렬 a를 3x5인 2차원 행렬 재구성하여 행렬 b 생성
b = a.reshape(3, 5)

print(a)
print(b)
====================================
[1 2 3 4 5 6 7 8 9 10 11 12 13 14 15]  # 행렬 a
[[ 1  2  3  4  5]                      # 재구성된 행렬 b
 [ 6  7  8  9 10]
 [11 12 13 14 15]]
```

▌주의 : 요소의 개수와 재구성할 MxN의 크기가 서로 맞아야 한다. 즉, 요소수가 15개면 3x5 또는 5x3 행렬로만 재구성할 수가 있다. 요소수와 재구성할 행렬 크기가 맞지 않으면 에러가 발생되고 재구성 되지 않는다.

2) 행렬 인덱싱(각 요소의 데이터 읽고 쓰기)

리스트 또는 행렬의 각 요소에 개별적으로 접근하여 데이터를 가지고 오거나 저장하는 행위를 인덱싱(indexing)이라고 한다. 따라서 행렬에서의 인덱싱, 즉 데이터를 읽거나 쓰기를 할 때에는 행렬 인덱싱 방법에 나타낸 바와 같이 리스트와 비슷하게 행렬에 사각괄호[]를 붙이고, 괄호 안에 접근하고자 하는 위치의 행번호 또는 열번호를 적으면 된다. 즉, 기본 인덱싱 방법은 리스트와 같다.

① 1차원 행렬의 인덱싱 방법

```
행렬 = np.array([ 1. , 1. , 1. , 1. , 1. ])

행렬[열번호]                # 열번호 위치의 저장 공간에 인덱싱

# 주의 : 열번호는 정수형 상수, 변수 또는 수식이고 항상 0부터 시작함.
```

② 2차원 행렬의 인덱싱 방법

그리고 2차원 이상의 행렬에서는 행렬[행번호, 열번호] 또는 행렬[행번호][열번

호] 형태로 인덱싱을 한다. 이때 각 번호는 반드시 0부터 시작한다는 것에 주의해야한다. 수학에서는 행렬의 요소는 1번부터 시작을 하지만 컴퓨터에서는 항상 0부터 시작이라는 것이 중요하다. 즉, 요소가 5개인 행렬의 경우 요소의 번호는 [0]부터 [4]까지이고, 3x4인 2차원 행렬의 경우는 [0, 0]에서 [2, 3]까지 번호가 부여된다. 사각괄호 안의 행번호 및 열번호는 정수형 상수뿐만 아니라 정수형 변수 및 정수형 수식을 모두 사용할 수 있으며, 이를 통해 반복문과 함께 일괄처리를 할 때 사용한다.

```
행렬 = np.array( [[ 1. , 1. , 1. , 1. , 1. ],
                  [ 1. , 1. , 1. , 1. , 1. ],
                  [ 1. , 1. , 1. , 1. , 1. ]] )

행렬[행번호, 열번호]          # 행번호와 열번호 위치의 저장공간에 인덱싱
또는 행렬[행번호][열번호]

# 주의 : 행번호 및 열번호는 정수형 상수, 변수 또는 수식이고
  항상 0부터 시작함.
```

③ 행렬 인덱싱 예

```
a = np.array( [10, 20, 30, 40] )
b = np.array( [[1, 2, 3, 4],
               [5, 6, 7, 8],
               [9, 10, 11, 12]] )
# 데이터 읽기   행렬의 시작 방번호는 항상 0 이다.
x = a[2]                    # x에는 a[2]의 값 30이 저장된다.
y = b[1, 2]                 # y에는 b[1, 2]의 값 7이 저장된다.

# 데이터 쓰기
a[0] = 12                   # a[0]에 12가 저장
b[2, 3] = 0                 # b[2, 3]에 0 저장
b[0][2] = 9                 # b[0][2]는 b[0, 2]이다. b[0, 2]에 9 저장
==================================
# 행렬 a 는 [ 12  20  30  40 ] 이 된다.
# 행렬 b 는 [[ 1  2  9  4 ]
             [ 5  6  7  8 ]
             [ 9  10  11  0 ]] 이 된다.
```

행렬 인덱싱 예에 나타낸 바와 같이 1차원 행렬 a와 2차원 행렬 b를 생성한 후, a[열번호] 및 b[행번호, 열번호] 또는 b[행번호][열번호]의 형태로 각 행렬의 요소에 인덱싱한다. 따라서 x = a[2]는 a[2]의 값 30을 x에 저장하고, y = b[1, 2] 는 b[1, 2]의 값 7을 y에 저장한다. 그리고 a[0] = 12를 하면 a[0]에 12를 저장하여 행렬 a는 [12 20 30 40]이 되고, b[2, 3] = 0과 b[0][2] = 9를 하면 행렬 b는 [[1 2 9 4] [5 6 7 8] [9 10 11 0]]이 된다. 여기서 b[0][2]는 b[0, 2]와 같은 표현이다.

▌참고 : 행렬 안의 데이터를 읽고 쓰는 방법은 리스트와 동일하다. 다만, 다차원 리스트에서는 리스트[행번호][열번호] 형태로만 사용했지만, numpy의 다차원 행렬에서는 리스트와 같이 행렬[행번호][열번호] 뿐만 아니라 행렬[행번호, 열번호] 형태로도 사용할 수 있다.

3) 행렬 슬라이싱 (잘라내기)

numpy 행렬은 리스트 보다 더 발전된 슬라이싱(잘라내기)을 지원한다. 1차원 행렬의 경우에는 행렬[시작번호:끝번호+1] 형태로 슬라이싱이 가능하고 2차원 행렬은 행렬[행시작:행끝+1, 열시작:열끝+1] 형태로 슬라이싱이 가능하다. 그 외에도 특정 행뿐만 아니라 리스트에서는 안되는 특정 열만 슬라이싱하여 추출할 수도 있다. 그리고 슬라이싱 한 범위의 요소를 대입문으로 모두 변경할 수 있다는 장점도 있다.

▌주의 : 슬라이싱 범위 지정시 콜론(:) 뒤에는 끝번호+1을 넣는다.

```
a = np.arange(1,21).reshape(4,5)  # 1~20 값으로 4x5 행렬 a 생성
```

위와 같이 1 ~ 20의 값으로 4x5 행렬 a를 생성하자. 그럼 행렬 a의 요소는 다음과 같이 배치가 된다.

① 행렬 a

1	2	3	4	5
6	7	8	9	10
11	12	13	14	15
16	17	18	19	20

(1) 특정 행 전체 잘라내기

특정 행 전체를 잘라내는 방법은 위의 4x5 행렬 a가 있다고 할 때에 a[행번호], a[행번호, :], a[행번호][:] 등을 사용한다.

① a[1], a[1, :] 또는 a[1][:] # 1번 행 전체 잘라내기

1	2	3	4	5
6	7	8	9	10
11	12	13	14	15
16	17	18	19	20

```
a = np.arange(1,21).reshape(4,5)
b = a[1, :]
print(b)
==============================
[ 6  7  8  9 10]
```

(2) 특정 행 일부분 잘라내기

특정 행의 일부분을 잘라내는 방법은 a[행번호, 시작번호:끝번호+1]을 사용한다.

① a[2, 1:3] # 2번 행의 1~2번 열 잘라내기

1	2	3	4	5
6	7	8	9	10
11	12	13	14	15
16	17	18	19	20

```
a = np.arange(1,21).reshape(4,5)
b = a[2, 1:3]
print(b)
==============================
[12 13]
```

(3) 특정 열 전체 잘라내기

특정 열 전체를 잘라내는 방법은 행 전체 잘라내기와는 다르게 위의 4x5 행렬 a가 있다고 할 때에 a[:, 열번호]로만 잘라낼 수 있다.

① a[:, 1]　　　　　　　　# 1번 열 전체 잘라내기

1	2	3	4	5
6	7	8	9	10
11	12	13	14	15
16	17	18	19	20

```
a = np.arange(1,21).reshape(4,5)
b = a[:, 1]
print(b)
=============================
[ 2  7 12 17]
```

(4) 특정 열 일부분 잘라내기

특정 열의 일부분을 잘라내는 방법은 a[행시작:행끝+1, 열번호]로 잘라낸다.

① a[2:4, 2]　　　　　　　　# 2번 열의 2~3번 행 잘라내기

1	2	3	4	5
6	7	8	9	10
11	12	13	14	15
16	17	18	19	20

```
a = np.arange(1,21).reshape(4,5)
b = a[2:4, 2]
print(b)
=============================
[13 18]
```

(5) 특정 범위 잘라내기

특정 범위를 잘라내는 방법은 a[행시작:행끝+1, 열시작:열끝+1]로 잘라낸다.

① a[1:3, 1:4] **# 1~2번 행, 1~3번 열 잘라내기**

1	2	3	4	5
6	7	8	9	10
11	12	13	14	15
16	17	18	19	20

```
a = np.arange(1,21).reshape(4,5)
b = a[1:3, 1:4]
print(b)
==============================
[[ 7  8  9]
 [12 13 14]]
```

(6) 특정 간격만큼 띄워서 잘라내기

특정 간격만큼 띄워서 잘라내는 방법은 a[행시작::간격, 열시작::간격]으로 잘라낸다. 특정 간격 띄우기는 콜론 2개를 사용한다.

① a[0::3, 0::2] **# 행은 0번 부터 3칸 간격, 열은 0번 부터 2칸 간격**

1	2	3	4	5
6	7	8	9	10
11	12	13	14	15
16	17	18	19	20

```
a = np.arange(1,21).reshape(4,5)
b = a[0::3, 0::2]
print(b)
==============================
[[ 1  3  5]
 [16 18 20]]
```

11.3 array 기본연산

numpy array의 기본 연산은 모두 행렬 계산을 위한 것으로 앞서 6장에서 리스트로 구현한 행렬 계산뿐만 아니라, 다양한 계산을 단 몇줄로 보다 간단하게 할 수 있도록 되어있다. 6장의 행렬 계산 관련 연습문제의 경우 리스트로 해결을 하려면 제법 고민도 하고 실행문도 많이 필요하지만 numpy의 array 연산을 이용하면 매우 간단하게 해결할 수가 있다.

이 절에서는 행렬 계산을 간단하게 구현할 수 있는 array의 기본 연산을 공부하고 이를 통해 6장 연습문제들이 얼마나 간단히 해결되는지 보도록 하겠다.

1) 행렬 산술연산

행렬b = k op 행렬a # $b_{ij} = k \text{ op } a_{ij}$ (k는 상수)
행렬b = 행렬a op k # $b_{ij} = a_{ij} \text{ op } k$ (k는 상수)
행렬c = 행렬a op 행렬b # $c_{ij} = a_{ij} \text{ op } b_{ij}$

op : +, -, *, /, //, %, **

산술 연산을 하는 두 행렬은 기본적으로 동일한 형태를 가져야한다.
두 행렬이 동일하지 않더라도 브로드캐스팅(broadcasting) 조건에 맞으면 계산이 가능하다.

행렬의 산술연산은 파이썬의 산술 연산자인 + (더하기), - (빼기), * (곱하기), / (나누기), // (몫)과 % (나머지) 및 **(제곱)을 이용하여 행렬 내에 같은 위치에 있는 요소끼리 계산을 하는 것이다. 여기서 주의할 점은 * (곱하기)이다. 산술 곱하기는 6장에서 공부한 행렬의 곱이 아니고 단순히 같은 위치의 요소끼리 곱하는 것이므로 주의할 필요가 있다.

① 행렬 산술연산의 예

두 행렬의 산술연산은 기본적으로 두 행렬이 같은 형태가 되어야 한다. 행렬의 크기가 서로 다르면 브로드캐스팅(broadcasting) 조건이 맞을 때만 계산이 가능하고 조건이 맞지 않으면 에러가 발생된다. 브로드캐스팅 조건은 행 또는 열의 크기가 동일한 1차원 행렬인 경우로 MxN 행렬에 대하여 Mx1 또는 1xN 행렬은 브로드캐스팅 조건이 맞아 계산이 가능하다.

```
a = np.arange(1,13).reshape(3,4)  # 1~12 값으로 3x4 행렬 a 생성

b = 2 * a           # 행렬 a의 각 요소에 2를 곱하여 b 행렬 생성
c = a + b           # 행렬 a와 행렬 b의 각 요소를 더하여 행렬 c 생성
d = a * b           # 행렬 a와 행렬 b의 각 요소를 곱하여 행렬 d 생성
print(a)
print(b)
print(c)
print(d)
==============================
[[ 1  2  3  4]        # 행렬 a
 [ 5  6  7  8]
 [ 9 10 11 12]]

[[ 2  4  6  8]        # 행렬 b
 [10 12 14 16]
 [18 20 22 24]]

[[ 3  6  9 12]        # 행렬 c
 [15 18 21 24]
 [27 30 33 36]]

[[  2   8  18  32]    # 행렬 d
 [ 50  72  98 128]
 [162 200 242 288]]
```

② 브로드캐스팅 예

```
a = np.arange(1,13).reshape(3,4)  # 1~12 값으로 3x4 행렬 a 생성

b = np.array( [1, 2, 3, 4] )      # 1x4 행렬 b 생성
c = np.array( [[1],[2],[3]] )     # 3x1 행렬 c 생성
```

```
x = a + b       # 열이 같아서 행렬 a의 모든 행에 행렬 b를 더함
y = a + c       # 행이 같아서 행렬 a의 모든 열에 행렬 c를 더함

print(a)
print(x)
print(y)
==============================
[[ 1  2  3  4]      # 행렬 a
 [ 5  6  7  8]
 [ 9 10 11 12]]

[[ 2  4  6  8]      # 행렬 x
 [ 6  8 10 12]
 [10 12 14 16]]

[[ 2  3  4  5]      # 행렬 y
 [ 7  8  9 10]
 [12 13 14 15]]
```

브로드캐스팅 예를 보면 3x4 행렬 a와 1x4 행렬 b는 열의 크기가 같기 때문에 행렬 b를 행렬 a의 각 행에 더할 수가 있다. 그리고 4x1 행렬 c는 행렬 a와 행의 크기가 같기 때문에 행렬 a의 각 열에 더할 수가 있다.

즉, x = a + b는 $\begin{bmatrix}1&2&3&4\\5&6&7&8\\9&10&11&12\end{bmatrix}+\begin{bmatrix}1&2&3&4\\1&2&3&4\\1&2&3&4\end{bmatrix}$를 한 결과와 같다.

그리고 x = a+ c는 $\begin{bmatrix}1&2&3&4\\5&6&7&8\\9&10&11&12\end{bmatrix}+\begin{bmatrix}1&1&1&1\\2&2&2&2\\3&3&3&3\end{bmatrix}$을 한 결과와 같다.

2) 행렬 곱

$c_{ij}=\sum_{k=1}^{N}a_{ik}b_{kj}$ 의 행렬 곱

```
행렬c = 행렬a @ 행렬b
행렬c = 행렬a.dot(행렬b)

# MxN 행렬 a와 NxP 행렬 b 의 곱으로 행렬 a의 열의 크기와 행렬 b의 행의 크기가 반드시 동일해야 한다.
```

6장 리스트에서 공부한 일반적인 행렬 곱은 @ 연산자 또는 .dot() 함수를 이용하여 매우 간단하게 구할 수 있다. 행렬의 산술연산 곱하기(*)는 단순하게 개별 요소끼리 곱하는 것이었지만, 실제 행렬 곱은 단순 곱하기(*)와는 다르다. 따라서 수학 또는 공학 문제를 풀 때 조심해야 한다. 수학 또는 공학 문제를 풀 때는 행렬끼리의 곱은 반드시 행렬 곱(@)을 사용해야하며 산술 곱하기(*)는 상수와 행렬을 곱하기할 때 사용한다.

리스트를 이용하여 행렬 계산을 한다면 앞의 6장과 같이 행렬합, 행렬곱을 하기 위하여 계산 알고리즘에 따라 반복문으로 일일이 작성을 해야 하지만 numpy를 이용하면 연산자로 매우 간단하게 수식을 작성할 수가 있다.

3) 행렬 계산 프로그램 예 1

$R = x\begin{bmatrix} 3 & 4 & 8 \\ 2 & 5 & 0 \\ 1 & 4 & 6 \end{bmatrix} + y\begin{bmatrix} 2 & 1 & 1 \\ 4 & 2 & 3 \\ 6 & 1 & 2 \end{bmatrix}$ 을 구하라.

(1) 문제 분석

R = xA + yB

여기서 행렬 A = $\begin{bmatrix} 3 & 4 & 8 \\ 2 & 5 & 0 \\ 1 & 4 & 6 \end{bmatrix}$, 행렬 B = $\begin{bmatrix} 2 & 1 & 1 \\ 4 & 2 & 3 \\ 6 & 1 & 2 \end{bmatrix}$ 이다.

(2) 프로그래밍 수식

R = x*A + y*B

(3) 변수 정리

```
# 출력변수
R = None
# 입력변수
A = np.array( [[3,4,8],[2,5,0],[1,4,6]], dtype=float )
B = np.array( [[2,1,1],[4,2,3],[6,1,2]], dtype=float )
x = 0.0
y = 0.0
```

▌참고 : 수학 또는 공학적 계산시 행렬의 요소는 되도록 실수형을 사용한다. 따라서 명확히 실수형을 만들어 주기 위해 dtype=float 옵션을 사용하였다.

(4) 프로그램 작성

```
import numpy as np

# 출력변수
R = None
# 입력변수
A = np.array( [[3,4,8],
               [2,5,0],
               [1,4,6]], dtype=float )
B = np.array( [[2,1,1],
               [4,2,3],
               [6,1,2]], dtype=float )
x = 0.0
y = 0.0

# 메인 프로그램
x = float(input("x =? "))
y = float(input("y =? "))

R = x*A + y*B

print()
print("** 결과 **")
print(R)

#end
```

▌참고 : 6장의 리스트를 이용하면 행렬을 계산하기 위한 수식이 매우 복잡해지지만 이와 같이 numpy 모듈을 사용하여 행렬을 계산하면 마치 일반 수식과 같이 매우 간단하게 수식을 작성할 수 있다.

4) 행렬 계산 프로그램 예 2

$$R = \begin{bmatrix} 1.2 & 2.5 & 1.4 & 2.2 \\ 3.3 & 0.5 & 1.6 & 0.2 \\ 0.7 & 0.3 & 1.5 & 2.4 \end{bmatrix} \begin{bmatrix} x_1 \\ x_2 \\ x_3 \\ x_4 \end{bmatrix}$$ 를 구하는 프로그램 작성

문제분석과 수식정리는 생략 하고 바로 프로그램을 작성해 보면 다음과 같다.

```
import numpy as np

#변수 생성
R = None
A = np.array( [[1.2, 2.5, 1.4, 2.2],
               [3.3, 0.5, 1.6, 0.2],
               [0.7, 0.3, 1.5, 2.4]] )
x = np.zeros((4,1), dtype=float)

#메인 프로그램
for i in range(4) :
    x[i] = float(input("x[%d] = ?"%(i+1)))

R = A @ x

print()
print("** 결과 **")
print(R)

#end
```

▌참고 : 수식에서 산술 곱하기(*)를 쓰면 안된다. 행렬끼리는 행렬 곱(@)을 사용해야 한다.

11.4 numpy를 이용한 기초 Anaysis : 연립방적식 해, 통계분석

1) 연립방정식의 해 구하기

numpy의 선형대수 함수를 이용하여 연립방정식의 해를 구하여 보자. 연립방정식이란 식(1)과 같은 형태로 주어진 식으로 상수 a와 b에 대해 미지수 x_1, x_2, x_3을 구하는 것을 연립방정식의 해를 구한다고 말한다.

$$\begin{aligned} a_{11}x_1 + a_{12}x_2 + a_{13}x_3 = b_1 \\ a_{21}x_1 + a_{22}x_2 + a_{23}x_3 = b_2 \\ a_{31}x_1 + a_{32}x_2 + a_{33}x_3 = b_3 \end{aligned} \qquad (1)$$

선형 대수학에서 식(1)은 다음과 같이 행렬의 형태로 바꿀 수 있다.

$$\begin{bmatrix} a_{11} & a_{12} & a_{13} \\ a_{21} & a_{22} & a_{23} \\ a_{31} & a_{32} & a_{33} \end{bmatrix} \begin{bmatrix} x_1 \\ x_2 \\ x_3 \end{bmatrix} = \begin{bmatrix} b_1 \\ b_2 \\ b_3 \end{bmatrix} \qquad (2)$$

$$AX = B$$

미지수 x_1, x_2, x_3는 식(3)에 의해 구할 수 있다.

$$\begin{bmatrix} x_1 \\ x_2 \\ x_3 \end{bmatrix} = \begin{bmatrix} a_{11} & a_{12} & a_{13} \\ a_{21} & a_{22} & a_{23} \\ a_{31} & a_{32} & a_{33} \end{bmatrix}^{-1} \begin{bmatrix} b_1 \\ b_2 \\ b_3 \end{bmatrix} \qquad (2)$$

$$X = A^{-1}B$$

여기서 A^{-1}은 역행렬로 연립방정식을 풀기 위해서는 가우스-조단 소거법에 의해 행렬 A의 역행렬 A^{-1}를 구하는 것이 수학적으로 중요하다. 그러나 이러한 역행렬을 직접 프로그래밍으로 코딩하여 구하는 것은 비교적 복잡하고 어려운 과정에 속한다. 하지만 파이썬의 numpy에서는 선형대수의 np.linalg.solve() 함수를 이용하여 바로 연립방정식의 해를 구할 수 있으며, 역행렬도 알아야할 필요가 있을 경우에는 np.linalg.inv() 함수를 통해 쉽게 구할 수 있다. 여러분이 역행렬과 연립방정식 해를 수학적으로 구하는 과정을 잘 이해하고 있을 필요가 있지만, 실제 프로그래밍을 통해서 다양한 작업들을 구현할 때는 이와 같이 이미 다른 사람이 만들어 놓은 모듈을 활용하는 것이 쉽고 편리하다.

그럼 numpy의 선형대수를 이용하여 연립방정식의 해를 구하는 과정은 다음과 같다.

① 식(1)의 형태인 연립방정식을 식(2)의 형태인 행렬의 형태로 바꾼다.
② 식(2)에 맞추어 numpy 행렬 A 와 B를 생성한다. 이때 행렬 A는 2차원 행렬로 행렬 B는 1xN 형태, 즉 np.array([b_1, b_2, b_3, …])와 같이 1차원 행렬로 구성한다.
③ X = np.linalg.solve(A, B) 를 하여 연립방정식의 해를 행렬 X에 저장한다.
④ 행렬 X에 저장된 결과를 출력한다.

예제 11-1 다음 연립방정식의 해를 구하라.

$$\begin{aligned} 2x-3y-z &= 1 \\ x+4y-3z &= 0 \\ 3x+y+2z &= 2 \end{aligned}$$

① 문제분석 : 연립방정식의 행렬식

$\begin{bmatrix} 2 & -3 & -1 \\ 1 & 4 & -3 \\ 3 & 1 & 2 \end{bmatrix}\begin{bmatrix} x \\ y \\ z \end{bmatrix} = \begin{bmatrix} 1 \\ 0 \\ 2 \end{bmatrix}$ 이고 A= $\begin{bmatrix} 2 & -3 & -1 \\ 1 & 4 & -3 \\ 3 & 1 & 2 \end{bmatrix}$, B= $\begin{bmatrix} 1 \\ 0 \\ 2 \end{bmatrix}$, X= $\begin{bmatrix} x \\ y \\ z \end{bmatrix}$ 이다.

② 프로그램 수식
X = np.linalg.solve(A, B)

③ 변수 정리
# 출력변수
X = None

```
# 입력변수
A = np.array( [[2, -3, -1],[1, 4, -3],[3, 1, 2]] )
B = np.array( [1, 0, 2] )
```

④ 프로그램 작성

```
import numpy as np
# 출력변수
X = None
# 입력변수
A = np.array( [[2, -3, -1],[1, 4, -3],[3, 1, 2]] )
B = np.array( [1, 0, 2] )

# 메인 프로그램
X = np.linalg.solve(A, B)          # 연립방정식 해 구하기

print("x = %.4f"%X[0])
print("y = %.4f"%X[1])
print("z = %.4f"%X[2])

#end
```

[결 과]

```
IDLE Shell 3.9.2
File Edit Shell Debug Options Window Help
>>>
==================== RESTART: C:\Python39\프로그램
연습\ex11_2.py ===================
x = 0.5606
y = -0.0152
z = 0.1667
>>> |
Ln: 14 Col: 4
```

만일 역행렬을 구하여 연립방정식의 해를 구하고자 할 경우에는 다음과 같이 np.linalg.inv() 함수와 행렬 곱을 사용하여 프로그램을 작성할 수 있다.

```
import numpy as np
# 출력변수
X = None
# 입력변수
A = np.array( [[2, -3, -1], [1, 4, -3], [3, 1, 2]] )
B = np.array( [1, 0, 2] )

# 메인 프로그램
AI = np.linalg.inv(A)                # 역행렬 구하기

X = AI @ B                            # 행렬 곱

print("x = %.4f"%X[0])
print("y = %.4f"%X[1])
print("z = %.4f"%X[2])

#end
```

그 결과를 비교해 보면 같은 결과를 얻을 수 있다.

연 습 문 제

1. 다음 연립방정식의 해를 프로그래밍으로 구하여 보자.

1) $1.5x + 3.2y = 1.4$
$2.5x + 1.2y = 3.8$

2) $$\begin{bmatrix} r_1 \\ r_2 \\ r_3 \end{bmatrix} = \begin{bmatrix} \cos\theta & -\sin\theta & 0 \\ \sin\theta & \cos\theta & 0 \\ 0 & 0 & 1 \end{bmatrix} \begin{bmatrix} x_1 \\ x_2 \\ x_3 \end{bmatrix}$$

2) 통계 분석하기

numpy에서 제공하는 통계 분석을 위한 여러 가지 함수를 <표 11-6>에 나타내었다. 이와 같이 여러 데이터의 총합, 평균, 표준편차 및 분산 등을 행렬을 이용하여 구하는 함수를 기본적으로 제공하고 있기 때문에 프로그램 작성자는 numpy를 통해 간편하게 통계 분석을 할 수 있다.

〈표 11-6〉 통계 분석을 위한 함수

함 수	설 명
np.sum(행렬)	행렬 요소의 총합 구하기
np.prod(행렬)	행렬 요소의 모두 곱한 값 구하기
np.mean(행렬)	행렬 요소의 평균값 구하기
np.std(행렬)	행렬 요소의 표준편차 구하기
np.var(행렬)	행렬 요소의 분산 구하기
np.min(행렬)	행렬 요소 중 최소값 구하기
np.max(행렬)	행렬 요소 중 최대값 구하기
np.argmin(행렬)	행렬에서 최소값 요소의 위치 구하기
np.argmax(행렬)	행렬에서 최대값 요소의 위치 구하기
np.cumsum(행렬)	행렬 요소의 누적 합 행렬 생성
np.cumprod(행렬)	행렬 요소의 누적 곱 행렬 생성

10개 데이터를 키보드로 입력 받아서 간단한 통계 분석을 하는 프로그램을 예제 11-2에 작성하였다.

이 프로그램 작성을 위해 리스트를 사용하게 되면 6장에서 연습했던 것처럼 통계와 관련된 수학적 알고리즘으로부터 프로그램 수식으로 바꿔서 관련 함수들을 직접 일일이 작성해야 한다. 하지만 numpy의 행렬을 이용하면 예제 11-2와 같이 매우 간단하게 구현할 수 있다.

예제 11-2

10개의 데이터를 키보드로 입력받아 총합, 평균, 표준편차 및 최대값과 최소값을 구하라.

```
import numpy as np
# 변수생성
i = 0
data = np.zeros(10)
m_sum = m_mean = m_std = 0.0
m_max = m_min = 0.0

# 메인 프로그램
for i in range(10) :
    data[i] = float( input("data[%d] = ? " %i) )

m_sum = np.sum(data)
m_mean = np.mean(data)
m_std = np.std(data)
m_max = np.max(data)
m_min = np.min(data)

print()
print(data)
print("총      합 : %.4f" %m_sum)
print("평      균 : %.4f" %m_mean)
print("표준편차 : %.4f" %m_std)
print("최 대 값 : %.4f" %m_max)
print("최 소 값 : %.4f" %m_min)

#end
```

[결 과]

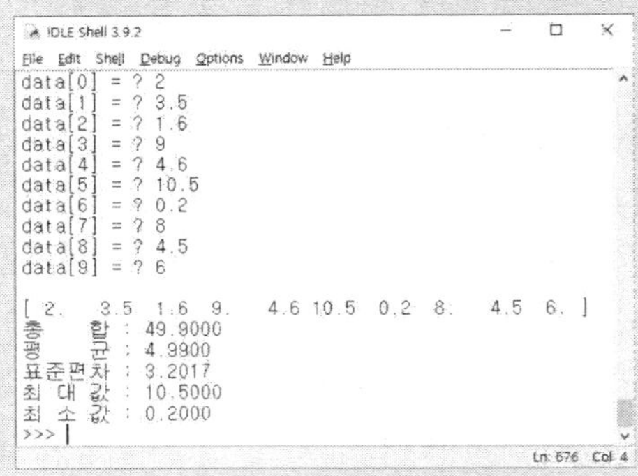

이 외에도 numpy에는 삼각함수 및 로그지수함수와 같은 여러 수학 계산 함수와 데이터 분석함수들이 존재한다. 그리고 다른 모듈과 함께 회귀분석을 비롯해서 더 고차원적인 수치해석이 가능하다. 하지만 이 교재에서는 numpy의 가장 기초적인 내용으로 마치도록 하겠다.

찾아보기

저자약력

■ **조 연 상**

- 동아대학교 기계공학과 공학박사 취득
- 현) 동아대학교 기계공학과 조교수

파이썬 코딩의 기초

2022년 9월 15일 1판 2쇄 발행

저 자 조 연 상
발행인 남 승 우

발행처 도서출판 상尙 학學 당堂

서울특별시 동작구 사당로9가길 6
TEL : 02) 595-1692~4
FAX : 02) 595-1394
E-mail : shdbooks@naver.com
신고 : 2-155호 (1968. 11. 29)

정가 32,000원

ISBN 978-89-6587-213-9 93000